Eisenschink
Volks- und Betriebswirtschaftslehre für Technische Betriebswirte

Zusätzliche digitale Inhalte für Sie!

Zu diesem Buch stehen Ihnen kostenlos folgende digitale Inhalte zur Verfügung:

- @ Online-Buch ✓
- PDF Buch als PDF
- Online-Training
- Zusatz-Downloads
- App
- Digitale Lernkarten

Schalten Sie sich das Buch inklusive Mehrwert direkt frei.

Scannen Sie den QR-Code **oder** rufen Sie die Seite **www.kiehl.de** auf. Geben Sie den Freischaltcode ein und folgen Sie dem Anmeldedialog. Fertig!

Ihr Freischaltcode
CDMB-UQND-SMOR-PZEB-VNWH-ET

Volks- und Betriebswirtschaftslehre für Technische Betriebswirte
Kompaktwissen zur Prüfungsvorbereitung

Von
Dr. rer. pol. Dipl.-Volkswirt Univ. Christian Eisenschink

2., aktualisierte Auflage

kiehl

Bildnachweis Umschlag: © Melpomene – fotolia.com

ISBN 978-3-470-**10222**-1 · 2., aktualisierte Auflage 2021

© NWB Verlag GmbH & Co. KG, Herne 2018
   www.kiehl.de

Kiehl ist eine Marke des NWB Verlags

Alle Rechte vorbehalten.
Das Werk und seine Teile sind urheberrechtlich geschützt. Jede Nutzung in anderen als den gesetzlich zugelassenen Fällen bedarf der vorherigen schriftlichen Einwilligung des Verlages. Hinweis zu § 52a UrhG: Weder das Werk noch seine Teile dürfen ohne eine solche Einwilligung eingescannt und in ein Netzwerk eingestellt werden. Dies gilt auch für Intranets von Schulen und sonstigen Bildungseinrichtungen.

Satz: SATZ-ART Prepress & Publishing GmbH, Bochum
Druck: Stückle Druck und Verlag, Ettenheim

Kompaktwissen Fortbildungsprüfung Technischer Betriebswirt

Der „Geprüfte Technische Betriebswirt" ist dem Niveau 7 des Deutschen Qualifikationsrahmens (DQR) zugeordnet. Somit wird die Aufstiegsfortbildung zum Technischen Betriebswirt den Hochschulabschlüssen gleichgestellt. Die offizielle Interpretation der Zuordnung zum DQR-Niveau 7 besteht darin, dass der Abschluss zum Technischen Betriebswirt „gleichwertig", jedoch nicht „gleichartig" sei, weil die Hochschulstudiengänge mehr Tendenz zum wissenschaftlichen Arbeiten beinhalten als die IHK-Aufstiegsfortbildungen.

Der DIHK-Rahmenplan zum Technischen Betriebswirt bietet viele Sachverhalte an, um das Verständnis von Wirtschaft zu fördern. Die zahlreichen Themengebiete erfordern eine intensive Vorbereitung zur Prüfung. Viele Teilnehmer haben hohe berufliche und private Belastungen sowie entsprechende Zeitnot. Die Bände dieser neuen Reihe für Technische Betriebswirte stellen in kurzer Form die wesentlichen Stoffinhalte verständlich sowie anschaulich dar und konzentrieren sich auf das Wesentliche.

Zudem werden die Sachverhalte dem Niveau des DQR-7 entsprechend vermittelt. Daher sind die Bände auch für andere Zielgruppen, z. B. Bachelor, Betriebswirt IHK oder Master relevant, um sich Basiswissen in den jeweiligen Themengebieten anzueignen.

Kurze Texte und anschauliche Beispiele erleichtern das Lernen. Zusätzlich werden 100 Aufgaben mit Lösungen angeboten. Zudem werden die relevanten Informationen durch „Merksätze" verdichtet. Ein Glossar soll die grundsätzlichen Begriffe fundieren.

Die Bücher der Reihe stellen keine vollständige und ausführliche Darlegung des gesamten Stoffes dar, weil der Schwerpunkt auf einer **kompakten Darstellung** liegt. Jedoch bemühte sich der Verfasser aufgrund seiner langjährigen Erfahrung als Dozent und Prüfer für den Technischen Betriebswirt IHK möglichst viele relevante Sachverhalte in den Büchern zu berücksichtigen.

Dr. rer. pol. Dipl.-Volkswirt Univ. Christian Eisenschink
Bad Abbach, im Oktober 2021

Vorwort

Der Rahmenplan des DIHK zum Technischen Betriebswirt wurde neu gestaltet. Die Veränderungen sind seit dem 01.01.2017 in Kraft. Insbesondere im Bereich Volkswirtschaftslehre wurden Themenbereiche geändert. Dieses Buch wurde für den neuen Rahmenplan erstellt.

Darüber hinaus wurden auch Sachverhalte des alten Rahmenplans aufgenommen, da die Prüfungsaufgaben einen Blick über den „Tellerrand" fordern. Daher kann es durchaus möglich sein, dass auch Aspekte des alten Stoffplans indirekt in die Lösungen der Aufgabenstellungen einfließen können. Die entsprechenden Abschnitte wurden mit einem (***) gekennzeichnet.

Das Buch wurde anhand des neuen Rahmenplans strukturiert. In den Kapiteln 1 - 7 des Übungsteils folgen Aufgaben mit ausführlichen Lösungen, die sich am Stoff der einzelnen Kapitel orientieren. Im Kapitel 8 des Übungsteils werden „gemischte Aufgaben" mit Lösungen bereitgestellt. Ein Teil der „gemischten Aufgaben" mit Lösungen ist etwas länger gefasst, während auch Kurzaufgaben mit Lösungen angeboten werden, um grundlegende Sachverhalte des Themenbereiches „Volks- und Betriebswirtschaftslehre" zu fundieren.

Zudem steht ein Glossar zur Verfügung, um Grundbegriffe nachlesen zu können. Querverweise auf die Begriffe im Glossar werden bei der ersten Erwähnung im Fließtext wie folgt dargestellt: → **Abgaben**. Im Online-Buch in mein**kiehl** finden Sie diese Begriffe des Glossars in einem eigenen Kapitel.

Darüber hinaus werden kurze Tipps zur Prüfungsvorbereitung, insbesondere zu den Prüfungsaufgaben zur Volkswirtschaftslehre, gegeben.

Das vorliegende Buch stellt durch eine kompakte Darstellung mit Beispielen, Übungen sowie 100 Aufgaben mit Lösungen eine fundierte Basis zur Vorbereitung auf die IHK-Prüfung zum Technischen Betriebswirt dar. Das Buch kann auch zur Einarbeitung in die Volkswirtschaftslehre für Bachelorstudiengänge oder generell zur Aneignung von Basiswissen verwendet werden.

Die Corona-Pandemie hatte im Jahr 2020 gravierende Folgen für die meisten Volkswirtschaften. Im Rahmen der Überarbeitung zur 2. Auflage dieses Buches wurden die statistischen und ökonomischen Effekte, die durch die Corona-Pandemie deutlich wurden, soweit es der Anspruch eines „kompakten" Buches zulässt, abgebildet. Die volkswirtschaftlichen Daten wurden mit dem Stand Mai bis Juli 2021 aktualisiert. Zudem wurden verschiedene inhaltliche Ergänzungen und Vertiefungen integriert.

Ich wünsche Ihnen viel Spaß beim Lesen und der Bearbeitung der Aufgaben und viel Erfolg bei der Prüfung. Informationen zu meiner Person finden Sie unter www.dr-eisenschink.de.

Dr. rer. pol. Dipl.-Volkswirt Univ. Christian Eisenschink
Bad Abbach, im Oktober 2021

Benutzungshinweise

Diese Symbole erleichtern Ihnen die Arbeit mit diesem Buch:

TIPP

Hier finden Sie nützliche Hinweise zum Thema.

MERKE

Das X macht auf wichtige Merksätze oder Definitionen aufmerksam.

ACHTUNG

Das Ausrufezeichen steht für Beachtenswertes, wie z. B. Fehler, die immer wieder vorkommen, typische Stolpersteine oder wichtige Ausnahmen.

INFO

Hier erhalten Sie nützliche Zusatz- und Hintergrundinformationen zum Thema.

RECHTSGRUNDLAGEN

Das Paragrafenzeichen verweist auf rechtliche Grundlagen, wie z. B. Gesetzestexte.

MEDIEN

Das Maus-Symbol weist Sie auf andere Medien hin. Sie finden hier Hinweise z. B. auf Download-Möglichkeiten von Zusatzmaterialien, auf Audio-Medien oder auf die Website von Kiehl.

Feedbackhinweis

Kein Produkt ist so gut, dass es nicht noch verbessert werden könnte. Ihre Meinung ist uns wichtig. Was gefällt Ihnen gut? Was können wir in Ihren Augen noch verbessern? Bitte schreiben Sie einfach eine E-Mail an: **feedback@kiehl.de**

INHALTSVERZEICHNIS

Kompaktwissen Fortbildungsprüfung Technischer Betriebswirt   5
Vorwort   7
Benutzungshinweise   8

1. Unterscheiden der Koordinierungsmechanismen idealtypischer Wirtschaftssysteme und deren rechtlicher Ausprägungen sowie Darstellen der Elemente der sozialen Marktwirtschaft   13

1.1 Idealtypische Wirtschaftssysteme – Zentralverwaltungswirtschaft und freie Marktwirtschaft   13
    1.1.1 Grundlegendes zu Wirtschaftssystemen und Wirtschaftsordnung   13
    1.1.2 Zentralverwaltungswirtschaft   15
    1.1.3 Freie Marktwirtschaft   18
    1.1.4 Wirtschaftsordnung   21

1.2 Soziale Marktwirtschaft der Bundesrepublik Deutschland   23
    1.2.1 Begründung und Themenfelder   23
    1.2.2 Ordnungspolitik in der Bundesrepublik Deutschland   25
    1.2.3 Sozialpolitische Ziele   26
    1.2.4 Prozesspolitik   29
    1.2.5 Strukturpolitik (***)   30
    1.2.6 Staatliches Handeln in der sozialen Marktwirtschaft   33

2. Darstellen des volkswirtschaftlichen Kreislaufs   35

2.1 Wirtschaftskreislauf in einer wachsenden offenen Volkswirtschaft und deren Faktoreinkommen   35
    2.1.1 Wirtschaftskreislauf in einer geschlossenen Volkswirtschaft   35
    2.1.2 Wirtschaftskreislauf in einer wachsenden offenen Volkswirtschaft   37

2.2 Volkswirtschaftliche Gesamtrechnung   40
    2.2.1 Aufgaben und Ziele   40
    2.2.2 Berechnung Bruttoinlandsprodukt   42
        2.2.2.1 Überblick   42
        2.2.2.2 Produktions- und Einkommenskonto   43
        2.2.2.3 Entstehungsrechnung   45
        2.2.2.4 Verwendungsrechnung   45
        2.2.2.5 Nominales versus reales Bruttoinlandsprodukt   47
    2.2.3 Bruttonationaleinkommen und Volkseinkommen   48
    2.2.4 Einkommensverteilung   50
    2.2.5 Aussagekraft des Bruttoinlandsprodukts als Wohlfahrtsindikator   54

2.3 Außenwirtschaftsbeziehungen in Zahlungsbilanz und ihren Teilbilanzen   55

INHALTSVERZEICHNIS

2.4 Außenwert des Geldes	58
2.5 Binnenwert des Geldes	63
2.5.1 Geldarten und Geldfunktionen	63
2.5.2 Geldmengenbegriffe	65
2.5.3 Quantitätsgleichung	66
2.5.4 Verbraucherpreisindex	67
2.5.5 Ursachen und Auswirkungen von Inflation	69
2.5.6 Ursachen und Auswirkungen von Deflation	72
2.5.7 Stagflation	73
2.6 Volkswirtschaftliche Kennzahlen	74
3. Beschreiben der Marktformen und Preisbildungen sowie Berücksichtigung des Verbraucherverhaltens	79
3.1 Markt und Wettbewerb	79
3.1.1 Überblick, vollkommener und unvollkommener Markt	79
3.1.2 Wettbewerb	81
3.2 Preisbildung im Polypol	83
3.2.1 Verhalten von Nachfragern	83
3.2.2 Verhalten von Anbietern	87
3.2.3 Marktgleichgewicht	89
3.2.4 Marktungleichgewicht und Preisbildungsprozess	91
3.2.5 Ursachen und Auswirkungen von Änderungen bei Angebot und Nachfrage	92
3.2.5.1 Angebot	92
3.2.5.2 Nachfrage	93
3.2.6 Elastizitäten (***)	94
3.2.6.1 Nachfrageelastizität	94
3.2.6.2 Angebotselastizität	95
3.2.6.3 Einkommenselastizität	95
3.2.6.4 Kreuzpreiselastizität	96
3.2.7 Strategien bei Polypol, Monopol und Oligopol	97
3.2.7.1 Polypol	97
3.2.7.2 Monopol	98
3.2.7.3 Oligopol	99
3.3 Eingriffe in den Markt	102
3.3.1 Marktkonforme staatliche Eingriffe	102
3.3.2 Marktkonträre staatliche Eingriffe	103
3.3.3 Eingriffe privater Unternehmen durch Kooperation und Konzentration	104

4. Berücksichtigen der Konjunktur- und Wirtschaftspolitik 109

4.1 Konjunktur und Wachstum 109
- 4.1.1 Grundlegendes 109
- 4.1.2 Konjunkturphasen – theoretisches Konjunkturbild 110
- 4.1.3 Wachstumszyklen – seit 1970 111
- 4.1.4 Konjunkturindikatoren 113
- 4.1.5 Multiplikator, Akzelerator und weitere Konjunkturtheorien (***) 114
  - 4.1.5.1 Multiplikator 114
  - 4.1.5.2 Akzelerator 115
  - 4.1.5.3 Weitere Konjunkturtheorien 116

4.2 Wirtschaftspolitische Ziele 118
- 4.2.1 Magisches Viereck 118
- 4.2.2 Ausgewählte Zielbeziehungen 120

4.3 Träger der Wirtschaftspolitik und deren Aufgaben 121
- 4.3.1 Europäische Zentralbank 121
  - 4.3.1.1 Geldschöpfung (***) 121
  - 4.3.1.2 Mindestreserve 125
  - 4.3.1.3 Zwei Säulen der Geldpolitik 127
  - 4.3.1.4 Vergleich EZB, FED und BoE 127
- 4.3.2 Staat 130
- 4.3.3 Tarifpartner 133

4.4 Angebots- und nachfrageorientierte Wirtschaftspolitik 135

5. Beschreiben der Ziele und Institutionen der Europäischen Union und der internationalen Wirtschaftsorganisationen 137

5.1 Europäische Union 137
- 5.1.1 Politische Ziele 137
- 5.1.2 Aufgaben 138

5.2 Institutionen der Europäischen Union 139

5.3 Wirtschafts- und Währungsunion 141
- 5.3.1 Europäischer Binnenmarkt 141
- 5.3.2 Konvergenzkriterien 142
- 5.3.3 Stabilitätspakt 142
- 5.3.4 Währungsräume und europäisches Währungssystem 144
- 5.3.5 Europäischer Stabilitätsmechanismus 145
- 5.3.6 Europäische Wettbewerbspolitik 147

INHALTSVERZEICHNIS

5.4 Internationale Wirtschaftsorganisationen	149
5.4.1 WTO	149
5.4.2 OECD	150
5.4.3 IWF und Weltbank	150
6. Berücksichtigen der Bestimmungsfaktoren für Standort- und Rechtsformwahl jeweils unter Einbeziehung von Globalisierungsaspekten	**153**
6.1 Bestimmungsfaktoren für die Standortwahl	153
6.2 Standortbewertung und -wahl	154
6.3 Bestimmungsfaktoren für die Wahl der Rechtsform	156
6.4 Rechtsformen	157
7. Berücksichtigen sozioökonomischer Aspekte der Unternehmensführung und des zielorientierten Wertschöpfungsprozesses im Unternehmen	**163**
7.1 Sozioökonomische Aspekte der Unternehmensführung	163
7.2 Unternehmerische Zielbildung	165
7.3 Planungsinstrumente im Wertschöpfungsprozess	169
7.3.1 Grundlegendes	169
7.3.2 Sicherheit, Unsicherheit, Risiko und Entscheidungen	170
7.3.3 Quantitative und qualitative Instrumente	171
7.4 Prozesscontrolling und Zielerreichung in der Aufbau- und Ablauforganisation	174
7.4.1 Prozesscontrolling in der Aufbauorganisation	174
7.4.2 Prozesscontrolling in der Ablauforganisation	175
7.4.3 Rolle der Unternehmenskommunikation	176
8. Tipps zur Vorbereitung und zur Klausur	**177**
Übungsteil (Aufgaben und Fälle)	**179**
Lösungen	**199**
Glossar	**233**
Literaturverzeichnis	**249**
Stichwortverzeichnis	**255**

1. Unterscheiden der Koordinierungsmechanismen idealtypischer Wirtschaftssysteme und deren rechtlicher Ausprägungen sowie Darstellen der Elemente der sozialen Marktwirtschaft

1.1 Idealtypische Wirtschaftssysteme – Zentralverwaltungswirtschaft und freie Marktwirtschaft

1.1.1 Grundlegendes zu Wirtschaftssystemen und Wirtschaftsordnung

Die Diskussion über Volkswirtschaft und Wirtschaftssysteme beginnt meist mit den folgenden Fragen:

Frage	Beispiel
Was wird produziert?	Deutschland: Pkw, Maschinen, Chemie Griechenland: Wein, Oliven, Schiffstransporte
Wer lenkt die → *Produktionsfaktoren*, z. B. den Faktor Arbeit?	In Zentralverwaltungswirtschaften gibt es offiziell keine → *Arbeitslosigkeit*. Die Lenkung wird durch zentrale Instanzen bestimmt. In Marktwirtschaften kann Vollbeschäftigung nicht garantiert werden, weil das „freie Spiel" von → *Angebot* und → *Nachfrage* erfolgt.
Wer entscheidet über die Verteilung des Einkommens?	→ *Markt* oder eine zentrale Instanz, z. B. Funktionäre

Ein → *Wirtschaftssystem* stellt einen **idealtypischen** Ansatz dar, wie die Wirtschaft gelenkt wird. Die beiden Extremfälle, die in der Wirklichkeit sehr selten vorkommen, sind die → *Zentralverwaltungswirtschaft* (100 % Staatseinfluss) und die freie → *Marktwirtschaft* (0 - 5 % Staatseinfluss). Meist liegen „mixed economies" vor, wie in der nachfolgenden Abb. 1 dargestellt.

Die Staatsausgabenquote (Verhältnis → *Staatsausgaben* zu → *Bruttoinlandsprodukt*) in Deutschland kann höher oder geringer sein (Punkt A oder B). Das hängt davon ab, in welchem Umfang sich der Staat in die Wirtschaft einmischt (interveniert). Nach der Finanzkrise 2008 wurden die staatlichen Ausgaben erhöht, um die → *gesamtwirtschaftliche Nachfrage* zu steigern (Punkt B nach A). Wenn der Staatseinfluss geringer wird und die Marktaktivitäten gegenüber den Staatsausgaben an Bedeutung gewinnen, dann findet eine Bewegung von Punkt A nach Punkt B statt. Derartige Veränderungen sind von Wahlen und den Parteizielen sowie von exogenen (äußeren) Faktoren, wie z. B. Naturkatastrophen, abhängig.

1. Idealtypische Wirtschaftssysteme | 1.1 Zentralverwaltungswirtschaft und freie Marktwirtschaft

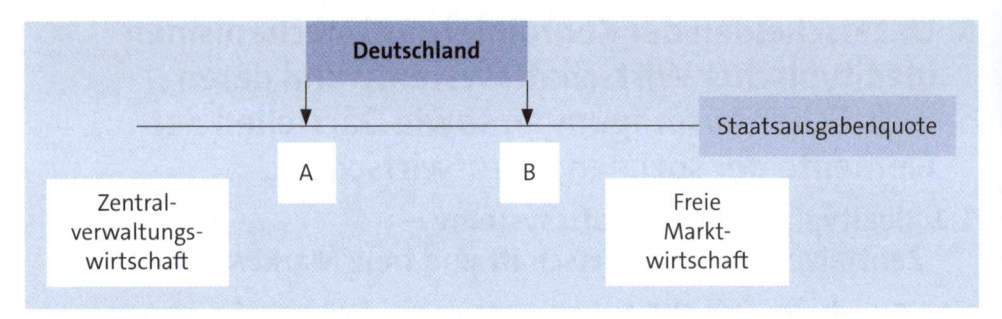

Abb. 1: Mixed Economies

Ein Wirtschaftssystem kann durch zwei Merkmale charakterisiert werden:

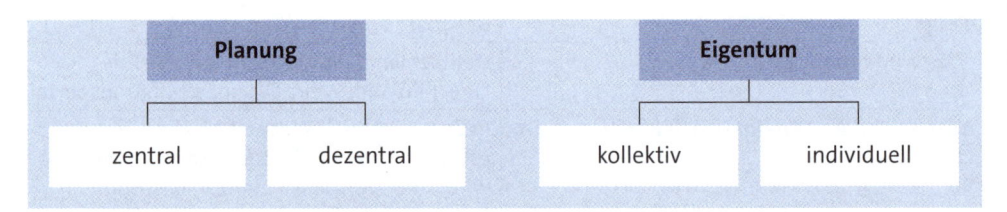

Abb. 2: Merkmale Wirtschaftssystem

Eine zentrale Planung erfolgt in einer Volkswirtschaft durch eine Partei und/oder durch Funktionäre (**Zentralverwaltungswirtschaft**). Bei einer dezentralen Planung findet die Planung durch die → **Wirtschaftssubjekte** (→ *private Haushalte*; → *Unternehmen*; Staat, jedoch i. d. R. kein überwiegender Anteil an der Wirtschaftsaktivität) statt. Die dezentrale Planung ist ein Merkmal der **Marktwirtschaft**.

Ein Beispiel für kollektives Eigentum waren die „Volkseigenen Betriebe (VEB)" der ehemaligen DDR. Wenn der rechtliche Rahmen in einer Volkswirtschaft das individuelle Eigentum unterstützt, dann hat jeder Einzelne ein Interesse, das Eigentum zu pflegen und weiterzuentwickeln. Das Eigeninteresse kann dazu führen, den Nutzen der → *privaten Haushalte* sowie den Gewinn der → *Unternehmen* zu maximieren.

Zentralverwaltungswirtschaft	Freie Marktwirtschaft
zentrale Planung	dezentrale Planung
Kollektiveigentum	individuelles Eigentum
Organisation durch Befehl	Organisation durch Vertrag
Der Staat ist für alles verantwortlich.	▸ Selbstverantwortlichkeit der Individuen ▸ Um die innere und äußere Sicherheit kümmert sich der Staat.

Es besteht ein Unterschied zwischen einem Wirtschaftssystem und einer → **Wirtschaftsordnung**:

Wirtschaftssystem	Wirtschaftsordnung
idealtypischer Ansatz	tatsächlich realisierter Ansatz
Vision der gesellschaftlich Verantwortlichen	rechtlicher Rahmen bestimmt die Realisierung der wirtschaftlichen Aktivität

Ein Beispiel für die Begrenzung der wirtschaftlichen Freiheit stellt die Handwerksordnung dar. Für verschiedene Handwerksberufe ist für die Tätigkeit als Unternehmer der Meisterbrief notwendig. Als Begründung werden häufig die Sicherheit und die Qualität der Leistung durch den Meisterbrief angeführt.

MERKE

- Wirtschaftssysteme stellen idealtypische Ansätze dar. Es gibt die Zentralverwaltungswirtschaft sowie die freie Marktwirtschaft. In der Realität tritt meist eine Mischung (mixed economies) auf.
- Zentralverwaltungswirtschaften beinhalten die Merkmale „zentrale Planung, Kollektiveigentum, Organisation durch Befehl und dominante Rolle des Staates".
- Freie Marktwirtschaften können durch die Merkmale „dezentrale Planung, Vertragsfreiheit, individuelles Eigentum und Selbstverantwortlichkeit der Individuen" charakterisiert werden.
- Die Wirtschaftsordnung einer Volkswirtschaft stellt mit einem rechtlichen Rahmen den realisierten Ansatz eines Wirtschaftssystems dar.

1.1.2 Zentralverwaltungswirtschaft

Die Zentralverwaltungswirtschaft zeichnet sich durch einen zentralen Produktionsplan für die gesamte Volkswirtschaft aus. Die leitenden Akteure (häufig auch Funktionäre oder Kommissare genannt) glauben, dass sie alle Informationen über die → **Bedürfnisse** der privaten Haushalte als auch über die Produktionsmöglichkeiten der → **Betriebe** („volkseigene Betriebe") kennen.

In der Zentralverwaltungswirtschaft gibt eine zentrale Instanz Produktionsziele vor. Beispielsweise kann ein Ziel darin bestehen, wie viele Pkws in der gesamten Volkswirtschaft erzeugt werden. Der Unterschied zur (freien) Marktwirtschaft liegt darin, dass jeder Unternehmer selbst entscheidet, wie viele → **Güter** für die Nachfrager erzeugt werden. Der Unternehmer bedient seine Zielgruppe. In der Zentralverwaltungswirtschaft entscheidet der Staat über die Produktionsmenge der Güter.

Welche Vor- und Nachteile sind mit einer Zentralverwaltungswirtschaft verbunden?

Vorteile	Nachteile
▸ Es erfolgt eine Planung im Voraus (ex ante). Planungen finden auch bei den Wirtschaftssubjekten der Marktwirtschaft statt. ▸ Durch die starre Planung und häufige Abschottung von Außeneinflüssen sind Zentralverwaltungswirtschaften kaum stärkeren Schwankungen unterworfen. ▸ Es gibt offiziell keine Arbeitslosigkeit. ▸ Offene → **Inflation** wird vermieden. ▸ Die Individuen sind häufig solidarisch untereinander.	▸ Zentrale Planungsinstanzen können nicht alle Informationen über die Bedürfnisse der privaten Haushalte und über die Produktionsmöglichkeiten der Betriebe kennen. Die zentralen Instanzen sind überfordert. ▸ Die Individuen werden häufig nicht mit den → **Gütern** versorgt, die sie benötigen. Es entsteht eine Mangelsituation aufgrund eines zu geringen Angebots. Die Nachfrage nach bestimmten Gütern ist größer als das Angebot. ▸ Die → **Preise** erfüllen nicht die Funktion als Knappheitsindikator. ▸ Geringe → **Arbeitsproduktivität**, weil technischer Fortschritt nicht zugelassen wird. ▸ Die persönliche Freiheit und Eigeninitiativen werden unterdrückt.

Ein dominanter Nachteil der Zentralverwaltungswirtschaft besteht darin, dass den Nachfragern ein nicht ausreichendes Angebot an Gütern zur Verfügung gestellt wird, um die Bedürfnisse zu decken. Nachfolgend wird ein im Verhältnis zur Nachfrage zu geringes Angebot in einer Zentralverwaltungswirtschaft dargelegt.

Beispiel

Begrenzte Produktionskapazitäten in einer Volkswirtschaft können für einen Zwei-Güter-Fall mit nachfolgender Abb. 3 dargestellt werden.

▸ In einer Volkswirtschaft werden zwei Güter (z. B. Computer, Pkws) produziert. Es gilt die Annahme (Prämisse), dass in der Volkswirtschaft nur bis zur Produktionsgrenze Güter erzeugt werden können. Unterhalb der Produktionsgrenze besteht eine Unterauslastung (Punkt A; Mengen x_{11} und x_{21}). Eine Nachfrage im Punkt C kann durch die Produktionsmöglichkeiten nicht befriedigt werden, weil kein ausreichendes Angebot erzeugt werden kann.

▸ Eine Volkswirtschaft produziert im Punkt B (Koordinaten x_{12}; x_{22}) an der Produktionsgrenze. Wenn auf einen Teil der Pkw-Produktion durch Anordnung zentraler Instanzen verzichtet wird, um mehr Computer zu produzieren, dann ergeben sich neue Produktionsmengen (Koordinaten x_{13}; x_{23}).

1. Idealtypische Wirtschaftssysteme | 1.1 Zentralverwaltungswirtschaft und freie Marktwirtschaft

▸ Der Verzicht auf die Pkw-Produktion erfolgt im Ausmaß der Mengendifferenz ($x_{22} - x_{23}$). Dafür wird die **zusätzliche** Produktionsmenge an Computern in Höhe der Differenz ($x_{13} - x_{12}$) möglich. Aus diesem Sachverhalt lässt sich der wichtige Begriff → *Opportunitätskosten* ableiten.

Opportunitätskosten stellen die Kosten für den Verzicht auf die zweitbeste Möglichkeit dar. Die zweitbeste Möglichkeit ist im Fallbeispiel die Pkw-Produktion. Wenn auf die Produktionsmenge verzichtet wird, werden keine Erträge aus der Pkw-Produktion erzeugt. Negative Erträge können als Kosten interpretiert werden.

Das Denken im Rahmen von Opportunitätskosten spielt z. B. bei der Lösung von Engpassproblemen in der Produktion oder bei der Finanzierung (Einlage von Eigenkapital oder alternative Anlage auf dem Kapitalmarkt) eine Rolle.

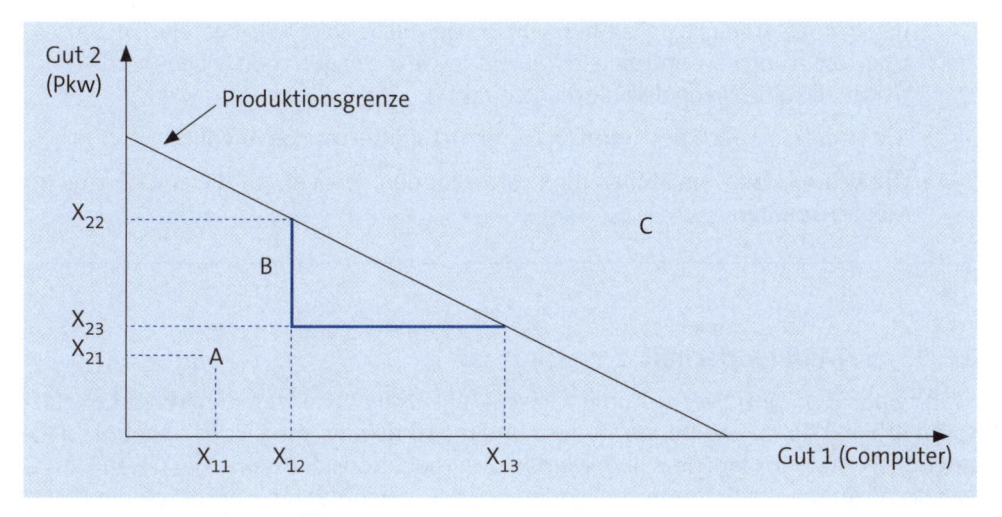

Abb. 3: Produktionsmöglichkeiten

Übung
Zeigen Sie anhand des Beispiels „Arbeit versus Freizeit" den Begriff Opportunitätskosten auf.

Lösung
Wenn ein Arbeitnehmer auf Arbeit verzichtet (zweitbeste Möglichkeit), dann gewinnt er Freizeit. Die Kosten für den Verzicht auf Arbeit entsprechen einem Gehaltsverzicht. Allerdings hat (ist) der Arbeitnehmer frei.

Umgekehrt: Wenn der Arbeitnehmer auf Freizeit verzichtet (zweitbeste Möglichkeit), dann erhält er ein Gehalt.

Zentralverwaltungswirtschaften treten in reiner Form derzeit nur selten mehr auf, da sich durch die Liberalisierungstendenzen sowie aufgrund der politischen Veränderungen gegen Ende des 20. Jahrhunderts die ursprünglichen sozialistischen Staaten in Marktwirtschaften transformierten. Einzelne Merkmale der Zentralverwaltungswirtschaft sind jedoch auch heutzutage partiell in Großunternehmen, Staatsverwaltungen oder bei europäischen Organen zu beobachten. Diese Institutionen ringen um die Balance zwischen den Vor- und Nachteilen einer zentralen Lenkung sowie des freien marktwirtschaftlichen Gedankens.

MERKE

- Die zentralen Instanzen einer Zentralverwaltungswirtschaft können nicht alle Bedürfnisse der privaten Haushalte und Produktionsmöglichkeiten der Betriebe kennen.
- Die Zentralverwaltungswirtschaft hat den Vorteil, dass geplant wird und keine offizielle Arbeitslosigkeit herrscht. Wesentliche Nachteile bestehen in der Überforderung der zentralen Instanzen sowie in der geringen Arbeitsproduktivität, die eine Mangelsituation erzeugt.
- Die Nachfrage nach bestimmten Gütern ist größer als das Angebot.
- Opportunitätskosten stellen die Kosten für den Verzicht auf die zweitbeste Möglichkeit dar.

1.1.3 Freie Marktwirtschaft

Während in der Zentralverwaltungswirtschaft zentrale Instanzen die Produktionsfaktoren Arbeit, Kapital und Boden steuern und **restriktiv** hinsichtlich des Angebots (Produktionsgrenze) ausgerichtet sind, werden die Produktionsfaktoren in der freien Marktwirtschaft durch die Präferenzen (Vorlieben) der Konsumenten und durch die Preise gelenkt (koordiniert). Die freie Marktwirtschaft ist **expansiv**. Wenn die Konsumenten mehr Güter wünschen, dann wird über zusätzliche Investitionen und mit technischem Fortschritt die Produktionsmenge erhöht. Die Produktionsgrenze verschiebt sich Richtung Punkt C (Abb. 4). Damit kommt das Angebot der Nachfrage entgegen. Durch die → *Investitionen* wird die gesamtwirtschaftliche Nachfrage erhöht und das Wirtschaftswachstum gesteigert.

1. Idealtypische Wirtschaftssysteme | 1.1 Zentralverwaltungswirtschaft und freie Marktwirtschaft

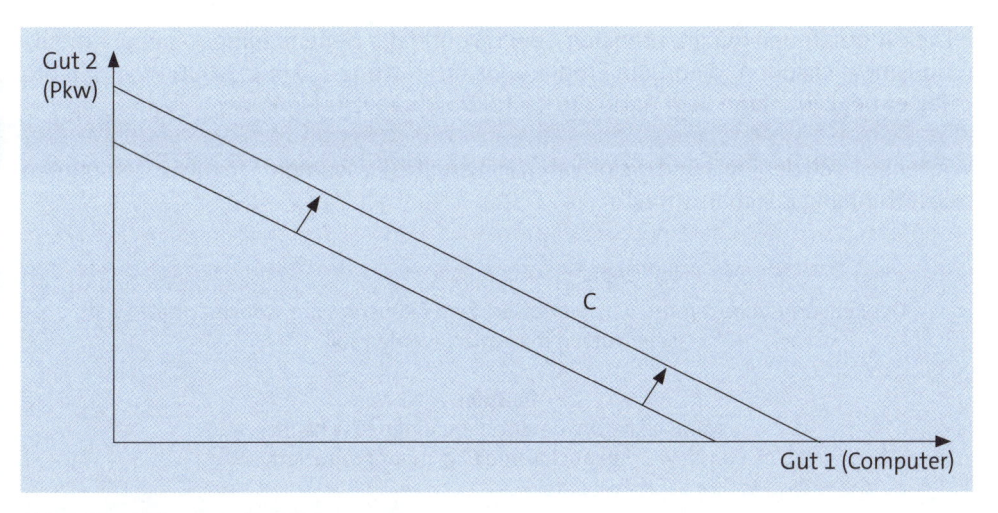

Abb. 4: Verschiebung der Produktionsgrenze

Um den Unterschied zwischen Zentralverwaltungswirtschaft und freier Marktwirtschaft zu charakterisieren, wird folgendes Bild verwendet:

„In der Zentralverwaltungswirtschaft bildet sich die Schlange der Nachfrager vor dem Geschäft, während in der Marktwirtschaft die Schlange vor der Kasse entsteht."

Wie ist diese umgekehrte Situation in der (freien) Marktwirtschaft möglich?

- Die Entscheidungs- und Planungsinstanzen sind nicht zentral, sondern **dezentral** auf die privaten Haushalte und Unternehmen verteilt.
- Der → **Preis** stellt ein wichtiges Informationsinstrument der freien Marktwirtschaft dar.

  Wenn der Preis eines Gutes steigt, wird → *Knappheit* signalisiert.

  Wie entsteht Knappheit?

  Knappheit kann beispielsweise verursacht werden durch hohe Nachfrage nach einem Produktionsfaktor **und** z. B. durch

  - begrenzte Ölreserven,
  - Fachkräftemangel,
  - rechtliche Auflagen bei der Kreditvergabe,
  - keine Ausweisung von Flächen für die Wohnbebauung sowie
  - Produktionsgrenzen aufgrund der Ausstattung mit Ressourcen und Technik.

- Die privaten Haushalte beabsichtigen einen maximalen Nutzen beim Konsum der Güter. Die Restriktion besteht im Budget (verfügbares Einkommen).

  Der private Haushalt wählt das Güterbündel (Lebensmittel, Wohnung, Pkw etc.), das seinen Nutzen unter der Nebenbedingung (Restriktion) seines verfügbaren Einkommens maximiert.

1. Idealtypische Wirtschaftssysteme | 1.1 Zentralverwaltungswirtschaft und freie Marktwirtschaft

▶ Die Unternehmen maximieren den Gewinn unter der Nebenbedingung ihrer Produktionsmöglichkeiten. Wenn die Produktionsausstattung z. B. nur 1.000 Produkte pro Tag ermöglicht, dann liegt darin die Restriktion (Kapazitätsgrenze).

Wie lenken sich der Preis und die privaten Haushalte (Konsument) sowie Unternehmen selbst (Lenkungsmechanismus)?

Der Konsument bestimmt, was produziert wird (Konsumentensouveränität), weil sein Nutzen maximiert werden soll.

Beispiel
Wenn kein Konsument mehr einen Pkw kauft,
dann werden auch keine Pkw mehr produziert.

↓

Durch das freie Spiel von Angebot und Nachfrage wird der Preis auf dem Markt gebildet. **Ein Markt ist der Ort, an dem sich Angebot und Nachfrage treffen.**

Beispiel
Es gibt Gütermärkte, Geldmärkte, Kapital- und Arbeitsmärkte.

↓

Wenn der Preis eines Gutes durch erhöhte Nachfrage steigt, nimmt die Güterproduktion zu, weil die Unternehmen höhere Gewinne erwarten.

↓

Die Produktionsfaktoren Boden, Arbeit und Kapital werden in die Branchen gelenkt, in denen Gewinne möglich sind.

Beispiel
Viele Arbeitskräfte möchten bei den bekannten deutschen Autoherstellern arbeiten, weil diese Unternehmen hohe Gehälter aufgrund ihrer Exporttätigkeit zahlen können. Dadurch werden aber dem Handwerk und anderen Branchen Arbeitskräfte entzogen. In diesen Branchen entsteht ein Facharbeitermangel. Die Handwerksunternehmen können aber nicht so hohe Gehälter wie die Automobilindustrie zahlen.

↓

Es findet eine → **Allokation** der Produktionsfaktoren aufgrund der Konsumentenwünsche statt. Was versteht man unter Allokation?

Beispiel
Beispielsweise werden Produktionsfaktoren alloziert (verknüpft), wenn dem Faktor Arbeit (z. B. Arbeiter) der Faktor Kapital (z. B. eine Maschine) zugeordnet wird. Durch die Verknüpfung (Allokation) der beiden Produktionsfaktoren Arbeit und Kapital wird eine Leistung erstellt.

Der Preis eines Gutes spielt in der (freien) Marktwirtschaft als Knappheitsindikator für die Lenkung der Wirtschaft eine wesentliche Rolle. Welche Vor- und Nachteile sind mit der freien Marktwirtschaft verbunden?

Vorteile	Nachteile
▸ Effizienz, da die Produktionsfaktoren nach dem → **Rationalprinzip** eingesetzt werden.	▸ → **Arbeitslosigkeit**, → **Inflation** oder → **Deflation** sind möglich.
▸ Hohe Gewinne und Einkommen sind möglich.	▸ Konjunkturschwankungen
▸ Private Haushalte können frei entscheiden und orientieren sich an der Nutzenmaximierung.	▸ Unternehmen und private Haushalte unterliegen dem Risiko des Scheiterns.
▸ Flexibilität der Unternehmen und Anpassungsfähigkeit an den → **Bedarf** der privaten Haushalte.	▸ Kaum Bereitstellung öffentlicher Güter; Staat ist nur für innere und äußere Sicherheit zuständig.
▸ Durch → **Wettbewerb** kann der Preis sinken.	▸ Individuen, die den Leistungsanforderungen nicht gerecht werden können, werden nicht „aufgefangen".
▸ Die Individuen haben mehr Auswahlmöglichkeiten, weil es keine Angebotsrestriktionen gibt.	▸ → **Externe Effekte:** Beispielsweise werden bei negativen externen Effekten die Kosten der Verursacher nicht in die Preise einberechnet (Internalisierung).
	▸ Es können sich Marktmächte (Monopole, Kartelle) bilden. Dadurch wird der Preis zu Ungunsten der Nachfrager auf hohem Niveau gehalten.

MERKE

- Marktwirtschaften sind effizient, weil nach dem Rationalprinzip gehandelt wird.
- Die Unternehmen orientieren sich am Bedarf der privaten Haushalte.
- Arbeitslosigkeit, Inflation und Deflation sind möglich.
- Unternehmen und private Haushalte unterliegen einem Risiko. Bei einem Scheitern greift der Staat nicht ein.

1.1.4 Wirtschaftsordnung

Die weltweit verschiedenen Volkswirtschaften bilden je nach Kultur, Geschichte sowie aufgrund der jeweiligen ökonomischen Situationen entsprechende Ordnungsrahmen. Die Wirtschaftsordnung stellt die tatsächliche Ausprägung des idealtypischen Wirtschaftssystems dar.

Die politische Führung eines Landes bestimmt den Ordnungsrahmen, der von den Einstellungen der Regierenden abhängt.

- Wenn beispielsweise die Vorstellung besteht, die Einkommensverteilung zu korrigieren, dann werden die Steuersätze für die „Reichen" erhöht oder gesenkt. Durch Gesetze und Verordnungen wird der Rahmen für das Handeln der Regierenden geschaffen. Volkswirtschaften können beispielsweise durch geringe Steuersätze und „einfache" Steuergesetze Investitionen antreiben.
- In Deutschland dürfen Handwerker ohne Meisterprüfung in einigen Berufen aufgrund der Handwerksordnung nicht selbstständig am Markt tätig werden. Damit ist der Marktzugang begrenzt. Aufgrund eines knappen Angebotes können bei gleichbleibender Nachfrage die Preise steigen. Der gesetzliche Rahmen hat damit unmittelbaren Einfluss auf die Wirtschaft.
- Wenn ein Land sich von der Weltwirtschaft abschotten möchte, dann werden beispielsweise die Zölle erhöht. Die Preise steigen im Inland und die Importnachfrage kann zurückgehen, wenn es inländische Substitute mit günstigeren Preisen gibt.

Die Rolle des Staates ist für die Ausprägung der Ordnungspolitik entscheidend. Der Staat kann durch Gesetze und Verordnungen den Rahmen für die wirtschaftliche Aktivität gestalten. Je nach wirtschaftlicher Situation wird der Staat mehr oder weniger in die Wirtschaft eingreifen. In Demokratien bestimmt der Wähler die Regierenden sowie aufgrund des Wahlsystems und dem Ausgang der Wahlen die wirtschaftspolitische Richtung.

Ordnungsmöglichkeit	Marktwirtschaft	Zentralverwaltungswirtschaft
Planung und Lenkung der Leistungserstellung	**dezentral** durch Unternehmen, private Haushalte, Staat	**zentral** durch Staat
Unternehmen	Rechtsformen wie AG, GmbH, OHG, KG, Einzelkaufleute	volkseigener Betrieb (VEB) Landwirtschaftliche Produktionsgenossenschaft (LPG)
Eigentum	Privateigentum	Staatseigentum
Preisbildung	freie Spiel von Angebot und Nachfrage im Rahmen eines → **Polypols**, → **Oligopols**, → **Monopols**	fixiert durch Staat
Geldwirtschaft	private Banken und Zentralbank	Staatsbanken

MERKE

- Die Ausprägungen der Wirtschaftsordnung hängen von der Landeskultur, der Geschichte, der Einstellung der Regierenden sowie der aktuellen Wirtschaftssituation ab.
- Der Staat kann durch Gesetze und Verordnungen den Rahmen für wirtschaftliche Aktivitäten eng oder weiter gestalten.

1.2 Soziale Marktwirtschaft der Bundesrepublik Deutschland

1.2.1 Begründung und Themenfelder

Um die Härten der freien Marktwirtschaft auszugleichen, wurde nach der Währungsreform 1948 in Deutschland durch den Impuls des Wirtschaftspolitikers *Ludwig Erhard* die soziale Marktwirtschaft umgesetzt. Die geistigen Väter der sozialen Marktwirtschaft sind beispielsweise *Walter Eucken* sowie *Müller-Armack*. Letzter prägte den Begriff „soziale Marktwirtschaft". Die soziale Marktwirtschaft setzt sich aus marktwirtschaftlichen Elementen sowie aus Strömungen der Soziallehre zusammen. Die soziale Marktwirtschaft beinhaltet folgende Komponenten:

- freies Spiel von Angebot und Nachfrage
- sozialer Ausgleich.

Die Gewichte der Komponenten „freier Markt" und „sozialer Ausgleich" hängen beispielsweise von den politischen Kräften, der Konjunktur und den sozialen Problemen (z. B. Altersarmut) ab.

Im Rahmen der sozialen Marktwirtschaft greift der Staat ein, um die Nachteile (siehe ≫ Kapitel 1.1.3) der freien Marktwirtschaft zu vermeiden.

Nachteile der freien Marktwirtschaft	Eingriffsmöglichkeiten im Rahmen der sozialen Marktwirtschaft
- Arbeitslosigkeit	- bei Arbeitslosigkeit: Arbeitslosenversicherung und Arbeitslosengeld (**Sozialpolitik**)
- Konjunkturschwankungen	- **Konjunkturpolitik** durch zusätzlich Staatsausgaben (deficit spending)
	- → **Strukturpolitik** durch Förderung von Branchen oder Regionen
- Kaum Bereitstellung öffentlicher Güter; Staat ist nur für innere und äußere Sicherheit zuständig.	- Bereitstellung öffentlicher Güter durch den Staat im Rahmen der **Finanzpolitik** **Beispiele** Schulen, Straßen
- Individuen, die den Leistungsanforderungen nicht gerecht werden können, werden nicht aufgefangen.	- → **Verteilungspolitik:** Korrektur der Marktergebnisse durch Einkommens- und Vermögensverteilungen sowie soziale Sicherung **Beispiele** Progression beim Einkommenssteuertarif, Wohngeld, Bafög
- Es können sich Marktmächte (Monopole, Kartelle) bilden. Dadurch wird der Preis zu Ungunsten der Nachfrager auf hohem Niveau gehalten.	- → **Wettbewerbspolitik** durch gesetzliche Rahmenbedingungen (Gesetz gegen Wettbewerbsbeschränkung, Gesetz gegen den unlauteren Wettbewerb)

1. Idealtypische Wirtschaftssysteme | 1.2 Soziale Marktwirtschaft

Nachteile der freien Marktwirtschaft	Eingriffsmöglichkeiten im Rahmen der sozialen Marktwirtschaft
▸ **Externe Effekte:** Beispielsweise werden bei negativen externen Effekten die Kosten der Verursacher nicht in die Preise einberechnet (Internalisierung).	▸ → **Umweltpolitik** durch Internalisierung der externen Kosten durch Gesetze (z. B. Bundesimmissionsschutzgesetz etc.), Ökosteuer, CO_2-Steuer und Zertifikatehandel

Übung
Wie kann die Ökosteuer zur Umweltpolitik beitragen?

Lösung
Die Ökosteuer erhöht den Kraftstoffpreis. Aufgrund des Gesetzes der normalen Nachfrage („Preis steigt, nachgefragte Menge sinkt") erhoffte sich der Staat einen geringeren Verbrauch von Kraftstoffen. Die Ressourcen sollen auch für andere Generationen noch verfügbar sein. Die Wirkung der Ökosteuer auf den Mengenverbrauch ist vorhanden, jedoch nur in geringem Ausmaß. Der Grund liegt darin, dass die Kraftstoffpreise sich zwar erhöhten, aber auch die Einkommen gestiegen sind, sodass die reale Kaufkraft nicht gesunken ist.

Aus den dargelegten Eingriffsmöglichkeiten im Rahmen der sozialen Marktwirtschaft können folgende Politiken abgeleitet werden, die mit der freien Marktwirtschaft in wechselseitiger Beziehung stehen können (Abb. 5).

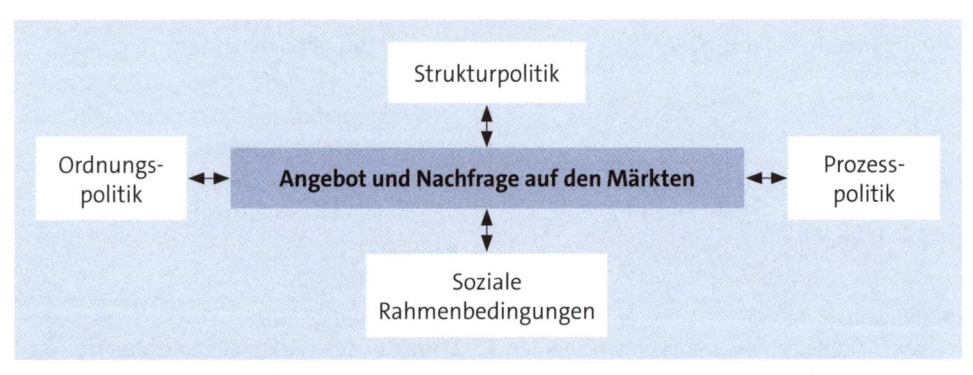

Abb. 5: Elemente der sozialen Marktwirtschaft

MERKE

▸ Die soziale Marktwirtschaft besteht aus den Komponenten „Freiheit auf dem Markt" und „sozialer Ausgleich".

- Die Realisierung der Korrektur der Ergebnisse des freien Marktes erfolgt durch die Finanzpolitik, Konjunkturpolitik, Sozialpolitik, Umweltpolitik, Wettbewerbspolitik und Verteilungspolitik.

1.2.2 Ordnungspolitik in der Bundesrepublik Deutschland

Der Begriff „Marktwirtschaft" wird nicht explizit im Grundgesetz dargelegt. Jedoch deuten verschiedene Artikel des Grundgesetzes, insbesondere mit Bezug zu den Freiheitsrechten, auf die Selbstverantwortlichkeit der Individuen hin.

Die Ordnungspolitik in der sozialen Marktwirtschaft ist auf die Balance zwischen der Funktionsfähigkeit des Wettbewerbs sowie dem sozialen Ausgleich ausgerichtet. Es wird ein rechtlicher Rahmen geschaffen. Damit werden das „freie Spiel" von Angebot und Nachfrage sowie ein sozialer Ausgleich möglich.

Bereich	Ordnungspolitischer Rahmen
Freiheit	- Art. 2 Abs. 1 Grundgesetz: Vertragsfreiheit
	- Art. 12 Grundgesetz: Berufsfreiheit, Gewerbefreiheit, Unternehmensfreiheit, Wettbewerbsfreiheit
	- Art. 14 Abs. 1 Grundgesetz: Eigentumsgarantie
	- Gewerbefreiheit: Gewerbeordnung, Handwerksordnung
Geld, Währung und internationaler Handel	- Bundesbankgesetz
	- EU-Verträge von Maastricht, Lissabon etc.
	- Außenwirtschaftsgesetz
	- Verträge mit World Trade Organization (WTO)
Sozial	- Arbeitsschutzgesetze
	- Art. 9 Abs. 3 Grundgesetz: Tarifautonomie
	- Art. 20 Abs. 1 Grundgesetz: Sozialstaatsprinzip
	- Sozialgesetzbuch
	- Betriebsverfassungsgesetz
Umwelt	- Bundesimmissionsschutzgesetz
	- Wasserhaushaltsgesetz
	- Kreislaufwirtschaftsgesetz
Wettbewerb	- Gesetz gegen Wettbewerbsbeschränkung (GWB)
	- Gesetz gegen den unlauteren Wettbewerb (UWG)
	- EU-Verträge zur Wettbewerbsförderung im → **Binnenmarkt** sowie Freihandelsabkommen

Die Eingriffe des Staates in die Wirtschaft sollen im Rahmen der sozialen Marktwirtschaft **marktkonform** erfolgen. Eine Dominanz des Staates, wie in der Zentralverwaltungswirtschaft, sollte vermieden werden. Die Tarifpartner vereinbaren aufgrund der Tarifautonomie die Lohnhöhe ohne Eingriffe des Staates. Zudem herrscht überwiegend eine freie Preisbildung, wobei in Ausnahmesituationen, z. B. Mietpreisbremse auf dem Immobilienmarkt, der Staat partiell eingreift.

1.2.3 Sozialpolitische Ziele

Durch die freie Marktwirtschaft kann es bei nur wenigen privaten Haushalten zu Einkommens- und Vermögenskumulationen kommen. Wenn beispielsweise 1 % der Bevölkerung über 80 % des Vermögens verfügt, wird dieser Zustand als ungerecht beurteilt. Durch die soziale Komponente im Rahmen der sozialen Marktwirtschaft soll die Entwicklung, dass „die Reichen immer reicher und die Armen ärmer" werden, gebremst werden. Welche Möglichkeiten hat der Staat?

Soziale Gerechtigkeit

- **Sekundäre → Einkommensverteilung:**
  Die **primäre → Einkommensverteilung** wird über Angebot und Nachfrage auf dem Arbeitsmarkt abgewickelt. Je nach Angebots- und Nachfragekonstellation wird ein marktbewertetes Gehalt (oder Lohn) vergütet. Die Unternehmen und privaten Haushalte zahlen → **Steuern**. Aus den Steuereinnahmen erfolgen, je nach politischer Neigung der jeweiligen Regierung, Transferzahlungen z. B. in Form von Wohngeld an die privaten Haushalte, die als Bedürftige definiert wurden.

- **Steuersystem:**
  Das progressive Steuersystem soll dazu dienen, dass mit jeder zusätzlichen Einkommenseinheit (z. B. 100 €) die Einkommensteuer auch zunimmt (→ **Grenzsteuersatz**). Für Bezieher geringer Einkommen gibt es einen Grundfreibetrag, um das Existenzminimum zu gewährleisten. In einer Volkswirtschaft kann eine Umverteilung durch hohe Spitzensteuersätze sowie einen ausgeprägten progressiven Steuertarif erfolgen. Dies kann zu einer „gerechten" Einkommens- und Vermögensverteilung beitragen. Allerdings gehen die Meinungen auseinander, was man unter „Gerechtigkeit" versteht.

> **Übung**
> Erklären Sie die Nachteile von hohen Steuersätzen.
>
> **Lösung**
> Bei hohen Steuersätzen werden die betroffenen privaten Haushalte und Unternehmen demotiviert. Die Leistungsbereitschaft kann sinken. Es kann zu Steuerflucht, Verlagerung von Betriebsstätten ins Ausland, Nutzung von Steueroasen sowie zu Schwarzarbeit kommen.

INFO

Exkurs
Laffer entwickelte eine Kurve zu den Steuersätzen sowie zum Steueraufkommen, die zeigt, dass man mit geringeren Steuersätzen das gleiche Steueraufkommen erzielen kann wie bei hohen. Die Gründe können darin liegen, dass die Steuerzahler einen geringeren Steuersatz akzeptieren und Steuern zahlen, während bei höheren Steuersätzen eine psychologische Belastung vorliegt. Die Folgen bestehen in einer Steuervermeidung.

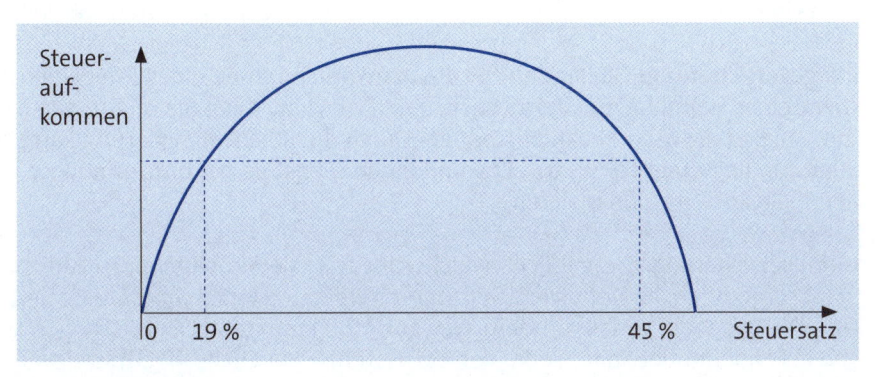

Abb. 6: Laffer-Kurve

▶ **Bildungspolitik:**
Der Staat fördert die Bildung durch den Bau von Schulen und hat Interesse daran, dass sich die Bürger qualifizieren. Somit entsteht eine höhere Qualität der Leistung. Darüber hinaus soll durch die Bildungspolitik Chancengleichheit gewährleistet werden. Insbesondere sollen Kinder aus Familien mit geringem Einkommen auch die Chance erhalten, einen höherwertigen Bildungsabschluss zu erreichen. Durch die erfolgreiche Nutzung des Bildungsangebotes kann aus eigener Kraft durch Lernen ein sozialer Aufstieg erreicht werden. Zudem besteht die Hypothese, dass mit höherer Bildung auch ein höheres Einkommen erzielt werden kann. Jedoch ist zu berücksichtigen, dass bei gestiegenem Angebot an Höherqualifizierten die Einkommen nicht mehr in dem Maße zunehmen wie bei „normalen" Marktverhältnissen.

▶ **Vermögensbildung:**
Der Staat unterstützt private Haushalte durch Zuschüsse zur Vermögensbildung, die häufig auch noch steuerlich gefördert werden.

Soziale Sicherheit

▶ **Sozialversicherungen:**
Der Staat stellt meritorische Güter bereit. Viele Individuen würden sich nicht krankenversichern oder sorgen nicht für das Alter vor. Daher gibt es eine Krankenversicherungspflicht sowie für die unselbstständig Beschäftigten, ausgewählte Freiberufler und Unternehmer (z. B. Handwerker) eine Rentenversicherungspflicht. Der Staat leistet durch diese Zukunftsvorsorge einen Dienst (engl. merit = Verdienst, Leistung) für seine Bürger.

> **Übung**
> Erläutern Sie weitere Sozialversicherungen, und warum es sich um meritorische Güter handelt.
>
> **Lösung**
> **Arbeitslosenversicherung:** Arbeitslose erhalten für einen bestimmten Zeitraum (z. B. 1 Jahr) Arbeitslosengeld, wenn sie ohne eigenes Verschulden arbeitslos geworden sind. Der Staat bietet eine Lohnersatzleistung in einer Höhe an, die die Existenz sichern soll. Somit erweist der Staat den Arbeitslosen einen Dienst, indem eine derartige Versicherung sowie ein soziales Netz angeboten werden.
>
> **Pflegeversicherung:** Die Kosten für die Inanspruchnahme eines Pflegedienstes sowie eines Heimplatzes sind so hoch, dass viele Individuen die Leistungen nicht mit den Ersparnissen bezahlen können. Durch die Pflichtversicherung sorgt der Staat für die Bürger vor und stellt somit einen Dienst bereit, um zumindest Teile der Pflegekosten zu finanzieren.
>
> **Unfallversicherung:** Diese Pflichtversicherung trägt der Arbeitgeber zu 100 %. Der Staat sorgt durch die Unfallversicherung vor, wenn ein Arbeitsunfall, eine Berufskrankheit oder ein Unfall auf dem Weg zur Arbeit entsteht. Die Leistungen können in Rehabilitationshilfen oder Renten bestehen. Durch die Pflichtversicherung wird den Anspruchsberechtigten ein Dienst geleistet.

- **Versorgungsprinzip:**
  Beamtenversorgung, Kriminalopferversorgung, Kriegsopferversorgung
- **Fürsorgeprinzip:**
  Arbeitslosenhilfe, Hartz IV
- **Sozialförderungsprinzip:**
  BAföG, Kindergeld, Schwerbehindertenhilfe, Wohngeld

Sozialer Frieden

- **Mitbestimmungsgesetz, Betriebsverfassungsgesetz:**
  Das Ziel besteht darin, die Arbeitswelt zu humanisieren.

Die Sozialpolitik ist Voraussetzung und Folge wirtschaftlicher Entwicklung.

MERKE

- Der Staat korrigiert ungerechte Marktergebnisse durch Sozial- und Verteilungspolitik.
- Die Eckpfeiler der sozialen Sicherung sind die soziale Gerechtigkeit (z. B. Transferzahlungen, progressives Steuersystem), die soziale Sicherheit (z. B. Sozialversicherungen) und der soziale Frieden (z. B. Mitbestimmung).

1.2.4 Prozesspolitik

Das Ziel der Prozesspolitik besteht darin, dass sich ein stabiler Wachstumsprozess in einer Volkswirtschaft entwickelt. Der Staat greift im Rahmen der sozialen Marktwirtschaft in die Wirtschaft ein, wenn definierte → *Ziele* beeinträchtigt werden. Durch das Stabilitätsgesetz von 1967 wurden vier Kernziele für die deutsche Volkswirtschaft aufgestellt.

- Stabilität des Preisniveaus
- hoher Beschäftigungsstand
- → *außenwirtschaftliches Gleichgewicht*
- stetiges und angemessenes Wirtschaftswachstum.

Diese vier Ziele werden als → *„magisches Viereck"* bezeichnet, weil auch Zielkonkurrenz besteht.

Übung
Erläutern Sie eine Zielkonkurrenz im Rahmen des „magischen Vierecks".

Lösung
Eine Zielkonkurrenz besteht zwischen den Zielen „Stabilität des Preisniveaus" und „hoher Beschäftigungsstand". Der Ökonom *Phillips* analysierte anhand empirischer Daten den Zusammenhang zwischen Inflationsrate und Arbeitslosenquote. Die Phillips-Kurve (Abb. 7) zeigt, dass „tendenziell" bei sinkender Inflationsrate die Arbeitslosenquote ansteigt. Der Zusammenhang kann jedoch nicht immer als „Menükarte" verwendet werden.

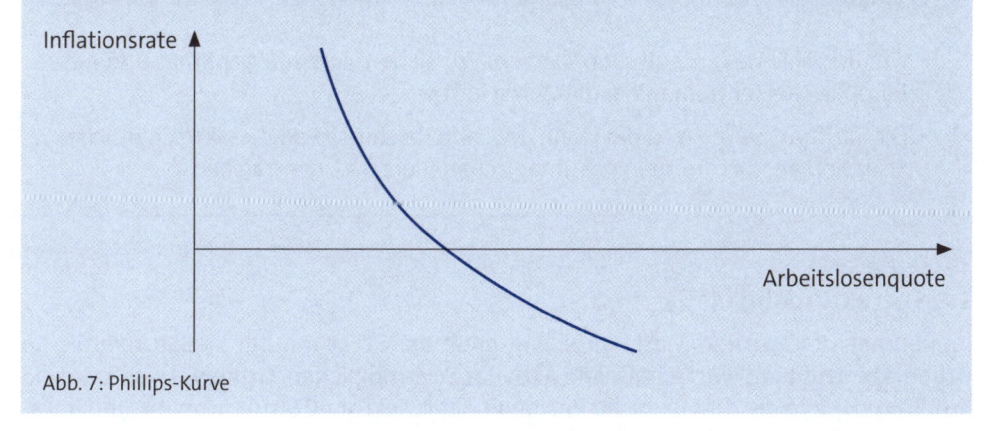

Abb. 7: Phillips-Kurve

Wer sind die Akteure der Prozesspolitik?

Akteure	Problem	Eingriff
Bundesregierung	gesamtwirtschaftlicher Nachfragerückgang	Erhöhung der Staatsausgaben G, um den Nachfragerückgang zu kompensieren $Y = C + I + G + X - M$ Die rechte Seite stellt die → **gesamtwirtschaftliche Nachfrage** dar.
Europäische Zentralbank	geringes → **Wachstum**	Durch Senkung des Leitzinssatzes sollen die Investitionen der Unternehmen erhöht werden, um ein Wachstum des Bruttoinlandsprodukts zu erzeugen.
Tarifpartner (Arbeitgeber- und Arbeitnehmerverbände)	geringe Kaufkraft der Löhne	Erhöhung der nominalen Löhne, damit die realen Löhne zunehmen. Somit steigt auch die Kaufkraft. $$\text{realer Lohn} = \frac{\text{Nominallohn}}{\text{Verbraucherpreisindex}}$$

Bei gesamtwirtschaftlichen Problemen, wie z. B. hohe Arbeitslosigkeit oder hohe Inflation, bedarf es gemeinsamer Aktionen der Prozesspolitikakteure. In der Vergangenheit wurden „konzertierte Aktionen" (70er-Jahre) oder das „Bündnis für Arbeit" zur Lösungsfindung gestaltet.

MERKE

- Um die Ziele des „magischen Vierecks" zu sichern, greifen der Staat und die Europäische Zentralbank in die Wirtschaft ein.
- Die Tarifpartner passen die Höhe der Lohnabschlüsse an die wirtschaftliche Situation an, um die Ziele des „magischen Vierecks" zu erreichen.

1.2.5 Strukturpolitik (***)

Im Rahmen der sozialen Marktwirtschaft stellt der Staat mit der Strukturpolitik die Grundlage bereit, um wirtschaftliche Aktivität zu ermöglichen. Grundsätzlich kann die Strukturpolitik in die drei Bereiche Regionalpolitik, sektorale Strukturpolitik und Infrastrukturpolitik aufgeteilt werden.

- **Regionalpolitik:**
  Regionen mit schwacher wirtschaftlicher Aktivität werden gefördert, indem Zinsverbilligungen oder Zuschüsse gewährt werden. Die Förderung kann für die Infrastruktur, kleine und mittelständische Unternehmen oder die Bildung von Vernetzungen eingesetzt werden. Das Ziel besteht darin, Wachstum in den strukturschwachen Re-

gionen zu erzeugen und die Investitionstätigkeit zu erhöhen, um zusätzliche Arbeitsplätze und somit Einkommen zu schaffen. Zudem sollen außerhalb der Ballungszentren „gleichwertig Lebensverhältnisse" möglich sein. Die Grenzen der Förderung liegen in den beihilferechtlichen Regelungen der EU-Kommission. Die Fördergebietskarten zeigen die strukturschwachen Regionen in Deutschland auf.[1]

- **Sektorale Strukturpolitik:**
Der Staat leistet Subventionen (Zuwendungen) an Branchen, die aufgrund ihrer wirtschaftlichen Lage nicht mehr wettbewerbsfähig sind. Die Subventionen können dazu dienen, Unternehmen der Branche zu erhalten oder Impulse zu geben, damit eine Anpassung an veränderte Marktbedingungen ermöglicht wird. Typische Beispiele sind die Branchen Stahl, Kohle und Landwirtschaft.

Übung
Zeigen Sie Vor- und Nachteile der Subventionen auf.

Lösung

Vorteile	Nachteile
▸ Erhaltung von Arbeitsplätzen ▸ weiter Einkommensschöpfung ▸ Bei Anpassungssubventionen können Impulse entstehen, damit die Branchen international wettbewerbsfähig werden.	▸ Steuergelder werden verschwendet, da die subventionierten Branchen nicht wettbewerbsfähig sind und mittelfristig relativ unbedeutend werden. ▸ Strukturwandel wird verhindert. Die Produktionsfaktoren Arbeit und Kapital werden in Bereiche gelenkt, die unproduktiv sind. ▸ Technischer Fortschritt wird blockiert. ▸ Durch die Subvention greift der Staat in den Markt sowie in das freie Spiel von Angebot und Nachfrage ein und verzerrt dadurch die Preise. Ein subventioniertes Unternehmen kann günstiger anbieten. Die Preise verlieren damit ihre Knappheits- und Informationsfunktion.

- **Infrastrukturpolitik:**
Zur Infrastruktur gehören z. B.:
- Straßen, Brücken, Tunnel
- Bildungseinrichtungen
- Gesundheitswesen
- Energieversorgung
- IT-Netze (z. B. DSL-Problem in ländlichen Regionen oder langsames Internet).

---

[1] Vgl. *Bundesministerium für Wirtschaft und Energie*, Stichwort Gemeinschaftsaufgabe „Verbesserung der regionalen Wirtschaftsstruktur", https://www.bmwi.de.

Die Infrastruktur stellt die Voraussetzung dar, um Produktion und Einkommensgenerierung zu ermöglichen. Je nach Einfluss des Staates und der Ausprägung der → **Wirtschaftspolitik** können durch Liberalisierungsmaßnahmen staatliche Monopole, z. B. im Telekommunikationsbereich, aufgelöst und einem Wettbewerb mit privaten Unternehmen unterzogen werden. Die Frage bei der Infrastrukturpolitik besteht darin, in welchen Bereichen der Staat öffentliche → **Güter** anbieten sollte oder das Angebot der Privatwirtschaft überlassen wird.

Öffentliche und private Güter beinhalten folgende Merkmale:

Privates Gut	Öffentliches Gut (Kollektivgut)
▶ Rivalität (Wettbewerb) beim Konsum	▶ Nichtrivalität des Konsums
Beispiel Wenn A den Apfel isst, dann ist er für B nicht mehr da.	**Beispiel** Ein Kollektivgut kann von mehreren Individuen gleichzeitig genutzt werden (z. B. Straße).
▶ Ausschluss von Individuen durch den Preis möglich	▶ Nichtausschließbarkeit der Individuen
Beispiel Der Mitgliedsbeitrag für einen Verein beträgt 100.000 € pro Jahr.	**Beispiel** Ein Individuum kann einen anderen Bürger nicht verbieten, den öffentlichen Bürgersteig zu nutzen, ohne dass Gesetzesverletzungen eine Rolle spielen.

Übung
Nehmen Sie zu dem Argument Stellung, dass Straßen in einer Volkswirtschaft nur durch den Staat bereitgestellt werden.

Lösung
Wenn Straßen in einer Volkswirtschaft durch den Staat als öffentliches Gut bereitgestellt werden, kann es zu einer Übernutzung kommen (z. B. Staus). Der Nutzer kann davon ausgehen, dass die Nutzung der Straße kostenlos ist. Allerdings wird die Straße über Steuermittel finanziert, sodass für inländische Nutzer Kosten entstehen. Wenn die Nutzung einer Straße mit einer Mautgebühr versehen wird, dann wird sich der Nutzer über die Kosten direkt bewusst. Durch die Höhe des Preises zur Nutzung der Straße kann die Nachfrage beeinflusst werden. Möglicherweise werden Fahrten gebündelt, um die Straßennutzungsgebühren zu senken und damit die Umweltverschmutzung durch geringere CO_2-Emissionen reduziert.

MERKE

- Regionalpolitik dient im Rahmen der sozialen Marktwirtschaft dazu, „gleichwertige Lebensverhältnisse" in allen Regionen herzustellen.
- Sektorale Strukturpolitik soll zur Arbeitsplatz- und Einkommenssicherung durch Subventionen für Unternehmen oder bestimmte Branchen beitragen.

Dadurch sollen auch die Härten des (internationalen) Marktes ausgeglichen werden. Die Subventionsgewährung hat Vor- und Nachteile.

- Die Infrastruktur umfasst nicht nur Straßen und Brücken, sondern auch das Gesundheitswesen oder Bildungseinrichtungen. Damit wird die Voraussetzung zur Einkommensgenerierung geschaffen.

1.2.6 Staatliches Handeln in der sozialen Marktwirtschaft

Um das staatliche Handeln in der sozialen Marktwirtschaft zu beurteilen, sollen folgende Themen reflektiert werden:

- Marktkonformität staatlicher Eingriffe
- Grenzen der Finanzierbarkeit der sozialen Marktwirtschaft.

Marktkonformität staatlicher Eingriffe

Eine Marktkonformität liegt vor, wenn staatliche Eingriffe in die Wirtschaft zur Erreichung sozialpolitischer Ziele das „freie Spiel von Angebot und Nachfrage" nicht deutlich „verzerren" und der Ordnungsrahmen (z. B. Vertragsfreiheit) der Volkswirtschaft nicht maßgeblich verletzt wird.

Verschiedene Maßnahmen des Staates haben nur indirekten Einfluss auf den Marktmechanismus und werden als marktkonform betrachtet.

- Die Gewährung von Subventionen (siehe >> Kapitel 1.2.5) ermöglicht den betroffenen Produzenten günstigere Preise anzubieten. Dadurch ergeben sich Vorteile auf dem internationalen Markt.
- Der Staat erhebt einen Importzoll. Dadurch erhöhen sich die Preise für die inländischen Nachfrager. Der Marktmechanismus bleibt bestehen. Jedoch kann sich durch den erhöhten Preis die Nachfrage reduzieren, was vom Staat möglicherweise beabsichtigt ist.

Es gibt jedoch Fälle, in denen **keine** Marktkonformität (marktkonträr) gegeben ist.

Wenn der Staat in den Markt durch Preisfestsetzung (z. B. Mindest- oder Höchstpreise) eingreift, dann wird der Marktmechanismus außer Kraft gesetzt.

Beispiel

- Arbeitsmarkt: Mindestlohn (→ *Mindestpreis*); siehe >> Kapitel 3.3
- Immobilienmarkt: „Mietpreisbremse" (→ *Höchstpreis*).

Grenzen der Finanzierbarkeit der sozialen Marktwirtschaft

- Die Abgabenbelastung für die privaten Haushalte und Unternehmen steigt durch zunehmende Ansprüche an die Gesundheits- und Pflegeversorgung.
- Durch den demografischen Wandel finanzieren im Rahmen des Umlageverfahrens weniger Beitragszahler eine größer werdende Zahl an Rentnern. Um dieses Problem zu lösen, könnte die Rentenhöhe gesenkt oder der Beitragssatz zur Rentenversicherung erhöht werden. Zudem könnten weitere Beitragszahler erschlossen werden: z. B. Beamte und Freiberufler, die nicht über Versorgungswerke abgesichert sind.
- Durch die Globalisierung findet ein internationaler Wettbewerb statt, der zum Teil über den Preis ausgetragen wird. Je höher die Arbeitgeberbeiträge zur Sozialversicherung, umso geringer sind die Absatzchancen auf den entsprechenden Märkten.
- Unternehmen und private Haushalte wollen die Steuern vermeiden, weil der Steuersatz als zu hoch empfunden wird. Hohe Steuerbelastungen aufgrund der sozialen Marktwirtschaft führen dazu, dass Kapital in Steueroasen oder in Länder mit niedrigen Steuersätzen fließt. Zur Finanzierung der sozialen Marktwirtschaft gehen dem Staat entsprechende Einnahmen verloren.
- Hohe Lohnstückkosten führen dazu, dass Unternehmen zunehmend rationalisieren. Die freigesetzten Beschäftigten fallen als Beitragszahler für die Sozialversicherungen aus. Zudem bestehen Ansprüche auf monetäre Transfers. Ein Lösungsansatz könnte in einer „Maschinensteuer" liegen. Die Unternehmen könnten aber dann mit Produktionsverlagerungen ins Ausland reagieren.
- Zusätzliche Infrastrukturausstattungen (Straßen, Schulen, Krankenhäuser etc.) verursachen im Laufe der Jahre entsprechend hohe Folgekosten. Dadurch würden noch mehr Einnahmen des Staates benötigt. Durch Rezessionen und Arbeitslosigkeit können die Steuereinnahmen sinken. Die Einnahmen des Staates und somit auch die Finanzierbarkeit der sozialen Marktwirtschaft sind von der Konjunktursituation abhängig.
- Erhöhte Beitragsbelastungen innerhalb der EU, wenn Mitgliedsländer ausscheiden. Dadurch können die Finanzierungsmöglichkeiten innerhalb Deutschlands geringer werden.

MERKE

- Staatseingriffe können „marktkonform" erfolgen, wenn der Marktmechanismus nicht außer Kraft gesetzt wird.
- Die Grenzen der Finanzierbarkeit der sozialen Marktwirtschaft liegen im demografischen Wandel, weil weniger Beitragszahler eine größere Zahl an Rentner finanzieren müssen. Die soziale Marktwirtschaft ist abhängig von der Konjunkturlage.

2. Darstellen des volkswirtschaftlichen Kreislaufs
2.1 Wirtschaftskreislauf in einer wachsenden offenen Volkswirtschaft und deren Faktoreinkommen

Um die Komplexität einer Volkswirtschaft zu reduzieren, orientieren sich Ökonomen an vereinfachten Modellen. Zuerst soll der Wirtschaftskreislauf ohne Staat und ohne Außenwirtschaft dargelegt werden.

2.1.1 Wirtschaftskreislauf in einer geschlossenen Volkswirtschaft

In einer geschlossenen Volkswirtschaft werden zwei Pole (private Haushalte, Unternehmen) angenommen. Ein geschlossener Wirtschaftskreislauf liegt vor, wenn für jeden Pol gilt, dass der Wert der Zuflüsse dem Wert der Abflüsse entspricht. Was sind Zu- und Abflüsse?

Die Unternehmen setzen Produktionsfaktoren (Arbeit, Kapital, Boden) ein und erzeugen → **Güter**. Die privaten Haushalte bieten den Unternehmen Produktionsfaktoren (Arbeit, Kapital, Boden) an und erhalten für die geleistete Arbeit als Zufluss → **Faktoreinkommen**. Das Faktoreinkommen der privaten Haushalte kann für den Konsum und/oder Sparen verwendet werden.

$$Y = C + S_{HH}$$

Y = Faktoreinkommen
C = Konsum
S_{HH} = Sparen der privaten Haushalte

Mit dem Einkommen kaufen die privaten Haushalte Konsumgüter. Ein Abfluss vom Pol „private Haushalte" sind die → **Konsumausgaben der privaten Haushalte**, die dem Pol „Unternehmen" zufließen. Die nicht ausgeschütteten Gewinne der Unternehmen werden gespart (S_U). Das Sparen der privaten Haushalte sowie das Sparen der Unternehmen fließen zum Pol „Vermögensänderung".

Unter dem Pol „Vermögensänderung" sind Banken und Versicherungen (Kapitalsammelstellen) zusammengefasst. Banken vergeben Kredite an Unternehmen, die für zusätzliche Investitionen (→ **Nettoinvestition** I^{netto}) verwendet werden. Der Pol „Vermögensänderung" nimmt die Überschüsse (surplus) auf, welche die privaten Haushalte und Unternehmen nicht verwenden. Der beschriebene Wirtschaftskreislauf einer geschlossenen Volkswirtschaft wird in nachfolgender Abb. 8 dargelegt.

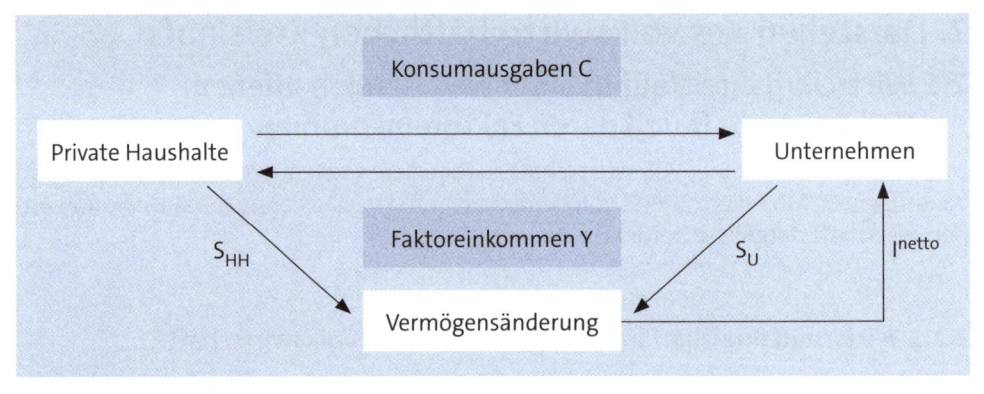

2. Volkswirtschaftlicher Kreislauf | 2.1 Wirtschaftskreislauf

Abb. 8: Wirtschaftskreislauf in einer geschlossenen Volkswirtschaft

Die Bruttoinvestitionen setzen sich aus Reinvestition (Abschreibung) und Nettoinvestition zusammen.

Nettoinvestition = Bruttoinvestition - Abschreibung

Die Abschreibungen dienen zur Finanzierung von Ersatzinvestitionen (Reinvestition). Die Nettoinvestitionen stellen zusätzliche Investitionen dar, die den → **Kapitalstock** einer Volkswirtschaft über die Zeit erhöhen. Wie werden die Nettoinvestitionen finanziert?

	Zufluss	Abfluss
(1) Private Haushalte	Y	$C + S_{HH}$
(2) Unternehmen	$C + I^{netto}$	$Y + S_U$

Daraus ergeben sich zwei Gleichungen:

(1) $\quad Y = C + S_{HH}$

(2) $\quad C + I^{netto} = Y + S_U$

Y aus Gleichung (1) wird in Gleichung (2) eingesetzt. Daraus folgt Gleichung (3):

(3) $\quad C + I^{netto} = C + S_{HH} + S_U$

Wenn man in Gleichung (3) auf beiden Seiten C subtrahiert, dann fällt C weg. Fasst man S_{HH} und S_U zusammen, dann gilt:

(4) $\quad I^{netto} = S \quad$ („ex post Gleichgewicht")

Die Nettoinvestitionen in einer geschlossenen Volkswirtschaft werden durch das Sparen der privaten Haushalte und Unternehmen finanziert. Die Gleichung (4) gilt ex post (im Nachhinein, also am Ende der betrachteten Periode).

Übung
Die privaten Haushalte und Unternehmen planen im Voraus (ex ante). Daher kann eine Situation entstehen, dass die Pläne nicht übereinstimmen. Erklären Sie, wie in einer geschlossenen Volkswirtschaft, das „ex post Gleichgewicht" erreicht wird, wenn das geplante Sparen größer ist als die geplanten Investitionen.

Lösung
Die privaten Haushalte können das Sparen reduzieren, wenn der Zinssatz für die Spareinlagen sinkt. Dadurch vermindern sich die Sparüberschüsse und die privaten Haushalte konsumieren mehr. Der zunehmende Konsum erhöht die Nachfrage.

Aufgrund des erwarteten höheren Konsums investieren die Unternehmen in zusätzliche Investitionen. Die Nettoinvestitionen werden durch einen geringeren Zinssatz für Kredite möglich. Somit erhöhen sich die Nettoinvestitionen und das Sparen wird vermindert. Das Ungleichgewicht zwischen Sparen und Nettoinvestitionen baut sich ab und ex post wird $S = I^{netto}$ erreicht.

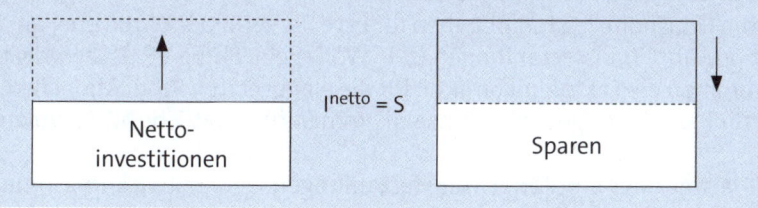

$$I^{netto} = S$$

Nettoinvestitionen — Sparen

2.1.2 Wirtschaftskreislauf in einer wachsenden offenen Volkswirtschaft

Eine geschlossene Volkswirtschaft beinhaltet die Pole „Private Haushalte", „Unternehmen" und „Staat". Bei einer offenen Volkswirtschaft kommt der Pol „Ausland" hinzu, der die wirtschaftlichen Beziehungen mit dem Ausland umfasst. Eine wachsende Volkswirtschaft ist durch die Zunahme der Nettoinvestitionen und/oder der anderen Aggregationsgrößen (Konsum, Staatsausgaben, Exporte) gekennzeichnet. Die Relationen zwischen den Polen werden nachfolgend erläutert.

Staat und Unternehmen
Die Unternehmen erhalten für ihre Leistungen (Verkäufe von Gütern an den Staat) vom Staat Zahlungen. Der Staat gewährt den Unternehmen Subventionen (Zuwendungen). Die Unternehmen zahlen an den Staat → **Abgaben**.

Übung
Abgaben beinhalten Steuern, Gebühren, Beiträge, Sonderabgaben und Sozialabgaben. Die Unternehmen zahlen direkte und indirekte Steuern an den Staat. Erklären Sie den Unterschied zwischen direkten und indirekten Steuern.

Lösung
Der Steuerschuldner (natürliche oder juristische Person) muss die Steuer als Zwangsabgabe entrichten. Der Steuerträger wird durch die Steuer wirtschaftlich belastet. Der Steuerzahler begleicht die Steuerschuld durch eine Zahlung an das Finanzamt.

Bei der direkten Steuer (z. B. Einkommenssteuer) fallen die drei Rollen Steuerschuldner, Steuerträger und Steuerzahler zusammen. Bei der indirekten Steuer ist der Steuerträger z. B. der Endverbraucher (z. B. Biersteuer, Mineralölsteuer), der die indirekte Steuer mit der Bezahlung der Ware trägt. Der Steuerschuldner (z. B. Brauerei, Mineralölunternehmen) führt die indirekte Steuer an das Finanzamt ab. Neben den Verbrauchssteuern zählt auch die Umsatzsteuer zu den indirekten Steuern.

Staat und private Haushalte sowie Ausland
Die privaten Haushalte leisten Abgaben (direkte Steuern, Gebühren etc.) an den Staat. Der Staat gewährt Transferzahlungen (z. B. Wohngeld, Bafög etc.). Die privaten Haushalte bekommen ein Faktoreinkommen für die eingesetzten Produktionsfaktoren (z. B. Gehälter für Beamte, Angestellte; Zinseinkommen für staatliche Wertpapiere etc.).

Der Staat leistet oder empfängt Transferzahlungen (z. B. Entwicklungshilfe) an bzw. vom Ausland.

Staat und Vermögensänderung
Die Kapitalsammelstellen nehmen die staatlichen Überschüsse (Sparen des Staates) auf und können auch Kredite an den Staat vergeben.

Ausland, private Haushalte und Staat
Die privaten Haushalte beziehen Faktoreinkommen (z. B. Zinserträge) aus dem Ausland und tätigen Überweisungen an das Ausland (z. B. Gastarbeiter an die Heimatländer). Der Staat leistet Transferzahlungen, z. B. an die EU, und kann einseitige Zahlungen ohne Gegenleistung (Transferzahlungen) durch Entwicklungshilfe erhalten.

Ausland, Unternehmen und Vermögensänderung

Die Unternehmen exportieren (X) und importieren (M) Güter. Die Differenz zwischen Exporten und Importen (X - M) wird → **Außenbeitrag** genannt. Bei einem Export ins Ausland entstehen Forderungen gegenüber dem ausländischen Importeur, während beim Import Verbindlichkeiten gegenüber dem ausländischen Exporteur erzeugt werden. Wenn die Exporte größer als die Importe sind (X - M > 0), dann sind mehr Forderungen als Verbindlichkeiten gegenüber dem Ausland vorhanden. Die Forderungen und Verbindlichkeiten im Inland gleichen sich aus. Wenn Forderungsüberschüsse gegenüber dem Ausland vorliegen, dann erhöhen sich auch die Devisenbestände (→ **Devisen**).

Vom Pol „Vermögensänderung" (Kapitalsammelstellen) fließen Kapitalexporte ins Ausland und Kapitalimporte ins Inland.

Bei einer offenen Volkswirtschaft gilt:

$$S = I^{netto} + (X - M), \text{ wenn } S = S_{HH} + S_U + S_{St}$$

Für den Fall eines Exportüberschusses finanziert ein Teil des inländischen Sparens die Exporte ins Ausland.

> **Übungen**
> Erläutern Sie den Sachverhalt, wenn $S - I^{netto} = (X - M)$ vorliegt und $X - M < 0$ (Importüberschuss) gilt?
>
> **Lösung**
> Wenn $X - M < 0$ (Importüberschuss) vorliegt, dann übersteigen die Nettoinvestitionen das inländische Sparen. Das inländische Sparen reicht nicht aus, um die Nettoinvestitionen und die Importe (z. B. für Medikamente, Nahrungsmittel) zu finanzieren. Es werden Kapitalimporte benötigt, die durch Kredite von anderen Ländern, Banken oder dem IWF (Internationale Währungsfonds) bereitgestellt werden.

2. Volkswirtschaftlicher Kreislauf | 2.2 Volkswirtschaftliche Gesamtrechnung

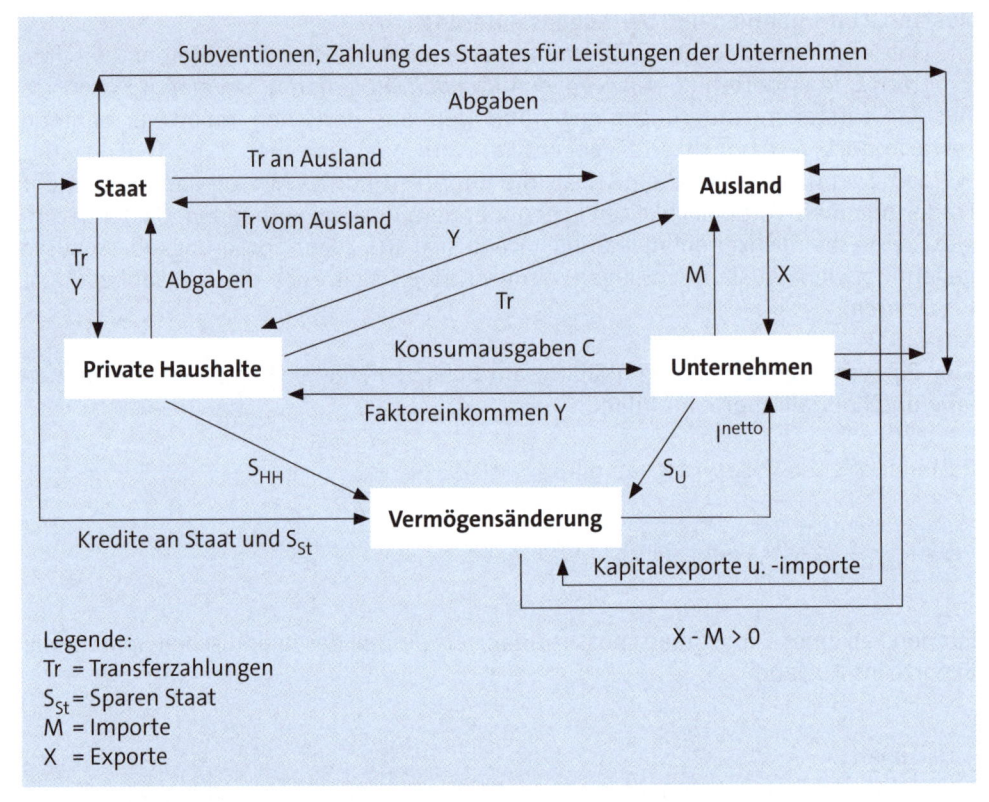

Abb. 9: Wirtschaftskreislauf in einer offenen Volkswirtschaft

Die Auswirkungen auf den Wirtschaftskreislauf ohne Berücksichtigung des Vermögensänderungspols werden im Übungsteil Kapitel 8, Aufgabe 12 behandelt.

2.2 Volkswirtschaftliche Gesamtrechnung

2.2.1 Aufgaben und Ziele

Damit die Ergebnisse der Volkswirtschaftlichen Gesamtrechnungen weltweit vergleichbar sind, basieren die Konzepte auf dem „System of National Accounts" der Vereinten Nationen. Für die Europäische Union wurde eine Verordnung erlassen, um im Rahmen des „Europäischen Systems Volkswirtschaftlicher Gesamtrechnungen auf nationaler und regionaler Ebene" (ESVG) eine Harmonisierung der Volkswirtschaftlichen Gesamtrechnungen in der EU zu ermöglichen.

Das ESVG 2010 ist das derzeit (Stand: Mai 2021) gültige Konzept. Die letzte Generalrevision der Volkswirtschaftlichen Gesamtrechnung, die alle fünf Jahre stattfindet, war im Jahr 2019. Derartige Revisionen sind begründet durch neue Datenquellen, neue europäische Richtlinien sowie neue methodische Ansätze. Die Zeitreihen werden dann aufgrund der neuen Ansätze zurückgerechnet. Durch derartige Revisionen können sich Kennzahlen, wie z. B. die Lohnquote oder Sparquote verändern.[1]

Wer nutzt die Ergebnisse der Volkswirtschaftlichen Gesamtrechnung?

Institution	Beispielsweise Aufgaben und Ziele
Regierungen der Länder	Vergleich der Wachstumsraten zwischen den Ländern
Internationale Organisationen, z. B. UN, IWF, EU	Beitragsberechnungen
Europäische Zentralbank	Aufgrund der → **Quantitätsgleichung** dienen die Veränderung des Bruttoinlandsprodukts zum Vorjahr sowie die Preissteigerungsrate zur Orientierung für die Erhöhung der → **Geldmenge**.
Euro-Teilnehmerländer	Die Konvergenzkriterien müssen bei einer Teilnahme am Euro eingehalten werden. Die Neuverschuldung im Verhältnis zum Bruttoinlandsprodukt wird gemessen.
Tarifpartner	Die Preissteigerungsraten, Arbeitsproduktivitäten und Lohnstückkosten, die vom Statistischen Bundesamt ermittelt werden, dienen als Grundlage für die Tarifverhandlungen.
Private Haushalte, Unternehmen	Die Einkommensverteilung (z. B. Lohnquote) wird anhand der Daten der Volkswirtschaftlichen Gesamtrechnung gemessen.

Die Volkswirtschaftliche Gesamtrechnung beinhaltet die[2]

- Input-Output-Rechnung (Verflechtungen zwischen den Wirtschaftszweigen werden aufgezeigt)
- Erwerbstätigenrechnung (dient zur Ermittlung der Arbeitsproduktivität)
- Arbeitsvolumenrechnung (Ermittlung von Arbeitszeiten)
- Vermögensrechnung (Veränderung des Sachanlagenvermögens und Berechnung des → **Kapitalstocks** sowie Erfassung des Geldvermögens)
- Finanzierungsrechnung (Dokumentation der Finanztransaktionen zwischen den → **Wirtschaftssubjekten** und den → **Finanzintermediären**, z. B. Banken),
- Inlandsproduktberechnung.

---

[1] Vgl. *Statistisches Bundesamt*, Presse-Hintergrundgespräch „Generalrevision der Volkswirtschaftlichen Gesamtrechnungen 2019", 2019.
[2] Vgl. *Statistisches Bundesamt*, 2017c, S. 3 f., https://www.destatis.de.

2.2.2 Berechnung Bruttoinlandsprodukt
2.2.2.1 Überblick

Die Inlandsproduktberechnung steht in den nachfolgenden Ausführungen im Vordergrund. Die zentrale Aufgabe der Inlandsproduktberechnung besteht darin, den Wert der erzeugten → **Güter** in einer Volkswirtschaft abzubilden, um das Bruttoinlandsprodukt zu ermitteln.

```
→ Entstehungs-        Produktionsleistung        → Verwendungs-
  rechnung         →  einer Volkswirtschaft  ←     rechnung
                              ↓
                     Verteilungsrechnung
```

Abb. 10: Entstehung, Verteilung und Verwendung der Produktionsleistung

Entstehungsrechnung (Produktionsansatz)	In welchen Wirtschaftsbereichen (z. B. Landwirtschaft, Industrie, Dienstleistung etc.) wurden die Güter erstellt? Beispielsweise nahm der Anteil der Landwirtschaft am Bruttoinlandsprodukt in den letzten Jahrzehnten ab. Somit sind strukturelle Veränderungen aus der Entstehungsrechnung erkennbar.
Verwendungsrechnung (Ausgabenansatz)	Hierbei wird aufgezeigt, wie die Werte der erzeugten Güter, die zu Einkommen führen, für den Konsum, Investitionen oder Exporte verwendet wurden.
Verteilungsrechnung	Die Verteilung auf Arbeitnehmerentgelte sowie Unternehmens- und Vermögenseinkommen wird aufbereitet. Eine separate Berechnung des Bruttoinlandsprodukts über die Verteilungsrechnung ist nicht möglich.

MERKE

- Das Bruttoinlandsprodukt wird durch die Entstehungs- und Verwendungsrechnung ermittelt.
- Bei der Entstehungsrechnung wird die Produktionsseite der Volkswirtschaft und bei der Verwendungsrechnung die Ausgabenseite betrachtet.
- Über die Verteilungsrechnung ist keine Berechnung des Bruttoinlandsprodukts möglich.
- Das Bruttoinlandsprodukt stellt die Summe der Werte der erzeugten Güter in einer Volkswirtschaft dar.

2.2.2.2 Produktions- und Einkommenskonto
Wie wird das Bruttoinlandsprodukt ermittelt?
Die Volkswirtschaftliche Gesamtrechnung kann in Kontenform, Tabellen oder Gleichungen dargestellt werden. Im Rahmen des ESVG werden Wirtschaftsbereiche (z. B. Land- und Forstwirtschaft, Baugewerbe, Handel, Produzierendes Gewerbe etc.) und Sektoren gebildet. Seit dem ESVG 1995 werden folgende Sektoren unterschieden:[1]

- nichtfinanzielle Kapitalgesellschaften (zum Beispiel AGs, GmbHs, OHGs, KGs sowie rechtlich unselbstständige Eigenbetriebe des Staates und der privaten Organisationen ohne Erwerbszweck wie Krankenhäuser und Pflegeheime)
- finanzielle Kapitalgesellschaften (z. B. Banken, Versicherungen)
- Staat (Bund, Länder, Gemeinden, Sozialversicherungen)
- private Haushalte (als Konsumenten, aber auch als Produzenten, z. B. selbstständige Landwirte oder Versicherungsvertreter, Einzelunternehmer, Händler, Gastwirte, „Freiberufler")
- private Organisationen ohne Erwerbszweck (z. B. politische Parteien, Gewerkschaften, Kirchen, Vereine.

Mit dem ESVG 1995 wurde der früher einheitliche Unternehmenssektor aufgespalten, da z. B. Einzelunternehmer den privaten Haushalten zugeordnet werden. Jedem Sektor sind Produktionskonten, Einkommenskonten sowie Vermögensbildungskonten zugeordnet.

Aufgrund der großen Komplexität der Volkswirtschaftlichen Gesamtrechnung werden nachfolgend das **Produktionskonto** der Unternehmen sowie das **Einkommenskonto** der privaten Haushalte dargestellt.

S	Sektorales Produktionskonto Unternehmen	H
1. Vorleistungskäufe 2. Abschreibungen 3. Nettowertschöpfung		4. Güterverkäufe an Unternehmen, private Haushalte, Staat, Ausland 5. Bestandsveränderungen an eigenen Erzeugnissen 6. Selbsterstellte Anlagen

Aus dem sektoralen Produktionskonto Unternehmen, das mit dem Gewinn- und Verlustkonto des Rechnungswesens vergleichbar ist, können wichtige Fachbegriffe abgeleitet werden:

- **Produktionswert** (Pos. 4 bis 6): Bei Pos. 5 und 6 müssen aufgrund der fehlenden Markttransaktionen fiktive Ströme unterstellt werden. Die Produktionswerte sind zu Herstellungspreisen ohne → *Gütersteuern* (z. B. nicht abziehbare Umsatzsteuer, Verbrauchssteuern, Zölle), aber inklusive der Gütersubventionen ausgewiesen.

---
[1] *Statistisches Bundesamt*, 2017c, S. 3.

- → **Bruttowertschöpfung** = Produktionswert abzüglich Vorleistungskäufe
  Vorleistungen sind z. B. Verbrauch von Roh-, Hilfs- und Betriebsstoffen, Vorprodukte, Reparaturen etc.
- **Nettowertschöpfung** = Bruttowertschöpfung abzüglich Abschreibung (geschätzte Größe im Rahmen der VGR)

Die Nettowertschöpfung stellt die **zusätzliche** Wertschöpfung zu Herstellungspreisen dar. Die Nettowertschöpfung beinhaltet z. B. Löhne, Gehälter, Mietaufwand, Zinsaufwand und Gewinne.

Einkommenskonto private Haushalte

S	Sektorales Einkommenskonto private Haushalte	H
1. Direkte Steuern 2. Sozialabgaben 3. Verfügbare Einkommen		4. Bruttolöhne, Bruttogehälter 5. Zinsertrag, Miet- und Pachtertrag 6. Gewinne 7. Transferleistungen

```
  empfangene Einkommen Pos. 4 bis 7
- direkte Steuern, Sozialabgaben
= verfügbares Einkommen Y_v
```

Das verfügbare Einkommen kann konsumiert (C) und gespart (S) werden.

$Y_v = C + S$

Für die Ermittlung des Bruttoinlandsprodukts sind zwei Blickwinkel notwendig. Man kann sich den Sachverhalt so vorstellen, dass eine Medaille zwei Seiten hat. Die eine Seite ist die Entstehungsrechnung und die zweite Seite die Verwendungsrechnung.

2.2.2.3 Entstehungsrechnung

Die Bruttowertschöpfungen aus den Produktionskonten aller Wirtschaftsbereiche (Landwirtschaft, produzierendes Gewerbe, Baugewerbe, Dienstleistungen) werden addiert. Von dieser Summe werden die Gütersubventionen abgezogen und die Gütersteuern hinzugezählt.[1]

	Land- und Forstwirtschaft, Fischerei
+	Produzierendes Gewerbe
+	Baugewerbe
+	Handel, Verkehr, Gastgewerbe
+	Information und Kommunikation
+	Finanz- und Versicherungsdienstleister
+	Grundstücks- und Wohnungswesen
+	Unternehmensdienstleister
+	öffentliche Dienstleister, Erziehung, Gesundheit
+	sonstige Dienstleister
=	**Summe der Bruttowertschöpfungen**
+	Gütersteuern
-	Gütersubventionen
=	→ *Bruttoinlandsprodukt zu Marktpreisen*

Übung
Erklären Sie, warum die Gütersteuern zur Summe der Bruttowertschöpfungen addiert und die Gütersubventionen subtrahiert werden.

Lösung
Die Bruttowertschöpfungen werden in den Produktionskonten zu Herstellungspreisen ausgewiesen (ohne Gütersteuern, inkl. Gütersubventionen). Um Marktpreise zu erhalten, werden die Gütersubventionen abgezogen. Dadurch wird der Staatseingriff (Subventionen des Staates an die Unternehmen) eliminiert. Die Gütersteuern (z. B. Verbrauchssteuern) werden addiert, weil der Marktpreis inklusive der Verbrauchssteuern (z. B. Biersteuer, Mineralölsteuer etc.) ausgewiesen wird.

2.2.2.4 Verwendungsrechnung

Die Verwendungsrechnung zeigt, wie das Einkommen (Ausgabenkonzept) verwendet wird. Das Bruttoinlandsprodukt hat zwei Seiten: Die Produktionsseite (siehe Entstehungsrechnung) und die Verwendungs- bzw. die Ausgabenseite des Bruttoinlandsprodukts. Die gesamtwirtschaftlichen Konsumausgaben, die Bruttoinvestitionen und der Außenbeitrag werden addiert.[2]

---

[1] Vgl. *Statistisches Bundesamt*, 2017c, S. 9.
[2] Vgl. *Statistisches Bundesamt*, 2017c, S. 9.

2. Volkswirtschaftlicher Kreislauf | 2.2 Volkswirtschaftliche Gesamtrechnung

Bruttoinlandsprodukt zu Marktpreisen 2020
(3.332,23 Mrd. €, in jeweiligen Preisen)

Konsumausgaben	Bruttoinvestitionen	Außenbeitrag (5,8 %)
private Konsumausgaben (51,3 %)	(20,4 %)	Exporte
→ **Konsumausgaben des Staates**	Bruttoanlageinvestitionen	- Importe
(22,5 %)	Vorratsveränderung	
(z. B. Wert der öffentlichen Güter)		

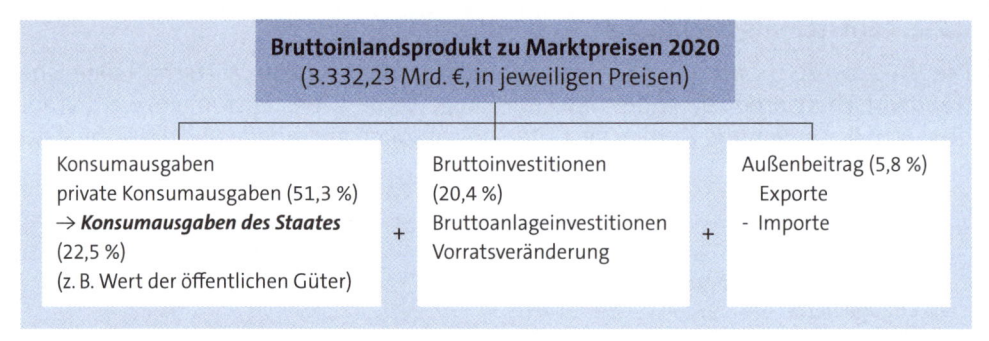

Abb. 11: Bruttoinlandsprodukt zu Marktpreisen[1]

Die Zahlen in Klammern zeigen die Struktur der Verwendung des Bruttoinlandsprodukts. Das Bruttoinlandsprodukt (Y_M) kann im Rahmen der Verwendungsrechnung auch mit folgender Gleichung dokumentiert werden:

$$Y_M = C + I + G + X - M$$

C = Konsumausgaben
I = private Investitionen
G = Staatsausgaben
X - M = Außenbeitrag
X = Export
M = Import

Das Bruttoinlandsprodukt zu Marktpreisen bildet aufgrund des Dualitätsprinzips die gesamtwirtschaftlichen Produktionswerte sowie das gesamtwirtschaftliche Einkommen ab. Die rechte Seite der Gleichung zeigt die gesamtwirtschaftliche Nachfrage, während die linke Seite der Gleichung das gesamtwirtschaftliche Angebot zeigt.

Übung
Was versteht man unter dem → **Dualitätsprinzip**?

Lösung
Viele Sachverhalte in der Ökonomie können wie eine Münze mit zwei Seiten betrachtet werden. Das Prinzip der Dualität (Zweiheit) findet man auch in der doppelten Buchführung (Doppik), weil ein Geschäftsfall auf der Sollseite und auf der Habenseite der jeweiligen Konten gebucht wird. Das Dualitätsprinzip kann anhand eines stark vereinfachten Beispiels im Rahmen der Volkswirtschaftlichen Gesamtrechnung erklärt werden.

---

[1] *Statistisches Bundesamt*, Volkswirtschaftliche Gesamtrechnungen, Inlandsproduktberechnung, Lange Reihen ab 1970, Fachserie 18, Reihe 1.5, 2020, S. 116.

Ein Unternehmen erzeugt Waren im Wert von 100 Einheiten (Produktionswert). Der Einsatz des Faktors Arbeit und dessen Verbrauch wird mit Faktorkosten (Gehälter Arbeitnehmer = 100) dokumentiert. Die Arbeitnehmer erhalten Einkommen (Y) in Höhe von 100 Einheiten. Die Faktorkosten der Unternehmen stellen das Einkommen der privaten Haushalte dar. Das Einkommen wird für die Konsumausgaben (Käufe der Waren in Höhe von 100 Einheiten) verwendet.

Unternehmenssektor: Faktorkosten = Y = Produktionswert

Haushaltssektor: Einkommen = Y = Konsum

Aus dem Beispiel ist ersichtlich, dass Y zwei Seiten hat (Produktionswert und Einkommen).

2.2.2.5 Nominales versus reales Bruttoinlandsprodukt

Das nominale Bruttoinlandsprodukt stellt die Werte der erzeugten Leistungen in den Preisen des jeweiligen Jahres dar. Ein wichtiger Indikator für die gesamtwirtschaftliche Entwicklung ist das **„reale"** (mengenmäßige) Bruttoinlandsprodukt. Das nominale Bruttoinlandsprodukt wird preisbereinigt (deflationiert, → **Deflationierung**). Die früher verwendete Festpreisbasis mit einer Dauer von fünf Jahren wurde durch eine Revision der Volkswirtschaftlichen Gesamtrechnung aufgegeben. Seitdem wird das reale Bruttoinlandsprodukt auf **„Vorjahrespreisbasis"** mit einem **Kettenindex** ermittelt. Die rechnerische Grundlage bleibt jedoch der Mengenindex von *Laspeyres*.

$$\text{Mengenindex nach Laspeyres} = \frac{\sum_{i=1}^{n} p_0 q_1}{\sum_{i=1}^{n} p_0 q_0} \cdot 100$$

p_0 = Preis des Vorjahres
q_0 = Menge des Vorjahres
q_1 = Menge des Berichtsjahres

Die Veränderung des nominellen oder realen Bruttoinlandsprodukts gegenüber dem Vorjahr zeigt das Wachstum auf.

> **MERKE**
>
> - Die Gehaltskosten der Unternehmen stellen Einkommen der Haushalte dar, das zur Nachfrage führt.
> - Durch die Produktion entsteht Einkommen. Dieser Aspekt ist bedeutend, weil z. B. bei Produktionsverlagerungen im Ausland Arbeitsplätze und Einkommen entstehen.
> - Das reale Bruttoinlandsprodukt ist ein wesentlicher Indikator für die gesamtwirtschaftliche Entwicklung, weil eine Preisbereinigung stattfindet.

2.2.3 Bruttonationaleinkommen und Volkseinkommen

Das Bruttonationaleinkommen stellt eine wesentliche Größe innerhalb der EU dar, weil die Beiträge der Mitgliedsländer für den EU-Haushalt daraus berechnet werden. Im Rahmen der Harmonisierung der Volkswirtschaftlichen Gesamtrechnung in der EU wurde der früher bekannte Begriff „Bruttosozialprodukt" durch „Bruttonationaleinkommen" ersetzt. Sowohl von der Entstehungsseite (Produktionsansatz) als auch von der Verwendungsseite (Ausgabenansatz) kann das Bruttonationaleinkommen durch Hinzufügen des Saldos der „Primäreinkommen mit der übrigen Welt" berechnet werden.[1]

	Bruttoinlandsprodukt zu Marktpreisen
+	Saldo der Primäreinkommen mit der übrigen Welt
=	**Bruttonationaleinkommen zu Marktpreisen**

„Der Saldo der Primäreinkommen setzt sich zusammen aus dem von den Ein- bzw. Auspendlern erhaltenen Arbeitnehmerentgelt, den an die Europäische Union entrichteten Produktions- und Importabgaben, den von der EU gewährten Güter- und sonstigen Subventionen sowie den empfangenen und geleisteten grenzüberschreitenden Vermögenseinkommen."[2] Unter Produktions- und Importabgaben versteht man „Gütersteuern (z. B. Mehrwertsteuer, Importabgaben, Verbrauchsteuer, Versicherungssteuer) sowie sonstige Produktionsabgaben (z. B. Grundsteuer)."[3]

Das Bruttoinlandsprodukt unterscheidet sich vom Bruttonationaleinkommen durch den Saldo der Primäreinkommen mit der übrigen Welt. Dem Bruttoinlandsprodukt liegt das → *Inlandskonzept* und dem Bruttonationaleinkommen das → *Inländerkonzept* zugrunde.

---

[1] Vgl. *Statistisches Bundesamt*, 2016b, S. 30, S. 32, 38.
[2] *Statistisches Bundesamt*, 2016b, S. 30, S. 523.
[3] *Statistisches Bundesamt*, 2017c, S. 32.

Inlandskonzept	Inländerkonzept
Wert der im Inland von In- und Ausländern produzierten Güter	Wert der von Inländern (= ständiger Wohnsitz im Inland) im In- und Ausland geschöpften Einkommen.

In der nachfolgenden Tabelle wird die Berechnung des Nettoinlandsprodukts zu Faktorkosten sowie des Volkseinkommens aufgezeigt.

Inlandskonzept		Inländerkonzept
Bruttoinlandsprodukt zu Marktpreisen	+ Saldo der Primäreinkommen mit der übrigen Welt	Bruttonationaleinkommen zu Marktpreisen
− Abschreibungen		− Abschreibungen
= Nettoinlandsprodukt zu Marktpreisen	+ Saldo der Primäreinkommen mit der übrigen Welt	= Nettonationaleinkommen zu Marktpreisen (Primäreinkommen)
− Produktions- und Importabgaben		− Produktions- und Importabgaben
+ Subventionen		+ Subventionen
= Nettoinlandsprodukt zu Faktorkosten	+ Saldo der Primäreinkommen mit der übrigen Welt	= Volkseinkommen[1] (Nettonationaleinkommen zu Faktorkosten)

Übung
Erklären Sie, warum die Produktions- und Importabgaben vom Nettoinlandsprodukt zu Marktpreisen abgezogen und die Subventionen addiert werden.

Lösung
In den Marktpreisen sind z. B. die indirekten Steuern (Verbrauchssteuern wie Mineralölsteuer) enthalten. Um den staatlichen Einfluss durch die Einberechnung der Steuer zu eliminieren, werden die Gütersteuern im Rahmen der Produktions- und Importabgaben abgezogen. Subventionen tragen dazu bei, dass subventionierte Anbieter die Preise gegenüber Konkurrenten um die Subventionen niedriger gestalten können. Um den Staatseinfluss zu bereinigen, werden die Subventionen addiert.

Das Nettoinlandsprodukt zu Faktorkosten zeigt die zusätzliche Wertschöpfung im Inland auf, während das Volkseinkommen das von Inländern generierte Erwerbs- und Vermögenseinkommen darstellt. Das Erwerbseinkommen besteht aus Arbeitnehmerentgelten sowie Unternehmens- und Vermögenseinkommen.

---
[1] 1 Vgl. *Statistisches Bundesamt*, 2017c, S. 19.

MERKE

- Dem Bruttoinlandsprodukt liegt das Inlandskonzept und dem Bruttonationaleinkommen das Inländerkonzept zugrunde.
- Das Volkseinkommen zeigt das von Inländern erzeugte Erwerbs- und Vermögenseinkommen.

2.2.4 Einkommensverteilung

Die **funktionale** Einkommensverteilung beinhaltet die Aufteilung des Volkseinkommens.

```
                    Volkseinkommen
                    /            \
         Arbeitnehmerentgelt    Unternehmens- und
                                 Vermögenseinkommen
```

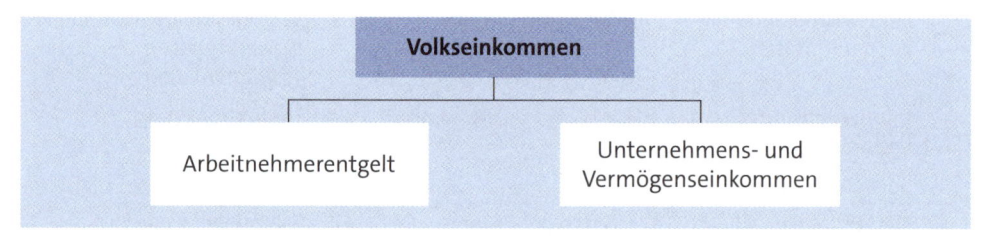

Abb. 12: Aufteilung des Volkseinkommens

Der Anteil der Arbeitnehmerentgelte am Volkseinkommen wird in folgender Tabelle dokumentiert: [1]

Jahr	2014	2015	2016	2017	2018	2019	2020
Lohnquote (unbereinigt)	69,2 %	69,5 %	69,3 %	69,6 %	70,6 %	72,0 %	73,9 %

Die Generalrevision 2019 trug dazu bei, dass sich die Lohnquote leicht gegenüber den bisherigen Berechnungsansätzen erhöhte.[2] Die Arbeitnehmerentgelte stiegen 2018 (+ 2,9 %) und 2019 (+ 3,0 %) jeweils gegenüber dem Vorjahr an, sodass dies ein weiterer Grund für die Erhöhung der Lohnquote war. Zudem sank aufgrund der Generalrevision im Jahr 2019 das Bruttoinlandsprodukt bzw. das Volkseinkommen (Nenner für die Berechnung der Lohnquote). Im Jahr 2020 sanken die Unternehmens- und Vermögenseinkommen gegenüber dem Vorjahr um - 7,5 % aufgrund der Corona-Pandemie. Dieser Aspekt erhöhte im Jahr 2020 die Lohnquote.

Der Anteil der Unternehmens- und Vermögenseinkommen am Volkseinkommen (Gewinnquote) wird als Restgröße berechnet, weil sich die Lohn- und Gewinnquote zu 1 summieren.

---

[1] *Statistisches Bundesamt*, Volkswirtschaftliche Gesamtrechnungen, 2021, S. 23.
[2] Vgl. *Statistisches Bundesamt*, Presse-Hintergrundgespräch „Generalrevision der Volkswirtschaftlichen Gesamtrechnungen 2019", 2019.

> Lohnquote + Gewinnquote = 1

Gewinnquote = 1 - Lohnquote = 1 - 0,71 = 0,29

Die Unternehmens- und Vermögenseinkommen haben einen Anteil von durchschnittlich 29 % (2014 - 2020) am Volkseinkommen. Die Vermögenseinkommen werden auch von Arbeitnehmern erzielt.

Die **personelle** Einkommensverteilung beinhaltet das verfügbare Einkommen, das nach Sektoren als auch für die gesamte Volkswirtschaft bestimmt werden kann. Für den Sektor „Private Haushalte" soll die Berechnung des verfügbaren Einkommens vorgestellt werden. Vom Primäreinkommen werden die direkten Steuern und Sozialbeiträge abgezogen und die empfangenen → *Transfereinkommen* (z. B. Sozialleistungen wie Wohngeld) addiert.[1]

>   Primäreinkommen
> - direkte Steuern (z. B. Einkommenssteuer)
> - Sozialbeiträge
> + empfangene Transfereinkommen
> = **verfügbares Einkommen**

Die privaten Haushalte können das verfügbare Einkommen (Y_v) für den Konsum (C) und das Sparen (S) verwenden.

> $Y_v = C + S$

Dabei gilt nach Division durch Y_v:

> $$\frac{C}{Y_v} + \frac{S}{Y_v} = 1$$

Die Konsumquote $\frac{C}{Y_v}$ und die **Sparquote** $\frac{S}{Y_v}$ ergänzen sich zu 1. Die Sparquote in Deutschland schwankt seit mehreren Jahren um die 10 %. Im Jahr 2020 konnte ein Ausreißer beobachtet werden, da die Sparquote 16,3 % betrug.[2] Aufgrund der Corona-Pandemie schloss der Staat zwangsweise z. B. Handelsgeschäfte, die Gastronomie (außer „to go"[3]) sowie Hotels und schränkte deutlich den Reiseverkehr ein.

---

[1] Siehe auch ≫ Kapitel 1.2.3 zur sekundären und primären Einkommensverteilung.
[2] Vgl. *Statistisches Bundesamt*, Bruttoinlandsprodukt für Deutschland, 2021, S. 22.
[3] Selbstabholung des Kunden von Speisen in der Gastronomie.

Das verfügbare Einkommen der privaten Haushalte in Deutschland veränderte sich im Jahr 2020 gegenüber dem Vorjahr um 0,8 % (2019 gegenüber Vorjahr: 3,0 %). Die privaten Konsumausgaben sanken im Jahr 2020 im Verhältnis zum Vorjahr um - 5,4 % (2019 zum Vorjahr: + 2,9 %).[1]

Durch die fehlenden Konsummöglichkeiten konnte das verfügbare Einkommen im Jahr 2020 nicht im „üblichen Umfang" ausgegeben werden. Darüber hinaus reduzierte sich für manche unselbstständig Beschäftigte das Primäreinkommen, was durch das staatliche Kurzarbeitergeld teilweise kompensiert wurde. Selbstständige im Handel, der Gastronomie, Tourismus usw. mussten Einkommensverluste hinnehmen. Auch Existenzängste und ein Vertrauensverlust in die weitere wirtschaftliche Entwicklung hemmten den Konsum.

Das verfügbare Einkommen ist ein nominales Einkommen. Für die → **Kaufkraft** ist das reale Einkommen relevant.

$$\text{reales Einkommen} = \frac{\text{nominales Einkommen}}{\text{Verbraucherpreisindex}} \cdot 100$$

Übung
Ein Arbeitnehmer erzielt ein nominales verfügbares Einkommen in Höhe von 3.000 €. Wie hoch ist sein reales Einkommen bei a) 2 % (Jahr 01) und b) 5 % (Jahr 02) Inflationsrate, wenn das Jahr 00 das Basisjahr darstellt?

Lösung

a) Verbraucherpreisindex = 102   Reales Einkommen = $\frac{3.000\ \text{€}}{102} \cdot 100 = 2.941{,}18\ \text{€}$

b) Verbraucherpreisindex = 105   Reales Einkommen = $\frac{3.000\ \text{€}}{105} \cdot 100 = 2.857{,}14\ \text{€}$

Bei höherer Inflationsrate und gleichem nominalen verfügbaren Einkommen reduziert sich das reale Einkommen mit dem der Arbeitnehmer dann (etwas) weniger Güter kaufen oder weniger sparen kann.

Im Rahmen der Einkommensverteilung, aber auch bei der Vermögensverteilung, wird das Thema Ungleichheit aufgegriffen. Die Ungleichheiten beim Einkommen und Vermögen können mit der Lorenzkurve und mit dem → **Gini-Koeffizienten** festgestellt werden.

Lorenzkurve
Es werden die kumulierte Zahl der Haushalte sowie die kumulierten verfügbaren Einkommen in Beziehung gesetzt. Wenn 80 % der Haushalte über 30 % des Einkommens

---
[1] Vgl. *Statistisches Bundesamt*, Bruttoinlandsprodukt für Deutschland, 2021, S. 22.

verfügen, dann herrscht Ungleichheit. Bei Gleichheit entfallen 30 % des Einkommens auf 30 % der Haushalte. Je mehr die Kurve „durchhängt", um so ungleicher ist die Einkommensverteilung (gilt auch für Vermögen). Je mehr sich die Kurve der Diagonalen nähert, desto mehr liegt eine Tendenz zur Gleichheit vor.

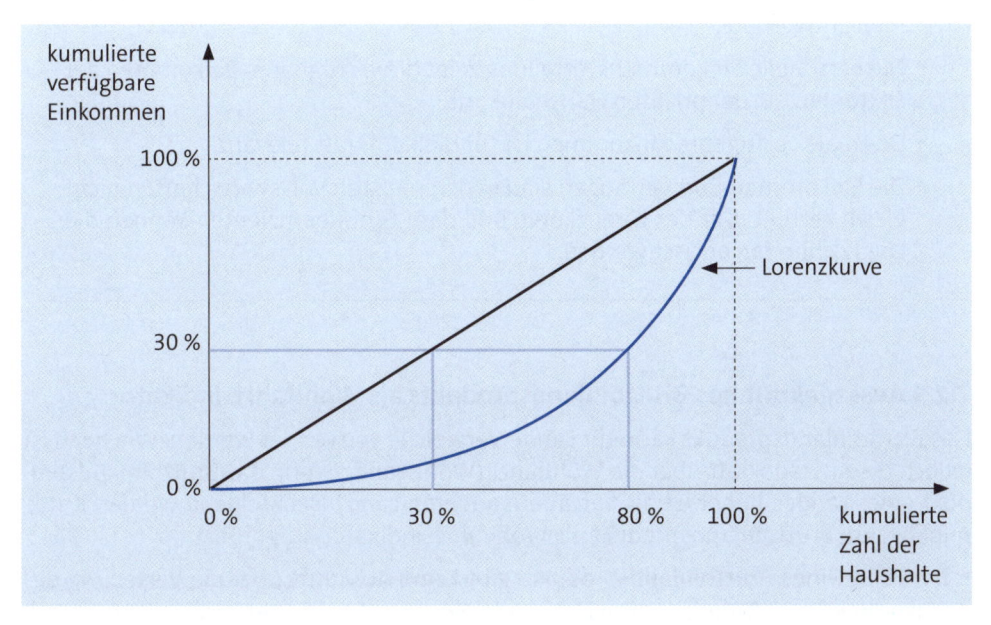

Abb. 13: Lorenzkurve

Das Bundesministerium für Arbeit und Soziales stellt einen Armuts- und Reichtumsbericht zur Verfügung, der die Konzentration von Einkommen und Vermögen darlegt. Neben der Lorenzkurve stellt der Gini-Koeffizient eine Maßzahl dar, um Gleichheit und Ungleichheit zu messen. Bei Gleichverteilung hat der Gini-Koeffizient den Wert 0 und bei ungleicher Verteilung einen Wert zwischen 0 und 1. Je näher der Gini-Koeffizient sich dem Wert 1 nähert, desto ungleicher ist die Verteilung.

Der Gini-Koeffizient wird von mehreren Institutionen mit zum Teil unterschiedlichen Datenquellen erfasst, so dass die Werte geringfügig beim Vergleich variieren können. Der Gini-Koeffizient in Deutschland liegt vor der Umverteilung durch staatliche Eingriffe bei 0,5 (OECD-Durchschnitt: 0,468), nach der Umverteilung bei ca. 0,289 (OECD-Durchschnitt: 0,315). In Deutschland sind insbesondere die Vermögen stark ungleich verteilt. 10 % der Bevölkerung besitzen ca. 65 % des Netto-Vermögens (Sach- und Geldvermögen abzüglich Verbindlichkeiten). Der Vermögens-Gini-Koeffizient in Deutschland liegt bei 0,816 (Platz 3 im OECD-Ranking). Den geringsten Vermögens-Gini-Koeffizienten der OECD weist Belgien mit 0,603 aus.[1]

---

[1] Vgl. *DGB*, Verteilungsbericht 2021, S. 60 - 67.

> **MERKE**
>
> - Die Lohn- und Gewinnquoten (funktionale Einkommensverteilung) geben Hinweise, wie sich z. B. der Anteil der Arbeitnehmerentgelte am Volkseinkommen entwickelte.
> - Die personelle Einkommensverteilung zeigt die verfügbaren Einkommen der Sektoren, z. B. der privaten Haushalte auf.
> - Das reale verfügbare Einkommen ist für die Kaufkraft relevant.
> - Die Einkommen und Vermögen sind in den meisten Volkswirtschaften nicht gleich verteilt. Mit der Lorenzkurve und dem Gini-Koeffizienten können die Ungleichheiten erfasst werden.

2.2.5 Aussagekraft des Bruttoinlandsprodukts als Wohlfahrtsindikator

Das Bruttoinlandsprodukt kann für Ländervergleiche verwendet werden. Wie hoch ist jedoch die Aussagekraft über die Wohlfahrt (Wohlstand), wenn das Bruttoinlandsprodukt eines Landes höher ist als bei einem anderen Land? Nachfolgend werden Kritikpunkte zum Bruttoinlandsprodukt als Wohlfahrtsindikator aufgeführt.

- Die Höhe eines Bruttoinlandsprodukts gibt keine Auskunft über die Verteilung des Einkommens. 90 % der privaten Haushalte eines Landes können arm und 10 % reich sein.
- Viele Aktivitäten werden bei der Bruttoinlandsberechnung nicht erfasst. Dazu zählen Hausarbeit, Nachbarschaftshilfe, Do-it-yourself-Aktivitäten.
- Ökologische Schäden müssten vom Bruttoinlandsprodukt abgezogen werden. Aber wie misst man den ökonomischen Wert eines Schadstoffmix über einer Großstadt?
- Unfälle verursachen Schäden. Je mehr Unfälle vorhanden sind, umso mehr muss repariert oder wieder neu produziert werden. Das Bruttoinlandsprodukt steigt, jedoch die Wohlfahrt durch Unfälle nicht.
- Ein vermehrter Konsum an Zigaretten steigert das Bruttoinlandsprodukt. Die damit verbundenen Krankheiten erhöhen nicht die Wohlfahrt der Betroffenen. Die Behandlungskosten steigern auch wieder das Bruttoinlandsprodukt.
- Nimmt mit steigendem Bruttoinlandsprodukt das Glück bei den Menschen einer Volkswirtschaft zu? Verschiedene Untersuchungen von Glücksforschern zeigen, dass dies nicht der Fall ist.
- Die Ermittlung des Bruttoinlandsprodukts beruht durch die Komplexität einer Volkswirtschaft auf Schätzungen und Annahmen.

Das Bruttoinlandsprodukt stellt ein quantitatives (zahlenorientiertes) Maß dar, während qualitative Faktoren häufig schwer messbar sind.

> **MERKE**
>
> ▸ Das Bruttoinlandsprodukt beruht auf Schätzungen und Annahmen. Zudem erfasst es überwiegend Daten. Qualitative Faktoren sind schwer messbar (z. B. Ökologieschäden) und bewertbar. Die Schäden müssten vom Bruttoinlandsprodukt abgezogen werden.
> ▸ Die Höhe des Bruttoinlandsprodukts kann nur eingeschränkt als Gradmesser für die Wohlfahrt dargelegt werden, weil Glück nicht ausschließlich von der Höhe des Bruttoinlandsprodukts abhängt.

2.3 Außenwirtschaftsbeziehungen in Zahlungsbilanz und ihren Teilbilanzen

In der → **Zahlungsbilanz** werden die Transaktionen zwischen Inländern und Gebietsfremden dokumentiert. Seit dem Berichtsmonat Mai 2014 passte die Deutsche Bundesbank die Zahlungsbilanz an die geänderte Methodik an, die durch Standards des Internationalen Währungsfonds (IWF) sowie durch eine Verordnung der Europäischen Kommission den EU-Mitgliedsländern vorgeben ist. Das Grundkonzept der Zahlungsbilanz wurde überwiegend beibehalten, jedoch änderten sich ein paar Begriffe.[1]

Das Jahr 2020 war im Rahmen der Corona-Pandemie durch ein deutlich reduziertes Welthandelsvolumen gekennzeichnet. Zudem reduzierte der Austritt des Vereinigten Königreichs aus der EU (Brexit) den Warenhandels-Überschuss und verursachte höhere Zahlungen Deutschlands an den EU-Haushalt. Der Rückgang des Welthandelsvolumens ist mit dem der Finanzkrise vergleichbar, wobei im Jahr 2020 der Warenhandelsüberschuss schneller zurückging und auch wieder schneller anstieg als bei der Finanzkrise. Im Jahr 2020 lag der Anteil des Leistungsbilanzüberschusses im Verhältnis zum Bruttoinlandsprodukt bei 7 %.[2]

Die Europäische Union hat im Rahmen eines Scoreboards Indikatoren erfasst, wie z. B. den Anteil des Leistungsbilanzüberschusses/Bruttoinlandsprodukt. Dieser Indikator darf im Dreijahres-Durchschnitt zwischen - 4 % und 6 % betragen.[3] Der deutsche Leistungsbilanzüberschuss übertrifft diesen Schwellenwert seit Jahren (trotz der Corona-Pandemie auch im Jahr 2020).[4]

---

[1] Vgl. *Deutsche Bundesbank*, Monatsbericht Juni 2014, S. 59, https://www.bundesbank.de.
[2] Vgl. *Deutsche Bundesbank*, Monatsbericht März 2021, S. 17 - 32, https://www.bundesbank.de.
[3] Vgl. *Eurostat*, Leistungsbilanzsaldo – Durchschnitt über 3 Jahre, https://ec.europa.eu.
[4] Siehe auch ▸▸Kapitel 4.2.1.

Deutsche Zahlungsbilanz (2020, in Mrd. €)[1]		

I. → *Leistungsbilanz*
     1. Warenhandel
     2. Dienstleistungen
     3. Primäreinkommen
     4. Sekundäreinkommen
	+ 231,9
	 + 189,4
	 + 1,6
	 + 92,5
	 - 51,6
		Es liegt ein **Warenhandelsüberschuss** von 189,4 Mrd. € vor. Deutschland exportierte in der Berichtsperiode mehr Waren als es importierte, wobei bedingt durch die Corona-Pandemie weniger Exporte und Importe als im Vorjahr vorhanden waren.

		Die **Dienstleistungsbilanz** (z. B. Reiseverkehr, Transport, Werbeleistungen usw.) ist leicht positiv. „Normalerweise" ist der Wert negativ, weil die deutschen Touristen Ausgaben im Rest der Welt tätigen und dadurch Dienstleistungen importieren. Durch die Corona-Pandemie waren die Reiseaktivitäten stark eingeschränkt.
		Das **Primäreinkommen** (früher: Erwerbs- und Vermögenseinkommen) umfasst grenzüberschreitend gezahlte Arbeitsentgelte, Zins- und Dividendenzahlungen sowie zusätzlich Produktions- und Importabgaben, Subventionen und Pachteinkommen.[2] Beim Primäreinkommen bedeutet ein positives Vorzeichen, dass mehr Zuflüsse erfolgten. Bedingt durch die Pandemie sank gegenüber dem Vorjahr auch hier der Wert.
		Zu den **Sekundäreinkommen** zählen Zahlungen des Staates an internationale Organisationen sowie Überweisungen ausländischer Arbeitnehmer, die im Inland beschäftigt sind, an die Heimatländer. Ein negatives Vorzeichen bedeutet, dass mehr Abflüsse ins Ausland realisiert wurden. Gegenüber dem Vorjahr waren mehr Zahlungen an den EU-Haushalt durch den EU-Austritt des Vereinigten Königreichs notwendig.
II. Vermögensänderungsbilanz	- 4,8	Es werden einmalige Transaktionen zwischen In- und Ausländern, z. B. Schenkungen, Erbschaften, aber auch Handel mit nicht produziertem Sachvermögen, wie Markenrechte und Emissionszertifikate erfasst.[3]

---

[1] Vgl. *Deutsche Bundesbank*, Monatsbericht März 2021, S. 29, https://www.bundesbank.de.
[2] Vgl. *Deutsche Bundesbank*, Monatsbericht Juni 2014, S. 61, https://www.bundesbank.de.
[3] Vgl. *Deutsche Bundesbank*, Monatsbericht Juni 2014, S. 64, https://www.bundesbank.de.

Deutsche Zahlungsbilanz (2020, in Mrd. €)		

III. Kapitalbilanz
  1. Direktinvestitionen
  2. Wertpapieranlagen
  3. Finanzderivate
  4. Übriger Kapitalverkehr
  5. Währungsreserven
	+ 227,6
	- 0,6
	+ 42,7
	+ 99,1
	
	+ 86,5
	- 0,1
		Ein positives Vorzeichen[1] bedeutet, dass die Zunahme an Forderungen gegenüber den Verbindlichkeiten überwog (**Netto-Kapitalexport**). Die Währungsreserven beinhalten den Zentralbankbestand an Gold und Devisen.

IV. Statistisch nicht aufgliederbare Transaktionen (Restposten)	+ 0,5	Dieser Posten entsteht, weil Meldefehler und -lücken vorhanden sind sowie Transaktionen nicht periodengerecht zugeordnet werden können.
		Saldo Kapitalbilanz - (Saldo Leistungsbilanz + Saldo Vermögensänderungsbilanz) = Restposten

Die Zahlungsbilanz ist hinsichtlich des Bilanzbegriffs nicht mit der Bilanz eines Unternehmens vergleichbar. Es werden keine zeitpunktbezogenen Bestände erfasst, sondern es findet eine Orientierung an Stromgrößen statt. Die Zahlungsbilanz unterliegt vielen Annahmen und Schätzungen.

Der Außenbeitrag stellt die Differenz zwischen Exporten und Importen dar. Der Anteil des Außenbeitrags am Bruttoinlandsprodukt zu Marktpreisen wird Außenbeitragsquote genannt.

Der Anteil der Exporte wird als Exportquote und der Anteil der Importe am Bruttoinlandsprodukt als Importquote bezeichnet. Folgende Zeitreihe soll die Entwicklung dieser Kennzahlen abbilden.[2]

Jahr	2015	2016	2017	2018	2019	2020
Exportquote	46,9 %	46,1 %	47,2 %	47,4 %	46,9 %	43,8 %
Importquote	39,3 %	38,7 %	40,2 %	41,2 %	41,1 %	38,0 %
Außenbeitragsquote	7,6 %	7,4 %	7,0 %	6,1 %	5,8 %	5,8 %

Die Bedeutung des internationalen Handels sowie des Exports für die Einkommensschöpfung in Deutschland stieg in den letzten Jahrzehnten tendenziell.

Aufgrund der Corona-Pandemie sanken die Export- und Importquote im Jahr 2020.

---

[1] Vgl. *Deutsche Bundesbank*, Monatsbericht Juni 2014, S. 65, https://www.bundesbank.de.
[2] Vgl. *Statistisches Bundesamt*, Globalisierungsindikatoren, Stand März 2021, https://www.destatis.de.

MERKE

- Die Zahlungsbilanz teilt sich in die Teilbilanzen Leistungsbilanz, Vermögensänderungsbilanz und Kapitalbilanz auf.
- Die Zahlungsbilanz ist nicht mit der Bilanz eines Unternehmens vergleichbar.

2.4 Außenwert des Geldes

Der Außenwert des Geldes gibt an, wie viel ausländische Währung (z. B. Dollars) man für eine Einheit inländischer Währung (z. B. Euros) erhält. Der Relativpreis zwischen zwei Währungen wird durch den → **Wechselkurs** angegeben. Bei einem nominellen Wechselkurs von $\frac{1{,}10\ \$}{€}$ erhält man für 1 € einen Gegenwert in Höhe von 1,10 $. Seit Einführung des Euros als Bargeld im Jahr 2002 gilt beim Wechselkurs die Mengennotierung $\frac{\text{US-Dollar}}{\text{Euro}}$ aus europäischer Sicht. Es gibt verschiedene Wechselkurse (Abb. 14).

```
                    Wechselkurse
                   /            \
         Freie Wechselkurse   Fixer Wechselkurs
                              /              \
                    Staat setzt      Wechselkurs mit
                    Kurs fest        Bandbreiten
```

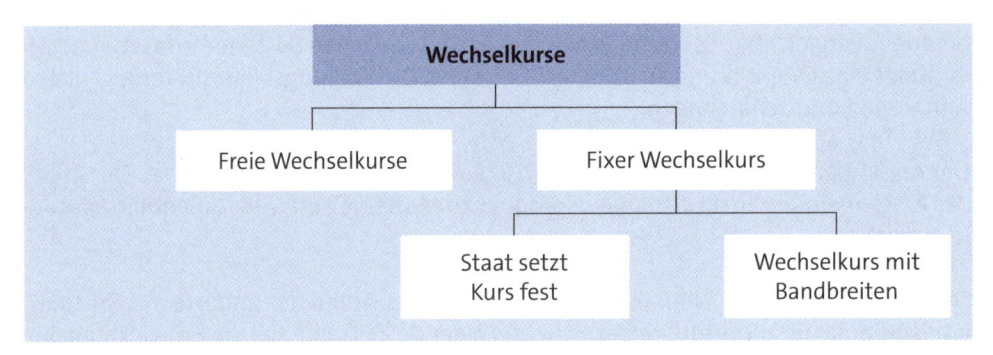

Abb. 14: Wechselkursarten

Freie Wechselkurse (Floating)
→ **Sorten** stellen ausländische Banknoten und Münzen dar, während Devisen auf fremde Währungen lautende Forderungen (Buchgeld) sind. Auf dem Devisenmarkt trifft sich die Nachfrage sowie das Angebot an Devisen. Bei flexiblen Wechselkursen liegt ein freies Spiel von Angebot und Nachfrage nach Devisen vor.

- Nachfrage nach Devisen = Angebot an Euros
- Angebot an Devisen = Nachfrage nach Euros.

Gleichgewicht auf dem Devisenmarkt (Abb. 15) herrscht bei (x_0/WK_0). Wenn ein deutsches Unternehmen Pkws in die USA exportiert und in Dollars fakturiert, dann überweist der amerikanische Importeur zur Rechnungsbegleichung Dollars. Um die Dollars in Euros zu tauschen, werden Euros nachgefragt. Dadurch verschiebt sich die Nachfragekurve von N_0 auf N_1, was einer → **Aufwertung** des Euros (WK_0 nach WK_1) entspricht.

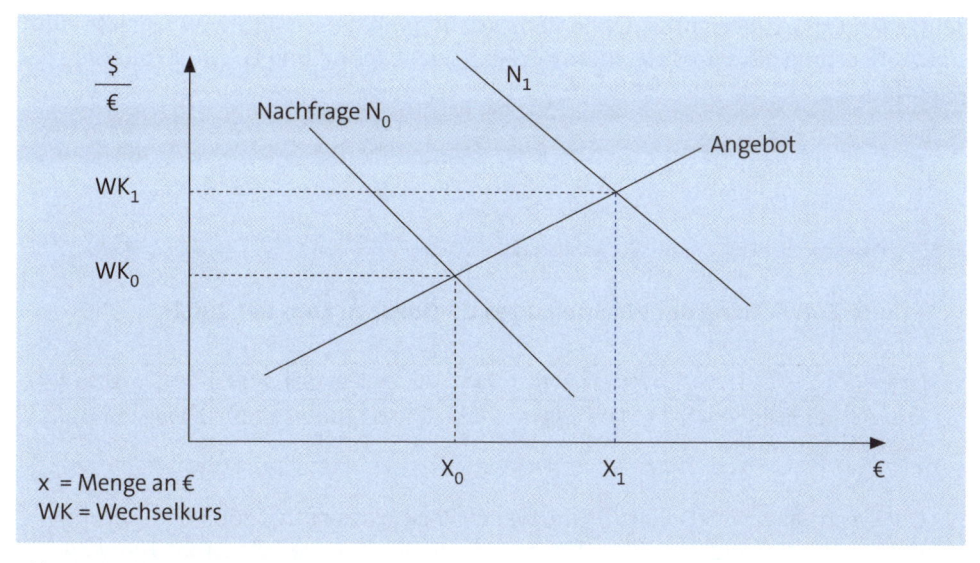

Abb. 15: Flexible Wechselkurse

Welche Einflussgrößen begünstigen die Aufwertung des Euros?

▸ Güterexporte

▸ Kapitalimporte, wenn im Inland ein relativ höherer Zinssatz für Anlagen vorhanden ist als im Ausland.

Der flexible Wechselkurs ist auch von psychologischen und politischen Faktoren sowie von Spekulationen abhängig.

Welche Folgen hat eine Aufwertung?

Beispiel

Warenexport 100 € in die USA zum Wechselkurs $\frac{US\text{-}Dollar}{Euro}$. Dem amerikanischen Importeur werden 100 Dollar in Rechnung gestellt. Wenn der Euro aufwertet, z. B. auf 1,20 US-Dollar, dann lautet der Rechnungsbetrag 120 Dollar. Der Preis für den amerikanischen Importeur hat sich um 20 % erhöht.

Die Aufwertung führt zu höheren Exportpreisen, sodass bei normaler Nachfragereaktion die Importeure im Rest der Welt die Nachfrage reduzieren müssten. Deutschland wurde häufig Exportweltmeister trotz aufgewerteter Währung. Wie ist das zu erklären?

Viele deutsche Unternehmen nehmen auf den Weltmärkten eine bedeutende Marktstellung ein, die durch Qualität oder technischen Fortschritt begründet ist. Da die weltweiten Abnehmer keine vergleichbaren Produkte finden, werden trotz Aufwertung des Euros die dann teureren deutschen Produkte gekauft. Dies begründet überwiegend den deutschen Exportüberschuss. Ohne Berücksichtigung der qualitativen Aspekte führt eine Aufwertung des Euros zu einem Rückgang der Exporte und zu einer Zunahme der Importe.

INFO

Exkurs: Entwicklung des Wechselkurses US-Dollar zu Euro seit 2002[1]

Jahr	2002	2005	2010	2014	2015	2016	2018	2019	2020
Jahresdurchschnitt US-Dollar zu Euro	0,9456	1,2441	1,3257	1,3285	1,1095	1,1069	1,1810	1,1195	1,1422

Der Wechselkurs US-Dollar zu Euro war zu Beginn des Jahres 2002 (Einführung des Euro als Bargeld) bei einem Wert von 0,89. Der Euro wertete ca. bis zum Jahr 2014 auf. Aufgrund der Euro-Problematik (z. B. Griechenland) und der Schuldenkrise sank in den letzten Jahren das Vertrauen und der Euro wertete ab.

Abwertung des Euros
Bei einer → **Abwertung des Euros** erhöhen sich Exporte, weil die Güter günstiger angeboten werden können. Zudem sinken die Importe, da die Importpreise ansteigen. Welche Wirkung eintritt, hängt auch von der → **Elastizität** (siehe auch »Kapitel 3) der Export- und Importnachfrage ab.

Exkurs: Elastizität der Export- und Importnachfrage
Bei einem Anstieg der Export- und/oder Importpreise können die Export- und Importmengen sinken, ansteigen oder gleichbleiben. Wenn eine unelastische Nachfrage vorliegt, dann bestehen Abhängigkeiten vom Lieferanten (z. B. wegen dem Stand der Technik) und der prozentuale Mengenrückgang der Exporte oder Importe wird geringer sein als die prozentuale Preissteigerung, sodass der Export- oder Importwert zunimmt. Bei elastischer Export- oder Importnachfrage nehmen die nachgefragten Mengen aufgrund von Substitutionsmöglichkeiten prozentual mehr ab als die Export- oder Importpreise prozentual zunehmen. Bei einer 1-Elastizität entsprechen die prozentualen Preisänderungen den Mengenänderungen.

Feste Wechselkurse
Bei einem festen Wechselkurs wird das Wechselkursniveau fixiert. Feste Wechselkurse werden beispielsweise eingesetzt, um die heimische Wirtschaft zu schützen. Die

---

[1] Für die Jahre 2002 und 2005: vgl. *Deutsche Bundesbank*, Devisenkursstatistik, Stand vom 02.01.2017, https://www.bundesbank.de; für die Jahre 2010 - 2020: vgl. *Deutsche Bundesbank*, Wechselkursstatistik, Statistische Fachreihe, 15.01.2021, S. 13.

Schweiz fixierte im Zeitraum 2011 bis Anfang 2015 den Schweizer Franken im Verhältnis zum Euro beim festen Wechselkurs von $\frac{1{,}20\,CHF}{Euro}$. Aufgrund der Finanzkrise steigerten sich ab 2008 die Kapitalimporte in die Schweiz, was den Schweizer Franken aufwertete und die Exporte der Schweiz gefährdete. Zudem reduzierte sich der Tourismus in der Schweiz, weil durch die Aufwertung des Schweizer Frankens ein Urlaub in der Schweiz zu teuer wurde. Die Schweizer Nationalbank verteidigte durch Ankauf von Euros den festen Wechselkurs.

In nachfolgender Abb. 16 wird der Sachverhalt aus **Sicht der Schweiz** dargelegt. Der aus Sicht des Euro-Raums fixierte Wechselkurs von 1,20 CHF/€ stellt einen Mindestkurs dar, der nicht unterschritten werden darf, um eine Aufwertung des Schweizer Frankens (Abwertung des Euros) zu verhindern. Aus Schweizer Sicht liegt ein Höchstkurs vor, der nicht überschritten werden darf. Das Angebot an Schweizer Franken entspricht der Nachfrage nach Euros. Die zusätzliche Nachfrage nach Euros kann durch Euro-Käufe der Schweizer Nationalbank erfolgen. Dadurch verschiebt sich A_0 nach A_1 und bei $(x_1/0{,}83)$ wird der angestrebte Höchstkurs erreicht.

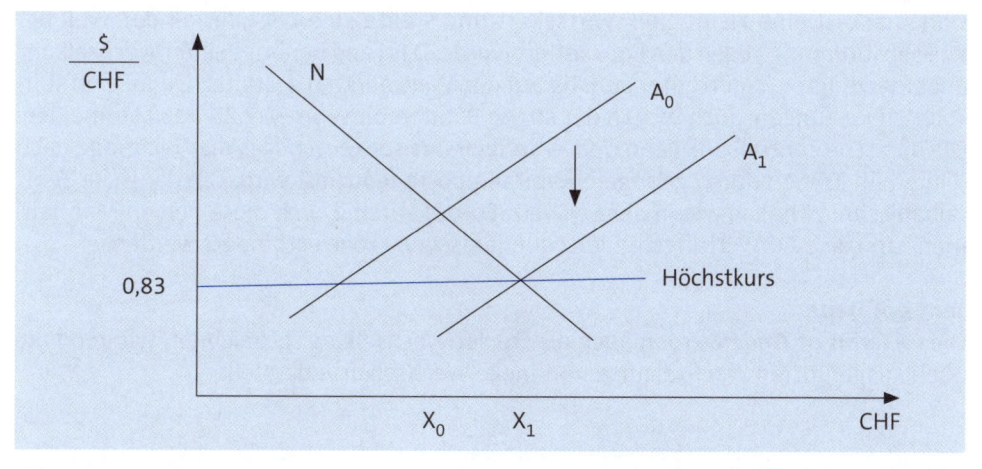

Abb. 16: Devisenmarkt aus Sicht der Schweiz

Die Schweizer Zentralbank gab den festen Wechselkurs gegenüber dem Euro auf, weil die Europäische Zentralbank zunehmend Anleihen aufkaufen wollte (und dies dann auch verwirklichte). Die Euro-Bestände der Schweizer Zentralbank verlieren an Wert, wenn der Euro abwertet. Um die Verluste zu minimieren, wurde der feste Wechselkurs aufgehoben.

Die wirtschaftsgeschichtliche Erfahrung lehrt, dass die Akteure häufig nicht gegen die Trends durch Eingriffe in den Markt (mit Höchstkurs aus Schweizer Sicht oder Mindestkurse aus Euro-Sicht) längerfristig agieren können. Ähnliche Erfahrungen mit Staatseingriffen durch Höchstpreise wurden auf dem Wohnungsmarkt gemacht. Die Investoren verlagerten ihre Aktivitäten in andere Bereiche, weil die → **Rendite** nicht mehr ausreichend war.

Staat setzt Wechselkurs fest

Als der Euro eingeführt wurde, setzte der Staat den Umrechnungskurs zur Deutschen Mark fest: 1 € = 1,95583 DM

Feste Wechselkurse mit Bandbreiten

Um dem Euro beizutreten, muss ein Land im → **Wechselkursmechanismus** II (siehe auch ›› Kapitel 5.3.4) eine Testphase von zwei Jahren bewältigen, um **ohne** Abwertung der Landeswährung die Wirtschaft impulsieren zu können. Dieser Aspekt stellt auch ein Konvergenzkriterium zum Euro-Beitritt dar. Das Land, das am Euro teilnehmen möchte, vereinbart mit den Vertretern des Eurosystems eine Bandbreite und einen Leitkurs. Die Bandbreiten haben eine Standardabweichung zum Leitkurs von +/- 15 %. Mit Dänemark wurde eine Bandbreite von +/- 2,25 % vereinbart. Wenn der obere oder untere Interventionspunkt der Bandbreite erreicht wird, dann interveniert die Europäische Zentralbank und/oder die Zentralbank der jeweiligen Landeswährung, um den Wechselkurs innerhalb der Bandbreiten zu bewegen. Welche Instrumente stehen zur Verfügung, damit der Wechselkurs der dänischen Krone innerhalb der Bandbreiten bleibt?

Dänemark ist eine kleine Volkswirtschaft und stellte einen Sonderfall dar, weil per Volksabstimmung gegen den Euro votiert wurde. Das Land benötigt einen Wechselkurs, der die erzeugten Exportgüter günstig auf den Weltmärkten gestaltet. Daher sind stärkere Aufwertungen, auch wegen der engen Bandbreiten von +/-2,25 %, zu vermeiden. Die dänische Zentralbank kann den → **Leitzinssatz** senken, sodass die Nachfrage nach dänischen Kronen durch geringere Kapitalimporte reduziert wird. Die dänische Zentralbank kann, ähnlich wie in der Schweiz, Euros kaufen. Durch diese beiden Maßnahmen kann eine Aufwertungstendenz der dänischen Krone verhindert werden.

Terms of Trade

Die → **Terms of Trade** werden auch als „realer Wechselkurs" bezeichnet, während die oben ausgeführten Wechselkurse nominelle Wechselkurse darstellen.

$$\text{Terms of Trade (t.o.t.)} = \frac{\text{Exportpreis-Index}}{\text{Importpreis-Index}}$$

Wenn die Exportpreise steigen, weil in einer Volkswirtschaft ein Gut mit hoher Qualität oder technischem Fortschritt produziert wird sowie die höheren Preise am Weltmarkt durchsetzbar sind, können bei konstanten Importpreisen mehr Güter importiert werden.

Beispiel

Ein Land A exportiert Pkws und importiert Öl. Wenn der Exportpreis für die Pkws steigt, dann kann mehr Öl importiert werden. Das reale (mengenmäßige) Austauschverhältnis hat sich verbessert.

Die Terms of Trade sind für ein Land positiv, wenn sie größer 1 sind. Die Terms of Trade sind ein wichtiger Indikator für die Wohlfahrtswirkung des Exports in einem Land.

MERKE

- Sorten sind ausländische Banknoten und Münzen. Devisen stellen Buchgeld in fremder Währung dar.
- Seit Einführung des Euros als Bargeld im Jahr 2002 gilt die Mengennotierung, z. B. $\frac{1{,}10 \text{ US-Dollar}}{\text{Euro}}$. 1 Euro kostet 1,10 US-Dollar.
- Bei normaler Nachfragereaktion sinken bei einer Aufwertung des Euros (Wechselkurs steigt) die Exporte und die Importe nehmen zu. Bei einer Abwertung sind die umgekehrten Reaktionen zu erwarten, wobei die Elastizitäten bei der Export- und Importnachfrage entscheidend sind.
- Bei einem flexiblen Wechselkurs findet auf dem Devisenmarkt das freie Spiel von Angebot und Nachfrage statt.
- Bei einem festen Wechselkurs (mit/ohne Bandbreiten) verteidigt die Zentralbank der jeweiligen Landeswährung einen bestimmten Wechselkurs durch Veränderungen des Leitzinssatzes und/oder durch Devisenmarktinterventionen (z. B. Ankauf von Euros).
- Die Terms of Trade zeigen den „realen" Wechselkurs und somit die realen Austauschverhältnisse zwischen Export und Import.

2.5 Binnenwert des Geldes

2.5.1 Geldarten und Geldfunktionen

Geld stellt alle liquiden Mittel dar, um Güter zu kaufen.

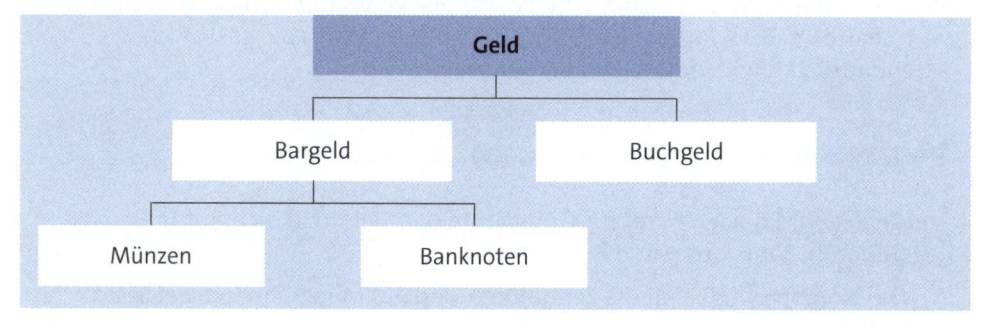

Abb. 17: Geldarten

In Deutschland werden 74,3 % (2017) der Zahlungen in bar abgewickelt, wobei der wertmäßige Anteil an Bargeldtransaktionen bei 47,6 % (2017) liegt.[1] In anderen Ländern liegt der Buchgeldanteil wesentlich höher und der Trend zur Digitalisierung breitet sich aus.

Geld kann auch in Münzen und Banknoten unterteilt werden. Das Recht zur Ausgabe der Banknoten liegt bei der Zentralbank („Notenmonopol"), während bei den Münzen dieses Recht der Staat hat und „Münzregal" genannt wird. Der Herstellungswert der in Umlauf gebrachten Münzen liegt unter dem Nominalwert, sodass der Staat aus dem Bargeld Gewinne erzielt. Bei der Notenbank entsteht der Gewinn durch eine Kreditgewährung gegen Sicherheiten an die Geschäftsbanken (→ ***Finanzintermediär***), die für das Notenbankgeld Zinsen zahlen. Der Gewinn der Deutschen Bundesbank wird an den Staat überwiesen.

Welche Funktionen hat Geld?

- **Tauschmittelfunktion:** Der Verkäufer einer Ware muss bereit sein, als Gegenleistung das angebotene Geld zu akzeptieren, damit ein Ware-Geld-Austausch stattfindet. In Ländern mit hoher Inflation besteht kein Vertrauen in den Wert des Geldes, sodass als Gegenleistung Waren (oder Dienstleistungen) akzeptiert werden. Tauschringe sind Organisationen, die sich auf den Tausch von Waren/Dienstleistungen gegen Waren/Dienstleistungen spezialisieren und kein gesetzliches Zahlungsmittel eine Rolle spielt.
- **Recheneinheit:** Früher tauschte man Felle gegen Nahrungsmittel, jedoch war die Teilbarkeit der Gegenstände ein Problem. Mit Geld sind Stückelungen möglich sowie Waren und Dienstleistungen vergleichbar: 1.000 € für einen Urlaub oder 1.000 € für eine Filmkamera; 2 Filmkameras = 2 · 1.000 €.
- **Wertaufbewahrungsfunktion:** Das Sparen kann als eine Lagerung von Kaufkraft interpretiert werden. Bei zu erwartender Inflation nimmt der Wert des gesparten Kapitals ab.
- **Gesetzliches Zahlungsmittel:** Ob das für einen Währungsraum vorgeschriebene gesetzliche Zahlungsmittel akzeptiert wird, hängt vom **Vertrauen** ab. In manchen Volkswirtschaften, z. B. Ex-Jugoslawien, war die Deutsche Mark kein gesetzliches, aber ein akzeptiertes Zahlungsmittel (Parallelwährung).

> **MERKE**
>
> - Geld stellt liquide Mittel für Güterkäufe dar. Geld teilt sich auf in Bargeld (Münzen, Banknoten) und Buchgeld.
> - Das Notenmonopol hat die Zentralbank und das Münzmonopol der Staat.
> - Die Funktionen des Geldes sind: Tauschmittelfunktion, Recheneinheit, Wertaufbewahrungsfunktion, gesetzliches Zahlungsmittel.

---

[1] Vgl. *Deutsche Bundesbank*, Zahlen & Fakten rund ums Bargeld, März 2020, S. 19. https://www.bundesbank.de.

2.5.2 Geldmengenbegriffe

Die einzelnen Länder definieren die Geldmengen individuell. Das → **Eurosystem** beispielsweise teilt die Geldaggregate in M 1 bis M 3 auf, wobei M für „money" steht.

M 1 = Bargeldumlauf plus täglich fällige Einlagen der im Währungsgebiet ansässigen Nichtbanken

M 2 = M 1 plus Einlagen der inländischen Nichtbanken mit vereinbarter Laufzeit von bis zu zwei Jahren und mit vereinbarter Kündigungsfrist von bis zu drei Monaten

M 3 = M 2 plus → **Repogeschäfte**, Geldmarktfondsanteile und Schuldverschreibungen mit einer Laufzeit von bis zu zwei Jahren. Die Geldmenge M 3 ist ein wichtiger Indikator für die monetäre Analyse, die den geldpolitischen Entscheidungen des Eurosystems zugrunde liegt.[1]

Die Geldmengenaggregate erfassen durch statistische Erhebungen die liquiden Guthabenanteile der inländischen Nichtbanken bei den Banken und Geldmarktfonds. Die gegenseitigen Guthaben der Banken und Geldmarktfonds werden nicht erfasst. Insbesondere die Geldmenge M 3 wird zur Steuerung der Geldmenge verwendet, da ein **starker Zusammenhang zwischen Geldhaltung der Nichtbanken, Konsum und Preisentwicklung herrscht.**

Die Statistik zu den Geldmengenaggregaten wird z. B. im Wirtschaftsbericht der Europäischen Zentralbank veröffentlicht.

2020, in Mrd. €, (Jahreswachstumsraten), Angaben für das Euro-Währungsgebiet[2]						
M 1		M 2		M 3		
Bargeld-umlauf	Täglich fällige Einlagen	Einlagen mit Laufzeit bis zu 2 Jahren	Einlagen mit Kündigungsfrist bis 3 Monate	Repo-geschäfte	Geldmarkt-fonds-anteile	Schuldver-schreibungen mit Laufzeit bis 2 Jahren
1.359,2	8.898,0	1.039,9	2.447,2	100,6	646,9	33,3
10.257,2 (15,6 %)		3.487,1 (1,7 %)		780,9 (25 %)		
14.525,2 (12,4 %)						

Nach der Finanzkrise 2008/09 sowie durch die „Nullzinssatzphase" stieg die Geldmenge M 1 an. Viele Anleger wollten sich bei dem niedrigen Zinssatzniveau nicht länger binden, da sie auf Zinssatzsteigerungen hofften. Die Geldmenge M 1 stieg im Jahr 2020 von den drei Geldmengenaggregaten mit 15,6 % am stärksten an. In den Jahren 2018 und 2019 erhöhte sich die Geldmenge M 3 um 4,2 % (2018) sowie 4,9 % (2019). Im Jahr 2020 stieg die Geldmenge M 3 um 12,4 % an, was durch das Programm des

---

[1] *Deutsche Bundesbank*, Glossar, https://www.bundesbank.de.
[2] *EZB*, Wirtschaftsbericht März 2021, S. 18, https://www.bundesbank.de.

Eurosystems zum Ankauf von Vermögenswerten (APP)[1] und das Pandemie-Notfallankaufprogramm (PEPP)[2] erklärbar ist.[3]

Das → **Zentralbankgeld** (Geldmenge M 0 oder Geldbasis genannt) beinhaltet das Bargeld, das die Zentralbank in Umlauf bringt und die Sichteinlagen von Dritten bei der Zentralbank. Die Sichteinlagen der Geschäftsbanken bei der Zentralbank sind bedeutend, weil den Geschäftsbanken Liquidität zur Verfügung gestellt oder entzogen werden kann.

MERKE

- Geldmengenaggregate sind die Geldmengen M 1 bis M 3.
- Die Geldmenge M 3 spielt für die Vorhersage der Preisentwicklung eine große Rolle.
- Die Zentralbankgeldmenge M 0 (Geldbasis) beinhaltet das in Umlauf gebrachte Bargeld sowie die Sichteinlagen von Dritten, insbesondere den Geschäftsbanken.

2.5.3 Quantitätsgleichung

Die → **Geldschöpfung** stellt einen wesentlichen Aspekt dar, um die Geschäftsbanken mit Liquidität zu versorgen. Woher weiß die Zentralbank, wie viel Geldschöpfung sie zulassen soll?

Mit der Quantitätsgleichung (Fishersche Verkehrsgleichung) hat die Zentralbank ein Steuerungsinstrument für die Entwicklung der Geldmenge.

Geldmenge M 3 · Umlaufgeschwindigkeit U = Preisniveau P · reales Bruttoinlandsprodukt

Finanzierung oder Geldvolumen — **Verwendung oder Gütervolumen**

Abb. 18: Quantitätsgleichung (Fishersche Verkehrsgleichung)

---

[1] „Das APP wird auch als ‚Quantitative Lockerung' bezeichnet. Darunter versteht man den geldpolitisch motivierten Ankauf von Schuldtiteln durch die Zentralbank mit dem Ziel, das Niveau der Marktzinsen nach unten zu drücken." APP bedeutet Asset Purchase Programme. *Deutsche Bundesbank*, Glossar, https://www.bundesbank.de.

[2] „Das Pandemie-Notfallankaufprogramm (Pandemic Emergency Purchase Programme, PEPP) wurde im März 2020 aufgelegt, um den durch die Corona-Epidemie verursachten Risiken für den geldpolitischen Transmissionsmechanismus entgegenzuwirken und die Aussichten für den Euroraum zu verbessern.", *Deutsche Bundesbank*, Glossar, https://www.bundesbank.de.

[3] Vgl. *EZB*, Wirtschaftsbericht März 2021, S. 25, https://www.bundesbank.de.

Die linke Seite der Quantitätsgleichung beinhaltet die Finanzierung und die rechte Seite die Realisierung bzw. die Verwendung (z. B. Investitionen). Das Wachstum der Geldmenge liegt über dem Wachstum des nominalen Bruttoinlandsprodukts, damit genügend Finanzierungsmittel für Kredite zu Investitionszwecken zur Verfügung gestellt werden. Der ehemalige Wirtschaftsminister *Karl Schiller* prägte den Spruch: „*Man kann die Pferde zur Tränke führen [Finanzierung bereitstellen], jedoch saufen [Unternehmen nehmen Kredite für Investitionen auf] müssen sie selbst.*"

Die Geldmenge M 3 wurde in ≫ Kapitel 2.5.2 und das Bruttoinlandsprodukt in ≫ Kapitel 2.2.2 erläutert. Die → **Umlaufgeschwindigkeit** kann anhand eines Beispiels erklärt werden.

Beispiel

Mit einem 100 €-Schein kauft Unternehmensberater A Büromaterial beim Bürohändler B. Unternehmer B kauft bei Bleistiftproduzent C Bleistifte für 100 € ein. Unternehmer C gönnt sich einen schönen Abend im Restaurant und bezahlt mit einem 100 €-Schein.

Berater A	Bürohändler B	Bleistiftproduzent C	Restaurantbesitzer
→ 100 €	→ 100 €	→ 100 €	

Die Geldmenge beträgt im Beispiel 100 €. Die Umlaufgeschwindigkeit ist 3. Das nominale Bruttoinlandsprodukt liegt bei 3 · 100 = 300 €.

$$\text{Umlaufgeschwindigkeit des Geldes} = \frac{\text{Gütervolumen}}{\text{Geldmenge}} = \frac{300}{100} = 3$$

2.5.4 Verbraucherpreisindex

Die Zentralbank strebt als Hüterin der Währung Preisniveaustabilität an. Die Europäische Zentralbank definiert Preisniveaustabilität bei einer Preissteigerungsrate von mittelfristig (durchschnittlich) 2 % (siehe ≫ 4.3.1.3). Wenn über einen längeren Zeitraum das Geldvolumen größer als das Gütervolumen ist, dann entsteht Inflation. Das Preisniveau spielt eine große Rolle in einer Volkswirtschaft, weil bei hohen Preissteigerungsraten die Kaufkraft sinkt. Die Kaufkraft zeigt an, wie viele Güter ein Konsument für eine Geldeinheit kaufen kann.

2.5 Binnenwert des Geldes

Beispiel

Ein Kaugummi kostet 0,5 €. Für 1 € (Taschengeld von Max) kann sich ein Konsument (Max) zwei Kaugummis kaufen. Angenommen, der Preis pro Kaugummi erhöht sich in der nächsten Periode auf 1 € pro Kaugummi, dann kann der Konsument sich von 1 € nur noch einen Kaugummi kaufen. Der Binnenwert des Geldes (= Kaufkraft des Euros im Inland) hat sich vermindert. Der reale Wert, der die Kaufkraft darstellt, kann sich z. B. auf das reale Einkommen (hier: reales Taschengeld), reale Bruttoinlandsprodukt etc. beziehen. Nachfolgend soll die plausible Überlegung mit Formeln dargestellt werden.

$$\text{realer Wert} = \frac{\text{nominaler Wert}}{\text{Verbraucherpreisindex}} \cdot 100$$

Wie berechnet sich der → **Verbraucherpreisindex**? Die Inflationsrate in Deutschland wird nach dem Preisindex nach Laspeyres berechnet. Die Preisveränderung zwischen zwei Perioden wird bei konstanter Menge der Basisperiode gemessen. Das Produkt „Preis mal Menge" kann auch als Konsumsumme interpretiert werden.

p_0 = Preis für ein Gut in der Basisperiode
p_i = Preis für ein Gut in der laufenden Periode
q_0 = Menge in der Basisperiode

$$\text{Preisindex nach Laspeyres} = \frac{\sum_{i=1}^{n} p_i q_0}{\sum_{i=1}^{n} p_0 q_0} \cdot 100 = \frac{1 \frac{€}{St.} \cdot 2 \text{ St.}}{0{,}5 \frac{€}{St.} \cdot 2 \text{ St.}} \cdot 100 = 200$$

(= Preissteigerung von 100 %)

$$\text{realer Wert} = \text{Kaufkraft} = \frac{1 \frac{€}{St.} \cdot 2 \text{ St.}}{200} \cdot 100 = 1 \,€$$

Für den realen Wert 1 € kann sich der Konsument nur mehr einen Kaugummi kaufen, da ein Kaugummi 1 € kostet.

Der Warenkorb des Verbraucherpreisindex in Deutschland wird laufend überarbeitet. Das ist notwendig, weil sich auch die Produkte und die Präferenzen der privaten Haushalte verändern. Es werden monatlich 300.000 Einzelpreise (Endverbraucherpreis inkl. Umsatzsteuer) durch Preiserheber erfasst. Die Güter des Warenkorbs werden in 650[1] Güterarten aufgeteilt. „*Die durchschnittliche Preisentwicklung gegenüber dem Basisjahr für eine Güterart wird dann jeweils mit dem Ausgabenanteil gewichtet, welchen die privaten Haushalte in Deutschland für diese Güterart ausgeben. Das Gesamtergebnis ist ein gewichteter Mittelwert für die Preisentwicklung in Deutschland.*"[2]

Das Wägungsschema beinhaltet die Gewichtungsinformationen zu den Ausgaben der privaten Haushalte für Nahrungsmittel, Bekleidung, Wohnung, Freizeit etc. Die Datenbasis für die Berechnung des Wägungsschemas stellt die Einkommens- und Verbrauchsstichprobe dar, aus der die Einnahmen und Ausgaben der privaten Haushalte aufgezeichnet werden. Das Wägungsschema wird alle fünf Jahre aktualisiert. Somit kann die reine Preisentwicklung beobachtet werden. Die Veränderung der Verbraucherpreise gegenüber dem Vorjahreszeitraum in Prozent („Inflationsrate") ist auf der Internetseite des Statistischen Bundesamtes (www.destatis.de) dokumentiert.

Die häufigen täglichen Preisveränderungen von Waren z. B. im Internet oder an Tankstellen sind für die Preiserhebung eine Herausforderung. Zudem sind nicht nur die Preissteigerungen der Konsumgüter relevant, sondern auch deren Gewichte im Wägungsschema. Dies hat Einfluss auf die Höhe der Preissteigerungsrate. Zudem stellt der HVPI das geeignete Maß nach Ansicht des EZB-Rates dar, um die Ziele der Preisniveaustabilität zu bewerten.[3]

Für internationale Vergleiche sowie für den Euro-Währungsraum ist der Harmonisierte Verbraucherpreisindex (HVPI) maßgeblich, der sich vom Verbraucherpreisindex durch verschiedene international vereinbarte Definitionen unterscheidet.

2.5.5 Ursachen und Auswirkungen von Inflation

Wenn im Rahmen der Quantitätsgleichung das Geldvolumen größer ist als das Gütervolumen, dann entsteht Inflation. Der Begriff leitet sich aus dem Englischen „to inflate" (= aufblähen) ab. Die Geldmenge ist gegenüber der Gütermenge aufgebläht. Die Europäische Zentralbank setzt durch ihre neue geldpolitische Strategie ab Juli 2021 auf ein mittelfristiges (durchschnittliches) Inflationsziel von 2 % und sollte bei ihrer → **Geldpolitik** die Auswirkungen auf die Größen des „magischen Vierecks" (siehe ≫ Kapitel 4.2.1) berücksichtigen.

---

[1] *Statistisches Bundesamt*, Hintergrundpapier zur Revision des Verbraucherpreisindex für Deutschland 2019, Wiesbaden, 21.2.2019.
[2] *Statistisches Bundesamt*, Verbraucherpreisindex (VPI), https://www.destatis.de.
[3] *EZB*, Erklärung zur geldpolitischen Strategie der EZB, 2021, https://www.ecb.europa.eu.

Ursachen der Inflation

- **Nachfragebedingt (demand-pull):** Y = C + I + G + X - M
  Die rechte Seite der Gleichung stellt die gesamtwirtschaftliche Nachfrage dar. Wenn eine oder mehrere dieser Größen so zunehmen, dass die Nachfrage größer als das Angebot ist, dann entsteht Inflation. Die Höhe der Preissteigerungsrate hängt vom → **Auslastungsgrad** der Volkswirtschaft ab. Bei Unterauslastung (x_0 in Abb. 19) wird eine Zunahme der Nachfrage (N_1 auf N_2) keine Preissteigerung (p_0) bewirken. Erst bei einer Nachfragesteigerung von N_2 auf N_3 erhöhen sich die Preise von p_0 auf p_1 bzw. auf p_2 (N_3 auf N_4). Bei Vollauslastung (x_3) erhöhen sich die Preise stärker als bei geringeren Auslastungen.

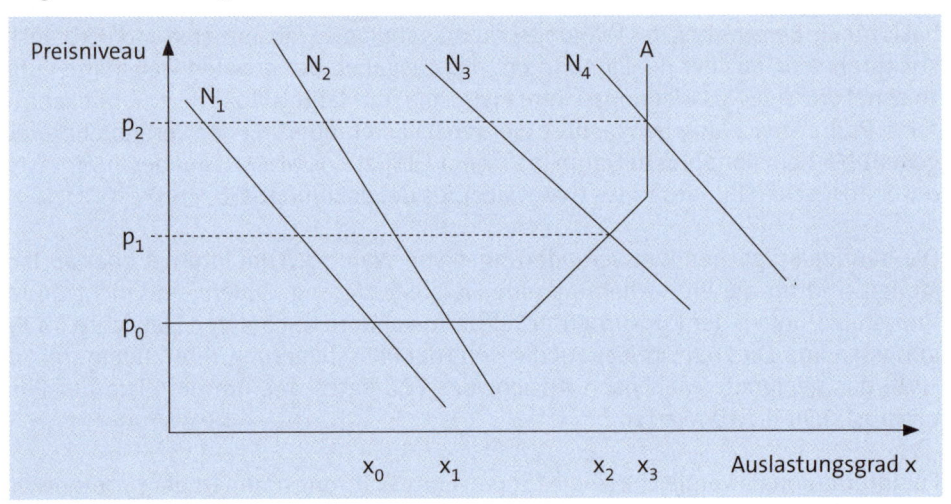

Abb. 19: demand-pull-Inflation

Angebotsbedingte Inflation (cost push)

- Das Güterangebot wird teurer aufgrund von Lohnsteigerungen. Inflation entsteht dann, wenn die Lohnerhöhungen größer sind als die Zunahme der Arbeitsproduktivität.

$$\text{volkswirtschaftliche Arbeitsproduktivität} = \frac{\text{reales Bruttoinlandsprodukt}}{\text{Erwerbstätige}}$$

Es gilt: **Lohnsteigerung = Zunahme an Arbeitsproduktivität**
Wenn die Lohnsteigerungen (z. B. 3 %) der Zunahme der Arbeitsproduktivität (z. B. 3 %) entsprechen, dann wird in der Volkswirtschaft keine Inflation erzeugt.

- Das Güterangebot kann auch durch Erhöhung der Zinssätze für Kredite oder durch Anstieg der Preise für importierte Waren teurer werden.
- Der Staat trägt ebenfalls zur Preissteigerung bei, da bei Mehrwertsteuererhöhungen die Endverbraucherpreise zunehmen.

Geldmengeninflation

Die Zentralbank erhöht die Geldmenge so stark, dass diese größer als das Gütervolumen ist.

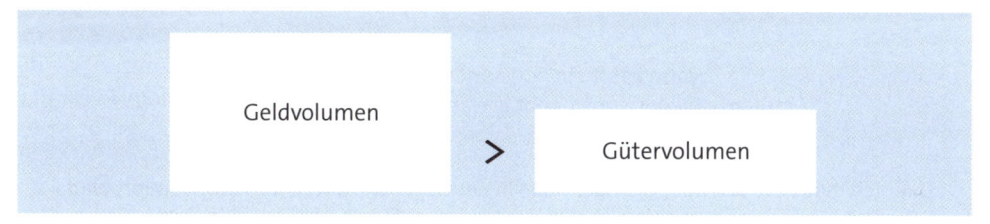

```
Geldvolumen  >  Gütervolumen
```

Abb. 20: Geldmengeninflation

Inflation durch ausgeprägte Marktstellung

Monopole, enge Oligopole oder Kartelle können ihre Marktmacht ausnutzen, um die Preise zu erhöhen.

Nachfolgend werden Vor- und Nachteile von Inflation aufgezeigt:

Vorteile	Nachteile
▸ Kreditnehmer profitieren, da sich durch Inflation die reale Verbindlichkeit vermindert.	▸ Die Kaufkraft der Einkommen sinkt.
▸ Die Werte von Sachvermögen nehmen zu, da diese als Substitute für Geldanlagen mehr nachgefragt werden („Flucht in die Sachwerte").	▸ Reale Ersparnis reduziert sich.
	▸ Durch Inflation steigen die Preise für Exportgüter, sodass die ausländische Nachfrage zurückgehen kann.
▸ Staat nimmt mehr Mehrwertsteuer ein, da die Endverbraucherpreise steigen. Bei höheren Löhnen nehmen die Einnahmen aus der Lohnsteuer zu.	▸ Bezieher konstanter Einkommen (z. B. Rentner) erleiden Kaufkraftverluste.
	▸ Bei hoher Inflation verlieren die Preise ihre Informationsfunktion.
▸ Reale Schulden des Staates sinken.	

Die Europäische Zentralbank kann die Inflation bekämpfen, indem z. B. der Leitzinssatz erhöht wird. Dadurch verteuern sich die Kredite für die Unternehmen, sodass weniger investiert wird.

Wann sollte ein Konsument bei Inflation kaufen? Heute oder morgen? Heute, weil damit die Preissteigerung vermieden wird.

2.5.6 Ursachen und Auswirkungen von Deflation

Grundsätzlich spielen sowohl bei Inflation und → **Deflation** die **Erwartungen** eine große Rolle.

Wann kauft ein Konsument bei Deflation?
Morgen, weil der Konsument erwartet, dass die Preise sinken.

↓

Dadurch reduziert sich aber die Nachfrage in der Gegenwart, weil nicht konsumiert wird. Die Unternehmen orientieren sich an dem zu erwartenden Absatz, der rückläufig ist und investieren weniger. Somit entsteht eine Abwärtsspirale.

↓

Die Zentralbanken versuchen, derartige Nachfragerückgänge durch Leitzinssenkungen zu reduzieren, damit die Investitionsnachfrage ansteigt. Die Investitionsfunktion ist jedoch abhängig von dem Zinssatz für Kredite und von den **Absatzerwartungen.**

↓

Wenn die Erwartungen negativ sind, wird auch bei niedrigem Zinssatz nicht investiert. Die privaten Haushalte sowie Unternehmen erhöhen die Kassenhaltung, weil sie auf höhere Zinsen hoffen.

↓

Es liegt bei einem Leitzinssatz von Null die sogenannte „Liquiditätsfalle" vor. Die Zentralbank hat kaum mehr Möglichkeit, über die Geldpolitik die Wirtschaft anzukurbeln.

Abb. 21: Auswirkung von Deflation

Ursachen der Deflation

- Abwärtsspirale durch pessimistische Erwartungen; gesamtwirtschaftliche Nachfrage rückläufig
- Restriktive Staatsausgaben: durch Kennzahlen (z. B. „Maastricht-Kriterien") und/oder Beschränkungen der Staatsausgaben (z. B. Grundgesetz: 0,35 %-Regel des BIP für zusätzliche Staatsausgaben)
- Platzen einer Blase, z. B. Aktien oder Immobilien: Vermögenswerte sinken, jedoch sind die Schulden dann höher als die Vermögenswerte; Kredite können für die Geschäftsbanken ausfallen, sodass die Kreditvergabe für Investitionen reduziert wird; dadurch wird die gesamtwirtschaftliche Nachfrage geschwächt.
- Zentralbank verknappt in einer Deflationsphase die Liquidität für die Geschäftsbanken; weniger Kredite können ausgegeben werden; Abwärtsspirale verstärkt sich.

Folgen einer Deflation

- Bei sinkenden Preisen steigt das reale Einkommen (Annahme: konstantes nominales Einkommen).
- Arbeitslosigkeit aufgrund der gesamtwirtschaftlichen Nachfrageschwäche; Einkommensverluste und verringerte Konsummöglichkeiten.

Die Europäische Zentralbank versucht durch die Niedrigzinsphase eine Deflation zu vermeiden. Bei niedrigen Zinsen besteht die Möglichkeit, dass die Investitionsneigung zunimmt. Die Geschäftsbanken werden mit ausreichend Liquidität durch die Zentralbank versorgt. Allerdings müssen die privaten Haushalte und Unternehmen auch optimistische Erwartungen haben, sonst wirkt der Niedrigzinssatz nicht.

2.5.7 Stagflation

Wenn Inflation und → *Stagnation* gemeinsam auftreten, dann liegt eine Stagflation vor.

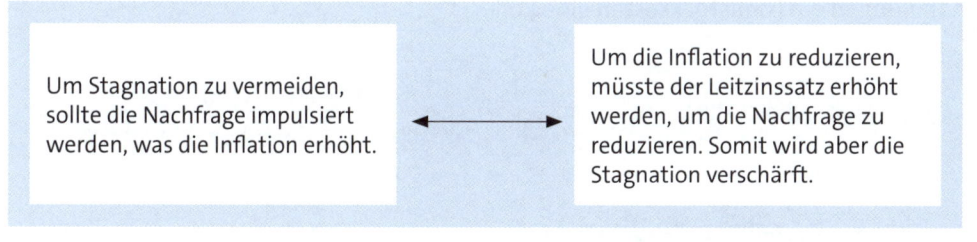

| Um Stagnation zu vermeiden, sollte die Nachfrage impulsiert werden, was die Inflation erhöht. | ⟷ | Um die Inflation zu reduzieren, müsste der Leitzinssatz erhöht werden, um die Nachfrage zu reduzieren. Somit wird aber die Stagnation verschärft. |

Abb. 22: Inflation und Stagnation

Die Stagflation trat in den 1970er-Jahren auf. Die Lösung bestand in dem Wechsel von der nachfrageorientierten zur angebotsorientierten Wirtschaftspolitik.

MERKE

- Die Quantitätsgleichung beinhaltet das Produkt „Geldmenge M 3 mal Umlaufgeschwindigkeit" sowie das nominale Bruttoinlandsprodukt. Die Quantitätsgleichung ist wesentlich für die Geldmengensteuerung, da ausreichend Liquidität zur Realisierung des Bruttoinlandsprodukts von der Zentralbank zur Verfügung gestellt werden sollte.
- Der Binnenwert des Geldes wird durch die Kaufkraft, den realen Wert, abgebildet. Der reale Wert kann sich z. B. auf das Einkommen (reale Einkommen) beziehen.
- Der Verbraucherpreisindex wird mit dem Preisindex nach Laspeyres ermittelt. Für den Euro-Währungsraum wird der HVPI berechnet.

- Inflation kann durch verstärkte Nachfrage (demand pull) oder durch teureres Angebot (cost push) entstehen. Es gibt Inflationsgewinner und -verlierer.
- Deflation resultiert aus einer Abwärtsspirale von sinkenden Preisen. Die Zentralbank kann mit der Senkung der Leitzinssätze versuchen, die gesamtwirtschaftliche Nachfrage zu erhöhen. Die Nachfrage ist jedoch auch abhängig von den Erwartungen.

2.6 Volkswirtschaftliche Kennzahlen

Volkswirtschaftliche Kennzahlen dienen den Entscheidungsträgern von Politik und Wirtschaft als Basis sowie zur Orientierung. Da die Zahlen aus der Volkswirtschaftlichen Gesamtrechnung stammen, sind häufig nur weiter zurückliegende Jahre erhältlich.

Arbeitsproduktivität und Lohnstückkosten

Für die Tarifpartner (Arbeitgeberverbände und Gewerkschaften) spielen bei den Verhandlungen die Lohnstückkosten eine Rolle.

$$\text{gesamtwirtschaftliche Lohnstückkosten} = \frac{\text{Lohnkosten Arbeitnehmer}}{\text{Arbeitsproduktivität je Erwerbstätigen}}$$

$$\text{Arbeitsproduktivität je Erwerbstätigen} = \frac{\text{reale Bruttoinlandsprodukt oder reale Bruttowertschöpfung}}{\text{Erwerbstätige oder Erwerbstätigenstunde}}$$

Damit die Lohnstückkosten konstant bleiben, muss die Arbeitsproduktivität je Erwerbstätigen im gleichen Maße wie die Lohnkosten steigen. Wenn die Lohnkosten höher als die Arbeitsproduktivität sind, dann sinken die Gewinne der Unternehmer oder bei gleichen Gewinnen werden die Lohnkosten über höhere Preise an die Endverbraucher weitergegeben, sodass Inflation entstehen kann. Aufgrund höherer Inflation werden in den nächsten Perioden die Gewerkschaften wieder höhere Löhne fordern (Lohn-Preis-Spirale). Die Lohnstückkosten sind eine wichtige Größe für die Wettbewerbsfähigkeit einer Volkswirtschaft.

Aus nachfolgender Tabelle ist erkennbar, dass im Krisenjahr 2009, in dem die Folgewirkungen der Finanzkrise deutlich wurden, sowie im Jahr der Corona-Pandemie die Arbeitsproduktivität (reales BIP je Erwerbstätigen) in Deutschland jeweils gegenüber dem Vorjahr um -5,8 % (2009) und um -3,9 % (2020) zurückging. Wird die Arbeitsproduktivität als Verhältnis des realen BIP je Erwerbstätigenstunde betrachtet, sind auch Rückgänge (2009: -3,0 %; 2020: -0,2 %) zu beobachten. In den Krisenjahren 2009 und 2020 stiegen die Lohnstückkosten überdurchschnittlich an, da der Nenner (Arbeitsproduktivität) sank.

Jahr	2009	2010	2011	2012	2013	2014	2015	2016	2017	2018	2019	2020
Arbeitsproduktivität = reales BIP je Erwerbstätigen	-5,8	3,8	2,7	-0,7	-0,4	1,3	0,8	1,0	1,1	0,1	-0,3	-3,9
Arbeitsproduktivität = reales BIP je Erwerbstätigenstunde	-3,0	2,3	2,6	0,6	0,5	1,1	0,8	1,4	1,3	0,3	0,0	-0,2
Lohnstückkosten auf Basis Erwerbstätigenstunde	7,0	-1,5	0,1	3,3	2,2	1,3	1,8	1,1	1,2	2,5	3,4	4,2

Veränderungen in Prozent gegenüber dem Vorjahr[1]

In der folgenden Tabelle werden die durchschnittlichen Veränderungen in Prozent der Arbeitsproduktivität je Erwerbstätigen und je Erwerbstätigenstunde sowie die Lohnstückkosten über längere Zeiträume dargelegt.

Die durchschnittliche Veränderung der Arbeitsproduktivität (reales BIP je Erwerbstätigen) sank in den letzten 30 Jahren, wobei pro Jahrzehnt eine geringere durchschnittliche Veränderung erkennbar ist. Die Veränderung der durchschnittlichen Arbeitsproduktivität (reales BIP je Erwerbstätigen) betrug 0,1 % im Zeitraum 2010 bis 2020, wobei auf Basis der Erwerbstätigenstunden eine durchschnittliche Veränderung von 0,8 % im gleichen Zeitraum beobachtbar ist.

Die Lohnstückkosten stiegen im Zeitraum 2010 bis 2020 um durchschnittlich 2,1 %. Die Arbeitnehmerentgelte veränderten sich im Zeitraum 2010 bis 2020 um durchschnittlich 2,4 %, während die Arbeitsproduktivität im gleichen Zeitraum (0,1 % auf Basis je Erwerbstätigen; 0,8 % auf Basis je Erwerbstätigenstunde) nur gering wuchs. Durch die wachsenden Arbeitnehmerentgelte nahm im Zeitraum 2010 bis 2020 auch die Lohnquote kontinuierlich zu.[2]

---

[1] Vgl. *Statistisches Bundesamt*, Fachserie 18, Reihe 1.5, 2020, S. 51.
[2] Vgl. *Statistisches Bundesamt*, Bruttoinlandsprodukt 2020, S. 20.

Jahr	1991/2000	2000/2010	2010/2020
Arbeitsproduktivität = reales BIP je Erwerbstätigen	1,3	0,6	0,1
Arbeitsproduktivität = reales BIP je Erwerbstätigenstunde	1,9	0,9	0,8
Lohnstückkosten auf Basis Erwerbstätigenstunde	1,7	0,6	2,1
Arbeitnehmerentgelte	2,9	1,3	2,4

Durchschnittliche Veränderung in Prozent[1]

Kapitalstock und Kapitalproduktivität

Für die Generierung des Bruttoinlandsprodukts tragen nicht nur die Erwerbstätigen oder die eingesetzten Erwerbstätigenstunden bei, sondern auch der Produktionsfaktor „Kapital". In diesem Zusammenhang sind die Begriffe **Kapitalstock, Kapitalproduktivität, Kapitalkoeffizient** und **Kapitalintensität** maßgeblich.

Der **Kapitalstock** stellt die Summe der Nettoinvestitionen (zusätzlichen Investitionen) dar. Damit wird das Bruttoanlagevermögen (Maschinen, Fahrzeuge, Software, geistiges Eigentum, etc.) einer Volkswirtschaft unter Abzug der Abschreibungen dokumentiert. Das Bruttoanlagevermögen zu Wiederbeschaffungspreisen betrug in Deutschland für alle Wirtschaftsbereiche 18.753,9 Mrd. € (2017), während das Nettoanlagevermögen mit 10.399,6 Mrd. € (2017) dokumentiert wurde.[2]

$$\text{Kapitalproduktivität} = \frac{\text{Bruttoinlandsprodukt}}{\text{Kapitalstock}} \cdot 100$$

Die **Kapitalproduktivität** zeigt das Verhältnis des Bruttoinlandsprodukts zum Kapitalstock auf. Der **Kapitalkoeffizient** stellt den Kehrwert der Kapitalproduktivität dar. Die **Kapitalintensität** stellt das Verhältnis zwischen Kapitalstock und Erwerbstätigen dar. Im Rahmen der Kapitalintensität werden die beiden Produktionsfaktoren „Arbeit" und „Kapital" kombiniert. Die in nachfolgender Tabelle dargelegte Entwicklung von 2010 bis 2019 zeigt eine Zunahme des Kapitalstocks. Die Kapitalproduktivität ist jeweils gegenüber dem Vorjahr in den Jahren 2012, 2013 sowie 2018 und 2019 rückläufig. Das Bruttoinlandsprodukt (preisbereinigt) veränderte sich in diesen Jahren mit einer geringeren Wachstumsrate als die Veränderungsrate des Kapitalstocks.[3] Daher sank die Kapitalproduktivität, weil die Veränderung des Nenners größer als die des Zählers war.

---

[1] Vgl. *Statistisches Bundesamt*, Fachserie 18, Reihe 1.5, 2020, S. 51.
[2] Vgl. *Institut der deutschen Wirtschaft*, 2020, S. 30.
[3] Vgl. *Statistisches Bundesamt*, Fachserie 18, Reihe 1.5, 2020, S. 28.

Gründe für die geringen bzw. negativen Veränderungsraten der Kapitalproduktivität ab dem Jahr 2012 könnten sein:

- Als Aufholeffekt nach der Finanzkrise 2008/2009 stieg das reale Bruttoinlandsprodukt in den Jahren 2010 und 2011 um jeweils ca. 4 % gegenüber dem Vorjahr an. Da der Kapitalstock in diesem Zeitraum um jeweils 1,2 % stieg, erhöhte sich die Kapitalproduktivität im Zeitraum 2010 bis 2011 überdurchschnittlich.
- Das reale Bruttoinlandsprodukt wuchs im Durchschnitt um 1,0 % p. a. (2010 - 2020).
- Die Produktivität des Kapitals hängt z. B. ab vom
  - globalen Wettbewerb,
  - der Innovationsfähigkeit einer Volkswirtschaft,
  - der Nachfrage aufgrund der Bevölkerungsentwicklung,
  - dem Steuersystem und
  - der inländischen Kaufkraft.

Jahr	2010	2011	2012	2013	2014	2015	2016	2017	2018	2019
Kapitalstock	146,45 (1,2)	148,27 (1,2)	150,12 (1,2)	151,75 (1,1)	153,57 (1,2)	155,40 (1,2)	157,36 (1,3)	159,36 (1,3)	161,49 (1,3)	163,65 (1,3)
Kapitalproduktivität	85,65 (3,0)	87,92 (2,7)	87,20 (- 0,8)	86,64 (- 0,6)	87,51 (1,0)	87,77 (0,3)	88,61 (1,0)	89,77 (1,3)	89,71 (- 0,1)	89,01 (- 0,8)

Messzahl 1991=100, in Klammern die Veränderungen in Prozent gegenüber dem Vorjahr[1]

Investitionsquote
Die Investitionsquote zeigt das Verhältnis von Bruttoanlageinvestitionen zum Bruttoinlandsprodukt in Prozent.

$$\text{Investitionsquote} = \frac{\text{Bruttoanlageinvestition}}{\text{Bruttoinlandsprodukt}} \cdot 100$$

Die Investitionsquote in Deutschland wird als zu gering erachtet. Die nachfolgende Tabelle zeigt ausgewählte Investitionsquoten verschiedener Länder.[2] In Deutschland ist die Investitionsquote im Zeitraum 2000 bis 2010 gesunken. Im Jahr 2020 betrug die Investitionsquote in Deutschland (nicht in Tabelle ersichtlich) 22,1 %.[3] Im Jahr 2020 ist

---
[1] Vgl. *Statistisches Bundesamt*, Fachserie 18, Reihe 1.4, 2019, S. 85 f.
[2] Vgl. *Institut der Deutschen Wirtschaft*, 2020, S. 137.
[3] Vgl. *Statistisches Bundesamt*, Entwicklung der Investitionen in Deutschland, https://service.destatis.de.

zu beachten, dass das Bruttoinlandsprodukt stark sank, so dass ein „Nennereffekt" entstand.

Jahr	Deutschland	Italien	Japan	Kanada
2000	23,1 %	20,7 %	27,4 %	19,6 %
2005	19,1 %	21,3 %	24,6 %	21,8 %
2010	19,5 %	20,0 %	21,3 %	23,5 %
2018	21,2 %	17,7 %	24,1 %	22,5 %

Die Investitionsquoten hängen an der Entwicklung der Investitionsneigung des Staates sowie des nicht staatlichen Sektors. Ob ein Staat mehr Investitionsausgaben tätigt, hängt von der Wirtschaftspolitik, der Konjunktursituation sowie von den Budgetmöglichkeiten ab. Die Investitionsneigung des nicht staatlichen Sektors ist abhängig vom Leitzinssatz sowie insbesondere von den Absatzerwartungen, die wiederum z. B. von der Bevölkerungsentwicklung determiniert sind.

Staatsquote

Die Staatsquote stellt die Ausgaben des Staates zum Bruttoinlandsprodukt dar.

$$\text{Staatsquote} = \frac{\text{Ausgaben des Staates}}{\text{Bruttoinlandsprodukt}} \cdot 100$$

Jahr	2010	2011	2012	2013	2014	2015	2016	2017	2018	2019	2020
Staatsquote in %	48,1	45,2	44,9	44,9	44,3	44,1	44,4	44,2	44,5	45,2	51,1

Quelle: Bundesfinanzministerium, Monatsbericht Mai 2021[1]

Die Staatsquote ist beispielsweise abhängig von

- der Entwicklung des Bruttoinlandsprodukts („Nennereffekt")
- von der Wirtschaftspolitik (Ausgabenneigung des Staates)
- Krisensituationen.

Im Jahr 1960 betrug die Staatsquote 32,9 %. Im Laufe der Jahrzehnte hat der Staatseinfluss in der Wirtschaft zugenommen, da der Staat gesamtwirtschaftliche Nachfragerückgänge durch zusätzliche Staatsausgaben kompensierte und sein Angebot an Sozialstaatsaktivitäten ausweitete. Im Jahr 2020 wurden die Staatsausgaben aufgrund der Corona-Pandemie deutlich erhöht.

---

[1] Vgl. *Bundesministerium der Finanzen*, Monatsbericht Mai 2021.

3. Beschreiben der Marktformen und Preisbildungen sowie Berücksichtigung des Verbraucherverhaltens

3.1 Markt und Wettbewerb

3.1.1 Überblick, vollkommener und unvollkommener Markt

Ein Markt ist der Ort, an dem sich Angebot und Nachfrage treffen. Es gibt

- Gütermärkte (Konsumgütermarkt, Investitionsgütermarkt, Dienstleistungsmarkt)
- Faktormärkte (Arbeitsmarkt, Kapitalmarkt, Immobilienmarkt)
- Finanzmärkte (Kapital-, Geld- und Devisenmärkte).

Es gibt verschiedene Marktformen, die in nachfolgender Tabelle dargestellt sind:[1]

Nachfrager	Anbieter		
	Viele	Wenige	Ein
Viele	→ **Polypol** (Devisenmarkt)	Angebotsoligopol (Pkw-Markt, Mineralölmarkt)	→ **Angebotsmonopol** (Staat z. B. für Reisepass, Müllabfuhr, Lotterie), Wasserversorgung[2]
Wenige	Nachfrageoligopol (Molkereigenossenschaft, Zuckerrübenbauern und verarbeitende Industrie)	zweiseitiges → **Oligopol** (Spezialmaschinenbau, Schiffswerften und Reedereien)	beschränktes Angebotsmonopol (Erfinder mit Patent; medizinischer Spezialgerätehersteller)
Ein	Nachfragemonopol (Staat schreibt Stellen für die Polizei aus)	beschränktes Nachfragemonopol (Polizei, Bundeswehr bei Uniformen)	zweiseitiges → **Monopol** (Tarifpartner: Arbeitgeberverbände und Gewerkschaften)

Die früheren Angebotsmonopole bei Brief, Post und Telefon wurden durch die Liberalisierung der Märkte aufgelöst. Die Marktformen sind idealtypische Ansätze. In der Wirtschaftspraxis gibt es häufig Unschärfen und Abgrenzungsprobleme. Die Wirtschaftswissenschaft vollzieht eine Unterteilung in **vollkommene** und **unvollkommene** Märkte.

Vollkommener Markt
Ein vollkommener Markt oder häufig auch mit dem Begriff „vollkommene Konkurrenz" oder „Wettbewerb" beschrieben, verfügt über nachfolgende Merkmale:

---

[1] Vgl. *Altmann*, 2009, S. 216 - 218 ff.
[2] In manchen Ländern auf der Welt ist z. B. die Müllabfuhr oder die Wasserversorgung privatisiert.

Die statische Wettbewerbstheorie basiert auf dem Modell der „vollkommenen Konkurrenz". Die Marktakteure handeln rein ökonomisch. Die Zeit spielt keine Rolle. Daher wird häufig auch der Begriff → *homo oeconomicus* verwendet. Das Modell hat folgende Annahmen:

- **Polypol:** Es gibt viele Anbieter und viele Nachfrager.
- Es gibt nur **homogene** Güter.
- Die Marktakteure haben **keine persönlichen Präferenzen**. Das bedeutet, dass die attraktive Verkäuferin den Kauf nicht beeinflussen kann. Nur der Preis zählt. Die Akteure lassen sich nicht von Schönheit oder Gefühlen beeindrucken. Es herrscht Rationalität. Ebenso ist es bei den räumlichen Präferenzen. Heimat spielt keine Rolle bei diesem Ansatz. Das Kapital bewegt sich dorthin, wo es die höchste Rendite erzielt. Auch gibt es keine zeitlichen Präferenzen. Verkaufsverbote an Sonn- und Feiertagen oder in der Nacht sind dem „homo oeconomicus" zuwider. Es geht nur um den maximalen Gewinn und Nutzen.
- **Vollständige Markttransparenz:** Der Preis spiegelt gemäß diesem Modell **alle** Informationen des Marktes wider.
- **Unendlich schnelle Anpassungsgeschwindigkeit:** Dieser Aspekt resultiert aus den mathematischen Ansätzen des Modells. An der Börse und insbesondere durch den Computerhandel wird dieses Merkmal näherungsweise erfüllt.

Die zentrale Frage ist, ob sich die Realität dem Modell des „homo oeconomicus" anpasst. Der Leser möge diesen Sachverhalt reflektieren.

Unvollkommener Markt
Aus der Kritik und dem Zweifel an den dargelegten Annahmen oder aus der Praxisbeobachtung resultiert dann ein „unvollkommener" Markt.

Beispiele

- Unternehmen versuchen durch Standardisierung eine Homogenität der Güter zu erreichen. Dadurch können Kostendegressionen realisiert werden. Andererseits werden auch heterogene Güter angeboten, um sich von der Konkurrenz zu differenzieren.
- Die persönlichen Präferenzen spielen im Geschäftsalltag eine große Rolle. Insbesondere bei Verhandlungen kommen psychologische Aspekte zum Tragen, sodass diese Annahme als kritisch betrachtet werden kann.
- Die vollständige Markttransparenz würde voraussetzen, dass die Marktteilnehmer alle Informationen des Marktes kennen, was nicht möglich sein kann. Daher ist eher von unvollständiger Markttransparenz auszugehen.
- Die „unendliche" schnelle Anpassungsgeschwindigkeit ist in der Wirtschaftspraxis kaum zu beobachten.

> **MERKE**
>
> - Die bekanntesten Marktformen sind das Polypol, das Oligopol sowie das Monopol.
> - Die Wirtschaftswissenschaft stellte mit vielen Annahmen das Modell der vollkommenen Konkurrenz auf. Die Marktunvollkommenheiten zeigen, dass in der Wirtschaftspraxis diese Annahmen nicht zu beobachten sind.

3.1.2 Wettbewerb

Der Wettbewerb hat folgende Funktionen:

- Durch den Wettbewerb haben die Nachfrager mehr **Auswahl**. Sie können zwischen verschiedenen Alternativen wählen.
- Durch vermehrte Konkurrenz kann der **Preis sinken**. Der Nachfrager kann günstiger einkaufen.
- **Anreiz- und Auslesefunktion:** Die Unternehmen bieten bei vollkommenem Wettbewerb (siehe ≫Kapitel 3.1) zu einem konstanten Preis p_0 (gerade noch) an, weil $p_0 = k_1$ kostendeckend ist (Abb. 23). Wenn das Preisniveau auf p_1 durch Wettbewerb fällt, dann sind die einzelnen Unternehmer gezwungen, ihre Stückkosten durch Effizienzsteigerungen (günstiger Einkauf, Produktionsverlagerungen in Niedriglohnländer etc.) zu senken (k_2). Unternehmen treten aus dem Markt aus (Auslesefunktion), wenn sie ihre Kosten (nicht schnell genug) senken können, um Verluste zu vermeiden. Daher besteht durch den Wettbewerb eine Anreizfunktion, effizient und kostenminimal zu produzieren.

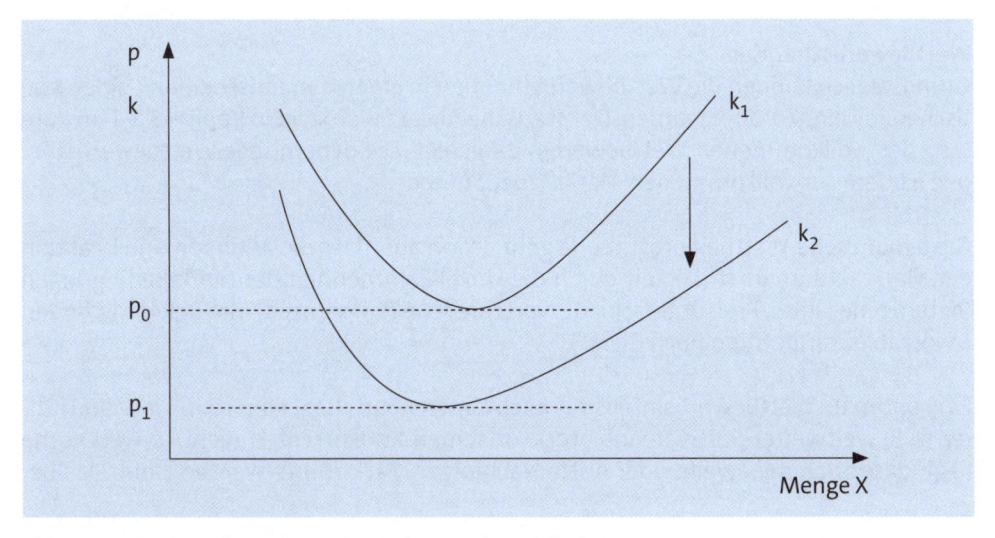

Abb. 23: Durchschnittskostenkurve mit Auslese- und Anreizfunktion

- **Allokationsfunktion:** Der Konsument entscheidet, was produziert wird (Konsumentensouveränität). Wenn keine Handys mehr nachgefragt werden, dann werden diese auch nicht produziert. Durch den Wettbewerb werden die Produktionsfaktoren in die Bereiche gelenkt, die eine hohe Produktivität und Wertschöpfung (z. B. Handys) erwarten lassen.

Beispiel

Wanderung qualifizierter Arbeitskräfte in innovative und exportorientierte Branchen. Dort werden hohe Gehälter bezahlt, während in weniger innovativen und nichtexportorientierten Branchen die Gehälter geringer sind.

- **Verteilungsfunktion:** Unter Wettbewerbsbedingungen und dem Ziel einer Gewinnmaximierung entlohnt ein Unternehmer die Produktionsfaktoren (z. B. Arbeit) mit dem Lohn, der dem Marktwert an produktiver Leistung entspricht.
Lohn = Grenzwertprodukt, wobei das Grenzwertprodukt (ohne auf die mathematischen Ableitungen über die Produktionsfunktion einzugehen) **näherungsweise** der Arbeitsproduktivität entspricht.

Dann gilt:

$$\text{Lohn} = \text{Arbeitsproduktivität} = \frac{\text{Umsatz} = \text{Preis} \cdot \text{Menge}}{\text{Beschäftigte}}$$

Das Grenzprodukt kann (**näherungsweise**) als das Verhältnis Menge dividiert durch Beschäftigte betrachtet werden. Dabei wird aufgezeigt, wie viel Menge ein Beschäftigter produziert. Marktpreis p multipliziert mit dem Grenzprodukt ergibt das Grenzwertprodukt.

Wettbewerbstheorien

Grundsätzlich können die Wettbewerbstheorien in einen **dynamischen** und einen **statischen** Teil eingeordnet werden. Der statische Ansatz wurde im ≫ Kapitel 3.1.1 im Rahmen des „vollkommenen Wettbewerbs" dargelegt. Die dynamische Wettbewerbstheorie ist dem „unvollkommenen Markt" zuzuordnen.

Die **dynamische** Wettbewerbstheorie geht davon aus, dass die Aktionen und Reaktion der Marktakteure über die Zeit durch die Unvollkommenheit der Marktbedingungen (heterogene Güter, Preisunterschiede, verschiedene Präferenzen) ihre Belebung finden („workable competition nach Clark").

Eine optimale Wettbewerbsintensität nach *Kantzenbach* liegt vor, wenn ein Marktführer (z. B. weltweiter Softwareanbieter) vor seinen Konkurrenten nicht so weit vorne liegt, dass auch der zweite oder dritte Nachfolger Marktführer werden kann. Das bedeutet, dass der Abstand zum ursprünglichen Marktführer nicht zu groß, aber auch nicht zu klein sein sollte. Die optimale Wettbewerbsfähigkeit ist abhängig vom Innovationsgrad der Marktteilnehmer und von der Marktform.

MERKE

- Der Wettbewerb hat eine Auswahl- und Freiheitsfunktion, eine Auslese- und Anreizfunktion sowie eine Allokations- und Verteilungsfunktion.
- Der dynamische Wettbewerbsansatz geht von Unvollkommenheiten des Marktes aus und rückt die Bedeutung der Zeit für die Marktakteure in den Vordergrund. Der statische Ansatz geht von einer Modellökonomie aus, die durch Annahmen versehen ist.

3.2 Preisbildung im Polypol

3.2.1 Verhalten von Nachfragern

Wie lässt sich die Marktnachfrage ableiten?
Ein privater Haushalt kauft i. d. R., wenn er von einem Gut mehr Nutzen als Aufwand hat. Der Nutzen ist individuell und somit eine subjektive Größe. Den Nutzen einer Tafel Schokolade bewertet Konsument A anders als Konsument B. Nachfolgend wird das „erste Gossensche Gesetz vom abnehmenden → *Grenznutzen*" dargelegt, das die Grundlage zur Ableitung einer Nachfragefunktion bietet. In Abb. 24 wird eine Nutzenfunktion U (U = Utility = Nutzen) dargestellt.

Beispiel

Ein Konsument macht eine Bergwanderung und trinkt nach einer gewissen Zeit einen Schluck Wasser (Menge x_1), der einen zusätzlichen Nutzen ΔU_1 bewirkt. Ein zweiter Schluck Wasser erzeugt auch noch einen Zusatznutzen ΔU_2, jedoch ist dieser kleiner als bei ΔU_1. Ein dritter Schluck Wasser führt zu einem weiteren Zusatznutzen, der jedoch kleiner ist als die beiden Schluck Wasser vorher. Den höchsten Nutzen erreicht der Konsument im Maximum der Kurve. Jeder weitere Schluck Wasser erzeugt rechts vom Maximum ein geringeres Nutzenniveau.

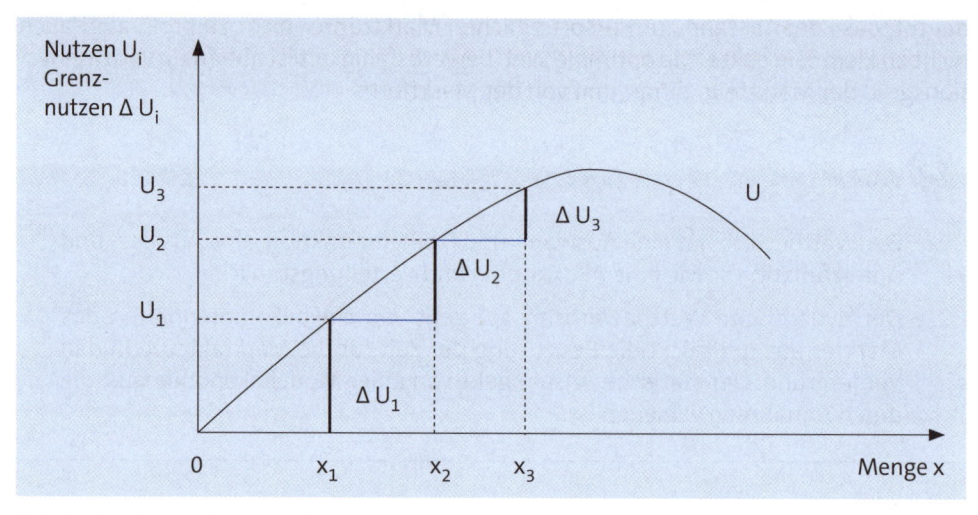

Abb. 24: Gesetz vom abnehmenden Grenznutzen

Der Konsument ist i. d. R. bereit, für einen zusätzlichen Nutzen zu zahlen. Aufgrund von mathematischen Herleitungen gilt:

Preis = Grenznutzen (zusätzlicher Nutzen) $p = \Delta U$

Der zusätzliche Nutzen ΔU ist abnehmend, da $\Delta U_3 < \Delta U_2 < \Delta U_1$. Also sinkt auch der Preis für jede zusätzliche Mengeneinheit. Somit ergibt sich die normale Nachfragekurve (Abb. 25) mit fallendem Steigungsmaß ($\frac{\Delta p}{\Delta x} < 0$).

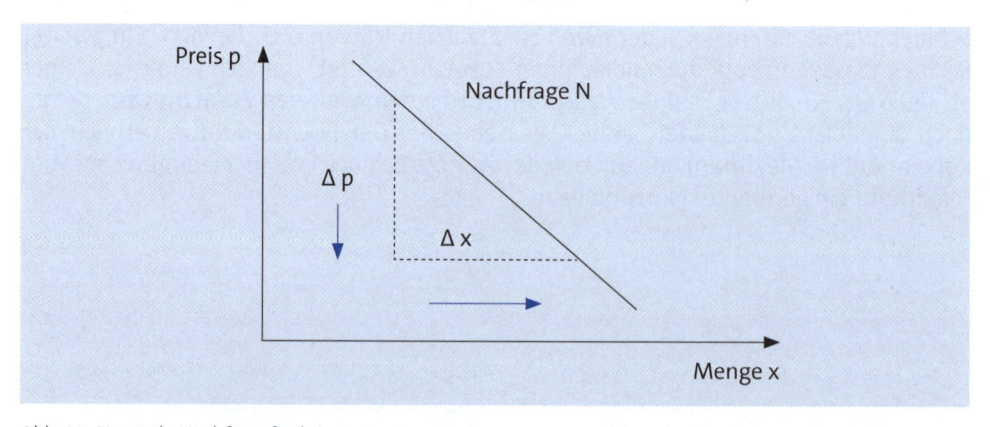

Abb. 25: Normale Nachfragefunktion

Aus dem Verlauf der Nachfragekurve (Abb. 25) ist das Gesetz der „normalen Nachfrage" ersichtlich.

> Preis sinkt, Menge steigt und umgekehrt

Gibt es auch „anormale Nachfrage"? Das würde bedeuten, wenn der Preis steigt, dass mehr Güter gekauft werden. Hierzu gibt es zwei Fälle:

- → *Giffen-Gut:* In den unteren Einkommensschichten, z. B. Entwicklungsland, werden Grundnahrungsmittel, die überlebenswichtig sind, auch bei steigenden Preisen nachgefragt, weil die Substitutionsgüter noch höhere Preise haben. *Giffen* beobachtete das Verhalten der englischen Unterschicht im 19. Jahrhundert.
- → *Veblen-Gut:* Bei höheren Einkommensschichten werden Güter mit steigenden Preisen nachgefragt, um sich durch Prestige von anderen gesellschaftlichen Gruppen abzugrenzen. *Veblen* erforschte in den USA das Nachfrageverhalten im 19./20. Jahrhundert.

In Abb. 26 wird die „anormale" Nachfragekurve aufgezeigt.

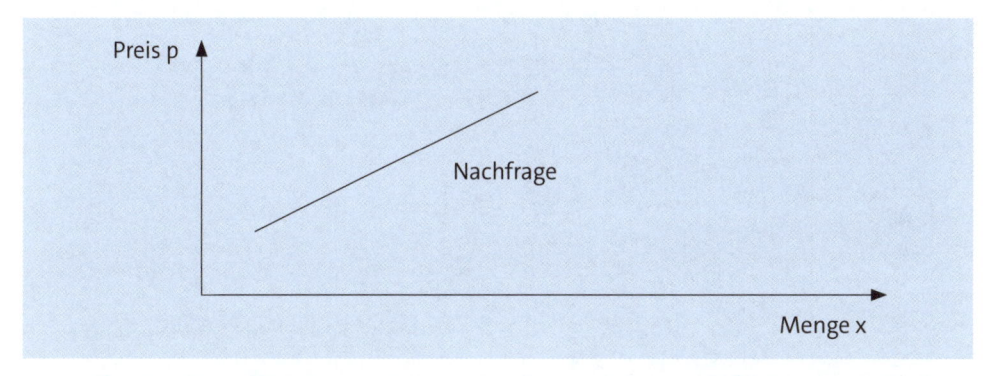

Abb. 26: Anormale Nachfragekurve

Die Nachfrager planen einen maximalen Nutzen. Bei der Herleitung der „normalen" Nachfragekurve wurde deutlich, dass mit abnehmendem Grenznutzen auch die Zahlungsbereitschaft der Nachfrager sinkt, sodass eine Nachfragekurve mit negativer Steigung bei normalem Nachfrageverhalten abgeleitet wurde.

Wenn der Nachfrager ein privater Haushalt ist, maximiert dieser seinen Nutzen unter einer Restriktion (Nebenbedingung). Die Restriktion ist das verfügbare Einkommen des privaten Haushalts, die durch die Budgetgerade dargestellt wird (Abb. 27). Wie wird der Nutzen abgebildet?

3. Marktformen und Preisbildungen | 3.2 Preisbildung im Polypol

INFO

Exkurs

Der Nutzen ist subjektiv, weil jeder Verbraucher Güter individuell wahrnimmt. Die Mathematik stellt bei zwei Gütern dreidimensionale Nutzenfunktionen bereit. Damit die Nutzenfunktion auch zweidimensional dargestellt werden kann, wird ein Horizontalschnitt durch die Nutzenfunktion gebildet und es entstehen „Indifferenzkurven" U_1 bis U_3. Auf jeder Indifferenzkurve ist das gleiche Nutzenniveau möglich. Es können wenig oder mehr von Gut x_1 und/oder Gut x_2 konsumiert werden.

Die Indifferenzkurve U_1 steht für ein höheres Nutzenniveau als U_2 oder U_3. Bei Nutzenniveau U_1 reicht das Budget das Konsumenten nicht aus, um den Konsumenten zu befriedigen. Beim Nutzenniveau U_3 konsumiert der Konsument auf einem niedrigeren Niveau als gemäß seinem Budget möglich wäre. Das optimale Konsumgüterbündel ist beim Schnittpunkt U_2 und Budgetgerade gegeben (Haushaltsoptimum).

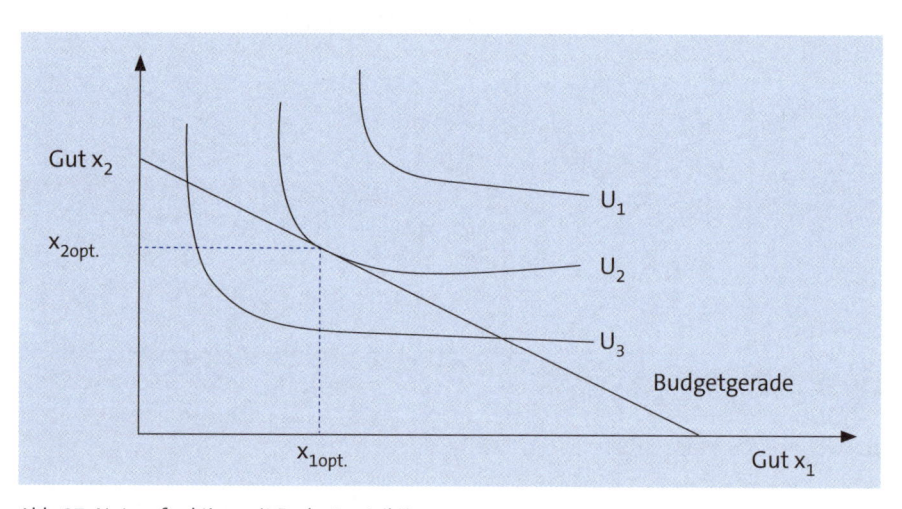

Abb. 27: Nutzenfunktion mit Budgetrestriktion

Private Haushalte wählen das Güterbündel ($x_{1opt.}$/$x_{2opt.}$), das ihnen unter Berücksichtigung des Budgets das höchste Nutzenniveau gewährleistet.

Bevor die privaten Haushalte die Güter nachfragen, muss ein → **Bedürfnis** (Mangelzustand) vorhanden sein. Der Bedarf ist z. B. abhängig von

- der Erfahrungen des Konsumenten mit einem Gut
- der Meinung der Bezugspersonen (Eltern, Freunde, Arbeitskollegen etc.)
- dem Güterangebot.

Beispiel

Konsument A benötigt bei 35 Grad eine Erfrischung. Es stehen ihm ein Eis mit Sahne (U_1), ein Schwimmbadbesuch (U_2) und eine Flasche Wasser (U_3) zur Bedürfnisbefriedigung zur Verfügung. Konsument A wählt folgende Präferenzordnung: 1. Flasche Wasser, 2. Eis mit Sahne, 3. Schwimmbadbesuch, weil für Konsument A $U_3 > U_1 > U_2$ gilt. Die Entscheidung „Wasser vor Eis mit Sahne" kann subjektiv sein, weil Konsument A sein Gewicht reduzieren möchte. Bei anderen Konsumenten könnten wieder andere Präferenzordnungen eine Rolle spielen. Das ist ein Problem in der Ökonomie, dass sich der Nutzen nicht genau quantifizieren lässt und die Subjektivität maßgeblich ist.

Wie entwickelt sich die Nachfrage? Konsument A hat ein Budget sowie Zeit für den Kauf zur Verfügung. Wenn das Budget zu klein ist, dann kommt ein Kauf nicht infrage. Wenn die Zeit nicht ausreichend vorhanden ist, aber das Budget, dann wird auch nicht nachgefragt. Da ein Schwimmbadbesuch Zeit kostet und teurer als eine Flasche Wasser ist, bevorzugt Konsument A Wasser. Die Entscheidung „Wasser vor Eis mit Sahne" ist aus Gewichtsgründen gefallen.

3.2.2 Verhalten von Anbietern

Unternehmen streben eine Gewinnmaximierung an (Annahme).

Gewinn = Umsatz - Kosten

Die gewinnmaximale Menge ergibt sich, wenn der Grenzerlös (Preis) gleich den → **Grenzkosten** (zusätzliche Kosten einer zusätzlichen Mengeneinheit) ist. Ab diesem Preis beginnt die Gewinnzone und die Unternehmer bieten die Güter an.

INFO

Exkurs
Gewinnfunktion: G (x); Umsatzfunktion: US (x); Kostenfunktion: K (x)

Die Funktionen sind abhängig von der Menge x.

G (x) = US (x) - K (x)

Es wird ein maximaler Gewinn angestrebt. Daher wird die erste Ableitung (Strich neben dem Buchstaben) bei den Funktionen eingesetzt und durch Nullsetzen der Gewinnfunktion das Gewinnmaximum berechnet.

$$G'(x) = US'(x) - K'(x) = 0$$

$$US'(x) = K'(x)$$

Da der Grenzerlös US'(x) dem Stückpreis p entspricht, gilt:

$$p = K'(x)$$

In Worten: Der Stückpreis ist gleich den Grenzkosten K'(x).

$$K'(x) = \frac{\Delta \text{ Kosten}}{\Delta \text{ Menge}}$$

Grenzkosten K'(x) stellen die **zusätzlichen** Kosten für eine **zusätzliche** Mengeneinheit dar. Beim praktischen Rechnen werden für die zusätzliche Menge die Mengendifferenzen und für die zusätzlichen Kosten die Kostendifferenzen verwendet.

Beispiel
Bei 1.000 produzierten Stück entstehen 10.000 € Kosten.

Bei 1.200 produzierten Stück entstehen 20.000 € Kosten.

Mengendifferenz: 200 Stück; Kostendifferenz 10.000 €

Grenzkosten (Differenzkosten) = $\frac{10.000 \text{ €}}{200 \text{ Stück}}$ = 50 €/Stück

Für jede zusätzliche Mengeneinheit fallen 50 € Kosten an.

Die Angebotsfunktion wird in Abb. 28 dargestellt. Die Unternehmen bieten mehr Menge x auf dem Markt an, wenn höhere Preise möglich sind. Die höheren Preise ermöglichen bei konstanten oder nur unterproportional steigenden Stückkosten zunehmende Gewinne. Die zu erwartenden Gewinne sind ein Anreiz, in einen Markt (z. B. Handymarkt) einzusteigen.

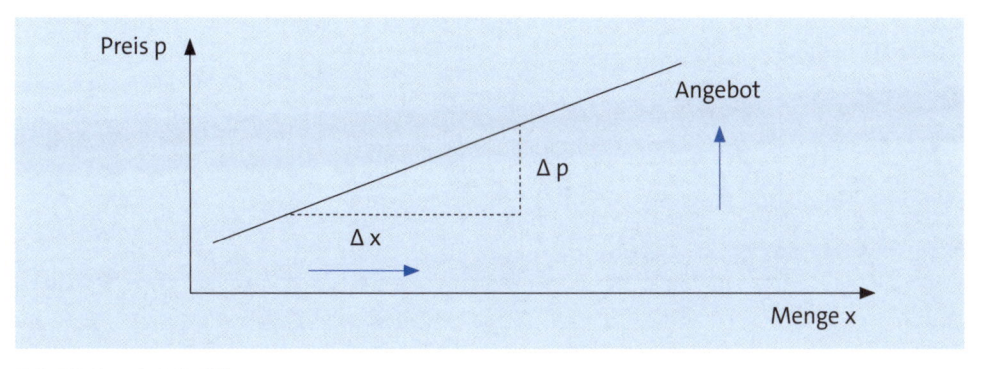

Abb. 28: Angebotsfunktion

Es gibt kurz- und langfristige Preisuntergrenzen. Der Preis sollte die variablen Stückkosten kurzfristig und langfristig zusätzlich die fixen Stückkosten mindestens decken.

- kurzfristige → **Preisuntergrenze**:

  Preis = variable Stückkosten

- langfristige Preisuntergrenze:

  Preis = gesamte Stückkosten (variabel und fix)

Unternehmen maximieren ihren Gewinn unter einer Restriktion (Nebenbedingung). Diese Nebenbedingung ist durch die Produktionsmöglichkeiten bedingt. Die Produktionsmöglichkeit wird mit einer Produktionsfunktion y = f (K, L) dargestellt, wobei y für den Output, K für das eingesetzte Kapital und L für Arbeit (Labour) steht. Welches Verhalten kann man daraus ableiten?

Der gewinnmaximierende Unternehmer setzt nur so viel Arbeit ein, dass das mit Marktpreisen p bewertete Grenzprodukt (näherungsweise die Arbeitsproduktivität) gleich dem zu zahlenden Lohn ist. Wenn der Lohn höher als die Arbeitsproduktivität ist, dann erzielt der Unternehmer einen Verlust. Die gleiche Argumentation gilt für den Einsatz des Faktors Kapital.

3.2.3 Marktgleichgewicht

Der Gleichgewichtsgedanke entstammt der Physik und wurde auf die Ökonomie übertragen, was diskussionswürdig ist, da menschliches Verhalten sich von Objekten unterscheidet. An dem Punkt (Ort), an dem sich Angebot- und Nachfragefunktion schneiden (treffen), ergibt sich der Gleichgewichtspreis p_0 und die Gleichgewichtsmenge x_0. Im Marktgleichgewicht (Abb. 29) bleibt keine Nachfrage und kein Angebot übrig. Der Markt ist „geräumt".

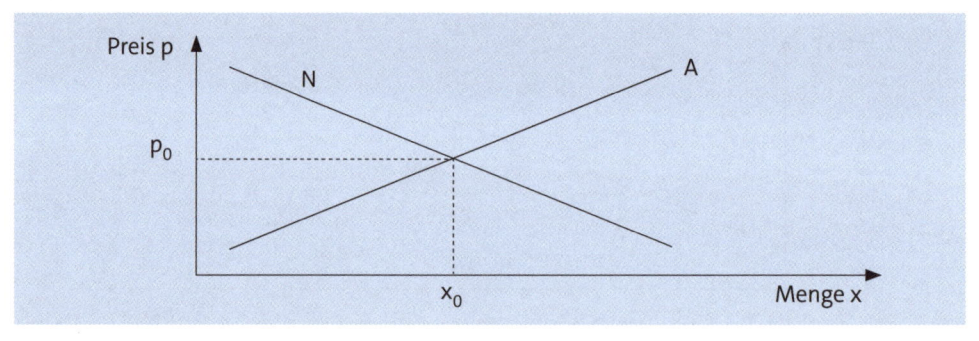

3. Marktformen und Preisbildungen | 3.2 Preisbildung im Polypol

Abb. 29: Marktgleichgewicht

Die Angebots- und Nachfragefunktionen können linear oder nichtlinear sein. Zur Vereinfachung wird nachfolgend von einer linearen Angebots- und Nachfragefunktion ausgegangen:

Nachfragefunktion: $\quad p(x) = -mx + b$

Angebotsfunktion: $\quad p(x) = mx + b$

m stellt das Steigungsmaß dar und b den Ordinatenabschnitt.

Beispiel

Aufgrund einer Marktforschung wurden für Tablets folgende Angebots- und Nachfragefunktionen ermittelt:

$p^N(x) = 310 - 10x$

$p^A = 10 + 20x$

Ermitteln Sie das Marktgleichgewicht.

Lösung:
$p^N = p^A$

$310 - 10x = 10 + 20x$

$300 = 30x$

$x = \mathbf{10}$ (Gleichgewichtsmenge)

x = 10 wird in eine der beiden Funktionen eingesetzt; es ergibt sich der Gleichgewichtspreis von p = 210.

MERKE

- Gesetz der normalen Nachfrage: Wenn der Preis sinkt, dann steigt die nachgefragte Menge und umgekehrt. Bei „anormaler" Nachfrage, die z. B. durch Prestige bestimmt sein kann, nimmt bei steigendem Preis die Nachfragemenge zu.
- Unternehmen bieten Güter bei steigenden Preisen an, weil Gewinnerwartungen verknüpft sind.
- Die Nachfrager maximieren den Nutzen unter der Nebenbedingung ihres Budgets. Die Anbieter maximieren den Gewinn unter der Restriktion der Produktionsmöglichkeiten.
- Im Marktgleichgewicht bleibt keine Angebots- oder Nachfragemenge mehr übrig.

3.2.4 Marktungleichgewicht und Preisbildungsprozess

Bei einem Marktungleichgewicht ist entweder das Angebot größer als die Nachfrage oder umgekehrt.

1. **Angebot größer als Nachfrage**
   Auf einem Gütermarkt (Abb. 30) existiert mehr Angebots- als Nachfragemenge ($x_2 > x_1$). Es liegt zum Preisniveau p_1 ein Angebotsüberhang vor. Wie kommt der Markt ins Gleichgewicht? Wenn das Angebot größer als die Nachfrage ist, dann sinkt der Preis. Bei sinkenden Preisen bieten die Unternehmen weniger an, weil geringere Gewinnerwartungen verbunden sind. Die Angebotsmenge reduziert sich entlang der Angebotskurve von x_2 zu x_0. Wenn der Preis sinkt, dann steigt die Nachfragemenge auf der Nachfragekurve von x_1 nach x_0. Es wird das Marktgleichgewicht bei (x_0/p_0) erreicht.

AÜ = Angebotsüberhang
NÜ = Nachfrageüberhang

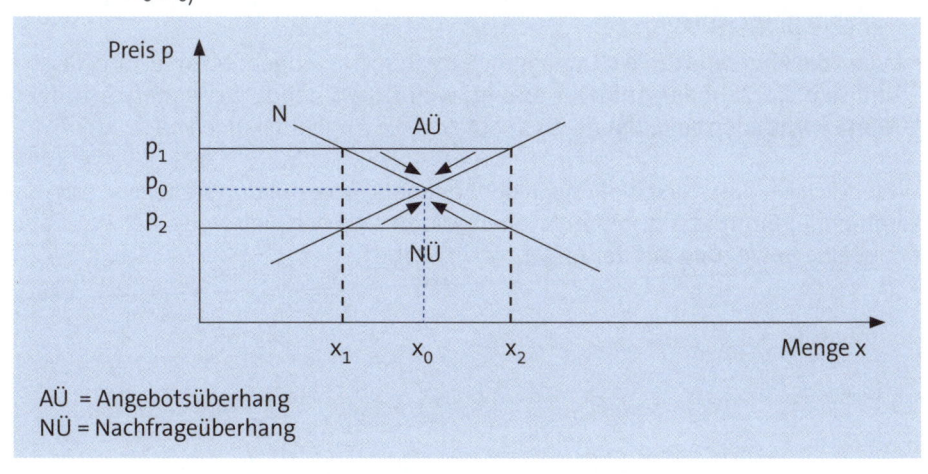

Abb. 30: Angebots- und Nachfrageüberhang

2. **Nachfrage größer als Angebot**
   Bei Preis p_2 ist die nachgefragte Menge größer als die angebotene Menge ($x_2 > x_1$). Wie kommt der Markt ins Gleichgewicht? Da die Nachfrage größer als das Angebot ist (Nachfrageüberhang), steigt der Preis. Bei steigenden Preisen bieten die Unternehmer aufgrund von Gewinnerwartungen mehr Menge an, sodass sich die Angebotsmenge von x_1 nach x_0 bewegt. Durch den steigenden Preis reduziert sich die nachgefragte Menge von x_2 nach x_0. Es wird das Gleichgewicht beim Preis p_0 und der Menge x_0 erreicht.

> **MERKE**
>
> ▸ Bei einem Marktungleichgewicht kann das Angebot größer als die Nachfrage und umgekehrt sein.
>
> ▸ Die Angebots- und Nachfrageüberhänge bewirken Preisreaktionen, auf denen wiederum Mengenreaktionen folgen, bis das Marktgleichgewicht erreicht ist.

3.2.5 Ursachen und Auswirkungen von Änderungen bei Angebot und Nachfrage

3.2.5.1 Angebot

Da der Preis gleich den Grenzkosten in der Gewinnzone ist, stellt die Angebotskurve die Grenzkostenkurve dar (siehe ›› Kapitel 3.2.2). Das Angebot kann durch Veränderungen der Faktorpreise, Produktivitätssteigerungen, Preisvariation anderer Produkte, durch die Zahl der Anbieter sowie durch Kapazitätserweiterungen beeinflusst werden.

▸ Bei einer Kapazitätserweiterung von x_0 auf x_1 (Abb. 31) wird bei gegebenem Preis p_0 mehr Menge angeboten, sodass sich die Angebotskurve von A_0 auf A_1 (Rechtsverschiebung) verschiebt.

▸ Wenn die Angebotskurve A_0 als aggregierte Branchenangebotskurve aufgefasst wird, und sich die Zahl der Anbieter erhöht, weil zunehmende Gewinnerwartungen im Markt vorhanden sind, dann verschiebt sich die Angebotskurve von A_0 auf A_1.

Wesentlich ist, dass Verschiebungen der Angebotskurve nur durch exogene (von außen kommende) Einflussfaktoren entstehen. Wenn sich beispielsweise der Preis ändert, findet eine Bewegung **auf** der Angebotskurve statt.

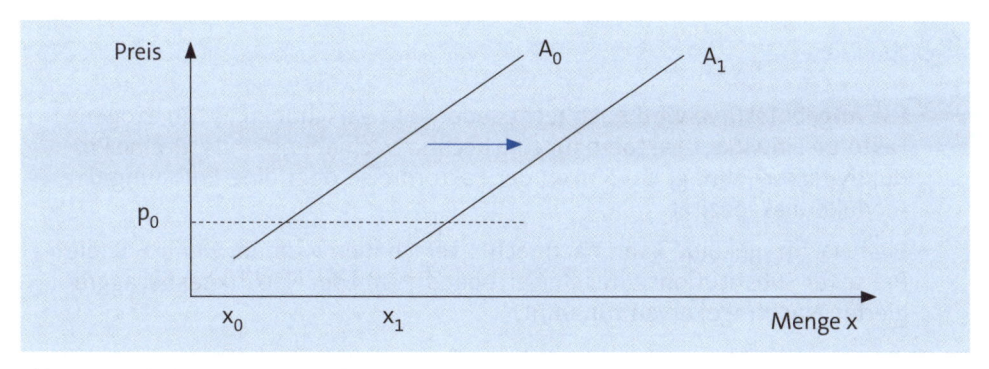

Abb. 31: Verschiebung der Angebotskurve

3.2.5.2 Nachfrage

Welche Faktoren können zu einer Verschiebung der Nachfragekurve führen? Die Nachfrage ist abhängig vom

- Preis eines Gutes
- Preis anderer Güter (Substitutions- und Komplementärgüter)
- Einkommen.

Die Kurvenverschiebung soll am Fall Substitutionsgüter gezeigt werden (Abb. 32). Substitutionsgüter sind Güter, die sich gegenseitig ersetzen und das gleiche Nutzenniveau gewähren. Dazu zählen beispielsweise „Butter und Margarine" oder „Tee und Kaffee".

Ursache: Teepreis steigt, Teenachfrage sinkt
Wirkung: Kaffeenachfrage steigt
Annahme: Preis p_0 für Kaffee bleibt konstant.

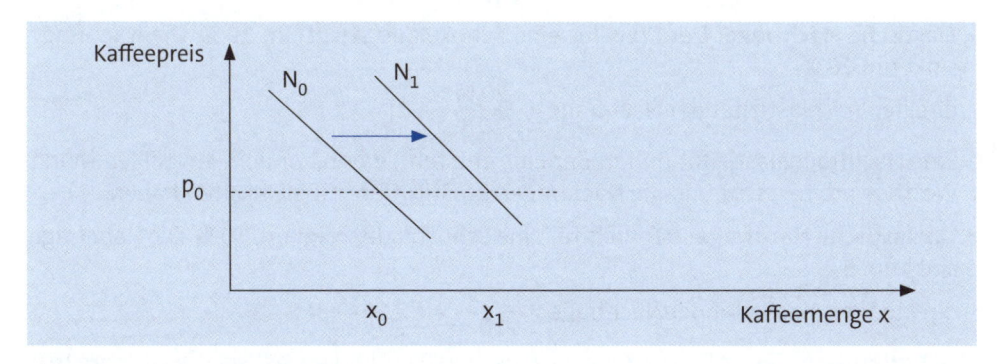

Abb. 32: Verschiebung Nachfragekurve

Bei aggregierten Branchen-Nachfragekurven oder gesamtwirtschaftlichen Nachfragekurven findet eine Rechtsverschiebung auch statt, wenn die Zahl der Nachfrager steigt (z. B. durch Zuwanderung). Wenn sich der Preis eines Gutes verändert, dann findet **nur eine Bewegung auf der Nachfragekurve** statt.

MERKE

- Die Angebotskurve wird nach rechts oder links verschoben, wenn exogene Faktoren einwirken. Faktoren für eine Rechtsverschiebung sind z. B. eine Produktivitätserhöhung, ein Sinken der Faktorpreise oder eine Erhöhung der Produktionskapazität.
- Eine Nachfragekurve kann nach rechts verschoben werden, wenn z. B. die Preise für Substitutionsgüter steigen oder die Zahl der Nachfrager bei aggregierten Nachfragekurven zunimmt.

3.2.6 Elastizitäten (***)

3.2.6.1 Nachfrageelastizität

Die direkte Preiselastizität der Nachfrage (→ **Nachfrageelastizität**) kann vereinfacht wie folgt dargestellt werden.

> direkte Preiselastizität der Nachfrage =
> $$\frac{\text{prozentuale Nachfragemengenänderung (Wirkung)}}{\text{prozentuale Preisänderung (Ursache)}}$$

Es gibt mehrere Fälle, die mit Rechenbeispielen dargelegt werden:

- **1-Elastizität:** Der Preis für eine Schokolade wird um 10 % erhöht. Bei normaler Nachfragereaktion sinkt die nachgefragte Menge um 10 %. Es wird ein Absolutbetrag gesetzt, sodass +1 resultiert.
  direkte Preiselastizität der Nachfrage = $\frac{-10\,\%}{+10\,\%}$ = |-1| = +1

- **Elastische Nachfrage:** Der Preis für eine Schokolade steigt um 10 %. Die Nachfrage sinkt um 20 %.
  direkte Preiselastizität der Nachfrage = $\frac{-20\,\%}{+10\,\%}$ = |-2| = +2 > 1

  Eine Nachfrageelastizität mit größer Eins entsteht, wenn auf dem jeweiligen Markt Wettbewerb herrscht und die Nachfrager Substitutionsmöglichkeiten haben.

- **Unelastische Nachfrage:** Der Preis für eine Schokolade steigt um 10 %. Die Nachfrage sinkt um 5 %.
  direkte Preiselastizität der Nachfrage = $\frac{-5\,\%}{+10\,\%}$ = |-0,5| = + 0,5 < 1

  Das Intervall für diese Elastizität liegt zwischen 0 und 1. Unelastische Nachfrage tritt in Märkten auf, die durch enge Oligopole und Marktmacht gekennzeichnet sind. Die Nachfrager sind abhängig, z. B. bei Benzin, Öl.

- **Vollkommen unelastische Nachfrage** liegt vor, wenn im Zähler Null steht und somit keine Mengenreaktion aufgrund einer Preiserhöhung stattfindet. Die Abhängigkeit vom Gut ist sehr groß, z. B. Medikamente und Schwerkranke.

3.2.6.2 Angebotselastizität

Die direkte Preiselastizität des Angebots (→ *Angebotselastizität*) wird wie folgt gebildet:

$$\text{direkte Preiselastizität des Angebots} = \frac{\text{prozentuale Mengenänderung des Angebots}}{\text{prozentuale Preisänderung}}$$

Es gibt auch hier eine 1-Elastizität, ein elastisches und ein unelastisches Angebot.

Beispiel

Der Marktpreis steigt um 10 %. Die angebotene Menge steigt um 20 %, sodass die Mengenreaktion größer als die Preisreaktion ist. Es liegt ein elastisches Angebot vor.

3.2.6.3 Einkommenselastizität

Die Güter können in superiore und inferiore Güter sowie in Sättigungs- und Nichtsättigungsgüter eingeteilt werden.

- Inferiore Güter stellen Güter mit geringerer Qualität (z. B. Billignudeln) dar. Wenn nun das Einkommen steigt, dann geht die Nachfrage nach inferioren Gütern zurück und die Nachfrage nach superioren (höherwertigen) Gütern steigt (z. B. hochpreisige Qualitätsnudeln).
- Sättigungsgüter sind z. B. Tageszeitungen, weil man i. d. R. nicht mehr als eine benötigt (außer man ist Pressesprecher). Nichtsättigungsgüter sind bei manchen Konsumenten Bücher oder Schuhe. Bei steigendem Einkommen nimmt die Nachfrage z. B. nach Schuhen zu.

$$\text{Einkommenselastizität} = \frac{\text{prozentuale Nachfragemengenänderung}}{\text{prozentuale Einkommenserhöhung}}$$

Beispiel

Ein Konsument kauft aufgrund eines 10 % höheren Einkommens 20 % mehr Schuhe, z. B. für das Lauftraining.

$$\text{Einkommenselastizität} = \frac{+20\,\%}{+10\,\%} = +2 > 0$$

Der Koeffizient ist bei Nichtsättigungsgütern positiv und bei inferioren Gütern negativ.

3.2.6.4 Kreuzpreiselastizität

Bei der → **Kreuzpreiselastizität** liegt die Ursache in der Preiserhöhung eines Gutes (z. B. Tee), während die Wirkung bei einem anderen Gut (z. B. Kaffee) erfolgt.

$$\text{Kreuzpreiselastizität} = \frac{\text{prozentuale Nachfragemengenänderung bei Gut Y}}{\text{prozentuale Preisänderung bei Gut X}}$$

Beispiel

Der Preis für Tee steigt um 10 %. Die nachgefragte Teemenge geht zurück. Da Kaffee ein Substitutionsgut zu Tee ist, nimmt die Kaffeenachfrage um 20 % zu.

$$\text{Kreuzpreiselastizität} = \frac{+20\ \%\ (\text{Kaffee - Nachfragemenge})}{+10\ \%\ (\text{Teepreis})} = 2 > 0$$

Bei Substitutionsgütern ist der Koeffizient im Rahmen der Kreuzpreiselastizität positiv, während er bei komplementären Gütern negativ ist.[1]

MERKE

- Die Elastizität beruht auf einem Ursache-Wirkungs-Zusammenhang.
- Die Nachfrageelastizitäten spiegeln häufig die Marktsituation (z. B. Wettbewerb bei elastischer Nachfrage und Marktmacht der Anbieter bei unelastischer Nachfrage) wider.
- Bei der Einkommenselastizität sollte zwischen inferioren und superioren sowie Sättigungs- und Nichtsättigungsgütern für den Fall einer Einkommenserhöhung unterschieden werden.
- Bei der Kreuzpreiselastizität geht die Preisänderung von Gut X aus, während die Wirkung bei Gut Y erfolgt. Es wird nach Substitutions- und Komplementärgütern unterschieden.

---

[1] Substitutionsgüter ersetzen sich gegenseitig (z. B. Butter und Margarine), während Komplementärgüter sich ergänzen (z. B. Füller und Patrone).

3.2.7 Strategien bei Polypol, Monopol und Oligopol
3.2.7.1 Polypol

Im Polypol gibt es viele Anbieter und viele Nachfrager. Der einzelne Anbieter hat aufgrund der „atomistischen" Konkurrenz nicht die Marktmacht, den Marktpreis zu bestimmen. Der Anbieter im Polypol wird auch als → **„price taker"** oder Mengenanpasser bezeichnet. In einem Markt gibt es viele Anbieter und einen Marktpreis p_0 (Abb. 33). Ein Anbieter kann seinen Umsatz (Preis mal Menge) nur steigern, indem er den Absatz von x_0 auf x_1 erhöht. Somit passt er seine Menge an (Mengenanpasser).

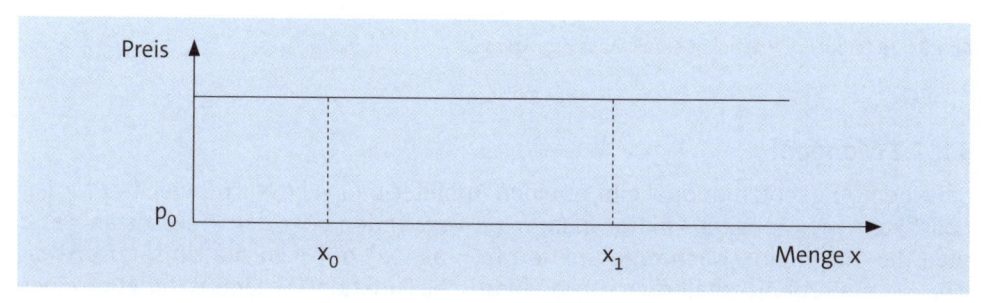

Abb. 33: Mengenanpasser

Durch eine Produktdifferenzierung entsteht ein „unvollkommener Markt" und ein „heterogenes" Polypol. Im homogenen Polypol hat der Anbieter keine Möglichkeit, den Preis zu erhöhen, weil die Nachfrage auf Null sinken würde.

Im heterogenen Polypol gestaltet der Anbieter entsprechend den Präferenzen der Nachfrager den Preis und übt, ähnlich wie ein Monopolist, innerhalb eines bestimmten Preisbereiches („monopolistischer" Bereich) eine Marktmacht aus. Im Preisbereich p_1 bis p_0 (Abb. 34) liegt eine tendenziell unelastische Nachfrage vor, sodass der Anbieter den Preis z. B. von p_0 auf p_1 erhöhen könnte, ohne dass die Nachfrage stark zurückgeht.

Die Kunden des Anbieters mit einer derartigen „doppelt geknickten Preis-Absatz-Funktion" haben eine Präferenz für das Produkt und „gehen gewisse Preissteigerungen" mit. Im „monopolistischen Preisbereich" verliert der Anbieter keine (oder kaum) Kunden an die Konkurrenten (allerdings reduziert sich die Nachfragemenge etwas, wenn der Preis steigt). Außerhalb dieses Preisbereiches (über p_1 und unter p_0) sind die Nachfrageelastizitäten höher, sodass bei einem Preis über p_1 mit deutlichen Nachfragerückgängen und Verlusten von Kunden, die bei der Konkurrenz kaufen, gerechnet werden muss. Unter dem Preis p_0 gewinnt der Anbieter neue Kunden von den Konkurrenten hinzu.

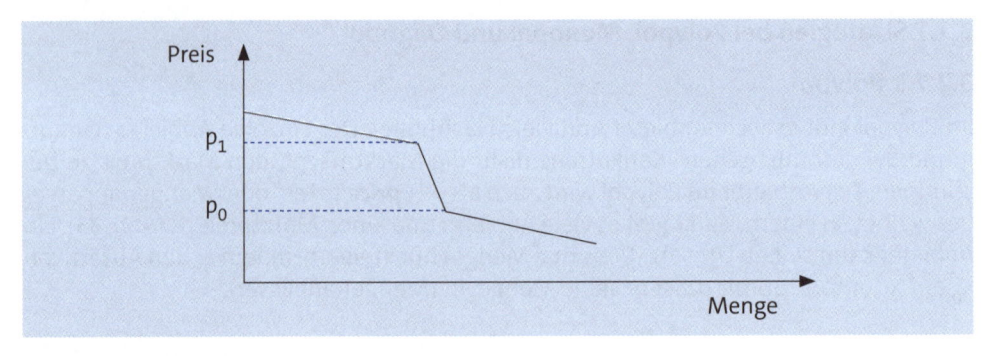

3. Marktformen und Preisbildungen | 3.2 Preisbildung im Polypol

Abb. 34: Heterogenes Polypol mit Preis-Absatzfunktion

3.2.7.2 Monopol

Bei einem Angebotsmonopol gibt es einen Anbieter und viele Nachfrager. Der Monopolist kann die Menge als Aktionsparameter verwenden oder den Preis setzen. Setzt man die allgemeine Nachfragefunktion (p = a - bx) mit p in die Umsatzfunktion (US = p • x) ein, dann erhält man eine quadratische Funktion. Die Umsatzfunktion eines Monopolisten stellt eine Parabel dar (Abb. 35). Aus der Abb. 35 ist ersichtlich, dass der Umsatz des Monopolisten bis zum Maximum ansteigt und dann wieder fällt, wenn er die Angebotsmenge ausdehnt. Es gibt eine Grenze bzw. einen optimalen Punkt beim Monopolisten, der in Abb. 36 erläutert wird.

Die Regel für die gewinnmaximale Menge lautet:

Grenzerlös = Grenzkosten

Der Grenzerlös stellt den zusätzlichen Erlös (Umsatz) bei einer zusätzlichen Mengeneinheit dar. Den Grenzerlös kann man sich als Tangente an die Umsatzfunktion (Abb. 35) vorstellen. Bis zum Maximum (Abb. 35) sind die Grenzerlöse abnehmend, sodass die Grenzerlöskurve in Abb. 36 mit negativer Steigung dargestellt sind. Bei der Menge x_1 erreicht der Monopolist die gewinnmaximale Menge, weil dort der Grenzerlös gleich den Grenzkosten (=Angebotsfunktion) ist. Der Preis p_3 wäre denkbar, weil die Grenzerlöse gleich den Grenzkosten sind. Da der Monopolist die Nachfrager abhängig gemacht hat, kann er einen noch höheren Preis, den Monopolpreis p_1, auf der Nachfragekurve verlangen. Dadurch sind Extraprofite möglich. Der C-Punkt (→ **Cournotscher Punkt**) geht auf den Entdecker *Cournot* (1801 - 1877) zurück.

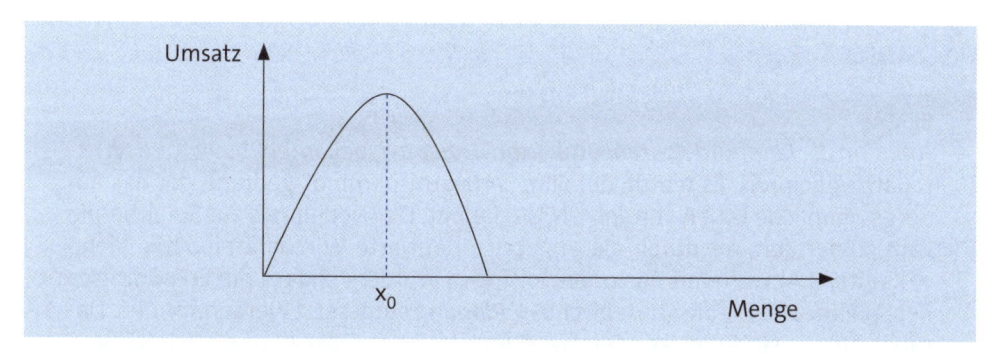

Abb. 35: Umsatzfunktion Monopolist

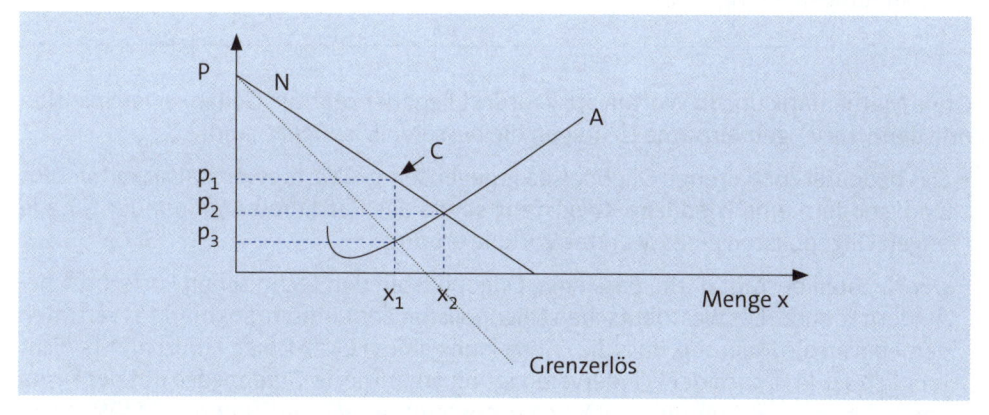

Abb. 36: Monopol und vollkommener Wettbewerb

Aus Abb. 36 ist ersichtlich, dass bei vollkommenem Wettbewerb gegenüber dem Monopol ein geringerer Preis p_2 und eine höhere Menge x_2 auf dem Markt möglich ist. Der Monopolist versucht, Werte zusätzlich abzuschöpfen, weil er die Marktmacht hat. Durch die Liberalisierung der Märkte (z. B. Telekommunikation) kommt Wettbewerb auf und somit sinken die Preise.

3.2.7.3 Oligopol

Bei einem Angebotsoligopol gibt es wenige Anbieter und viele Nachfrager. Man unterscheidet zwischen einem engen (3 - 5 Anbieter) und weiten (mehr als 5 Anbieter) Oligopol.

Enges Oligopol
Beim engen Oligopol sind ähnliche Marktmachtverhältnisse wie beim Monopol gegeben. Die engen Oligopolisten reagieren auf Aktion untereinander. Senkt ein Oligopolist die Preise, ziehen die anderen Oligopolisten mit. Häufig wird das Argument der Preisabsprache vorgebracht. Dies kann nicht vollständig ausgeschlossen werden, jedoch sind Absprachen aufgrund der Reaktionsfunktion und der Interdependenzen (gegenseitigen Abhängigkeiten) nicht notwendig.

> **INFO**

Exkurs
John Nash, Reinhard Selten und *John Harsanyi* bekamen 1994 den Wirtschaftsnobelpreis. Es wurde der Film „A beautiful mind" gedreht, der das außergewöhnliche Leben von *John Nash* darlegt. Der Nobelpreis zur Spieltheorie kam zu der Zeit, als durch die angebotsorientierte Wirtschaftspolitik (siehe ≫ Kapitel 4.4) weltweit Fusionen vollzogen wurden, sodass die Erkenntnisse der Spieltheorie für die strategische → *Planung* eingesetzt werden können. Darüber hinaus sind die „kooperativen Ansätze" der Spieltheorie auch bei Verhandlungen, z. B. Arbeitgeber- und Arbeitnehmerverband oder bei Einkaufsverhandlungen, maßgeblich.

Ohne Mathematik und in Worten ausgedrückt liegt der zentrale Gedanke der Spieltheorie darin, dass „gemeinsame Lösungen die besseren Lösungen" sind.

- Das bedeutet für das enge Oligopol, dass gegenseitige Wettbewerbsattacken sinnlos sind, sondern eine **friedliche Koexistenz** sowie das Reagieren aufeinander für alle engen Oligopolisten eines Marktes Vorteile erbringt.
- Der Nachteil besteht darin, dass enge Oligopolisten den technischen Fortschritt behindern können. Die westdeutschen Oligopolisten des Kühlschrankmarktes vertraten gemeinsam die Meinung, dass die Entwicklung eines FCKW-freien Kühlschranks nicht möglich sei. Erst nach der Wiedervereinigung organisierte Greenpeace mit der Firma Foron (ehemalige Kombinat dkk Scharfenstein) die Verbreitung des FCKW-freien Kühlschranks.

Weites Oligopol
Beim weiten Oligopol kann bei hinreichend großer Nachfragelastizität Wettbewerb entstehen, der häufig auf Innovationsunterschiede basiert. Der weite Oligopolist hat die notwendige Betriebsgröße (im Gegensatz zum polypolistischen Anbieter), um Innovationen zu erzeugen und sich höhere Marktanteile zu verschaffen. Die Innovationsfähigkeit kann Wettbewerbsvorsprünge erzeugen, die zu Veränderungen des Standes der Technik am jeweiligen Markt führen. Durch das weite Oligopol wird eine Voraussetzung für die optimale Wettbewerbsintensität geschaffen (siehe ≫ Kapitel 3.1.2).

Die Mikroökonomie stellt viele, meist stark mathematisch geprägte Modelle bereit, um differenziert die Strategien beim Oligopol zu untersuchen. Nachfolgend sollen grundlegende Aspekte dargelegt werden.[1]

- **Homogenes Oligopol:** Homogenes Produktangebot, keine Präferenzen der Nachfrager, vollständige Markttransparenz.

    Der Preis ist konstant, sodass der Aktionsparameter die Menge ist, was in der Wirtschaftspraxis vorkommen kann, aber nicht der Regelfall ist.

---
[1] Vgl. *Piekenbrock/Hennig*, 2013, S. 235 - 283.

- **Heterogenes Oligopol:** Die Nachfrager haben eine Präferenz für ein bestimmtes Produkt. Je ausgeprägter die Präferenz und die Heterogenität des Produkts ist (auch die Entfernung zwischen den Oligopolisten), desto mehr bildet sich ein „monopolistischer" Bereich (Abb. 34: p_0, p_1).

Der Oligopolist kann mit der Menge, aber auch mit dem Preis als Aktionsparameter agieren. In den elastischen Nachfrageabschnitten (über p_1 und unter p_0) erfolgen Reaktionen der Kunden (über p_1: Nachfrage sinkt stärker als die Preise steigen; unter p_0: Nachfrage nimmt mehr zu als die Preise steigen) und Reaktionen der oligopolistischen Wettbewerber. Die Wettbewerber erhöhen oder senken entsprechend die Preise. Wenn die anderen Oligopolisten auch die Preise erhöhen oder senken, werden manche Kunden wieder zu ihrem ursprünglichen Anbieter zurückkehren. Aufgrund der Reaktionsfunktion und der gegenseitigen Abhängigkeit sind größere Preiserhöhungen oder -senkungen kaum aussichtsreich. Daher herrscht i. d. R. „friedliche Koexistenz".

MERKE

- Im Polypol passt sich der Anbieter dem gegebenen Marktpreis durch die Menge an (Mengenanpasser). Es bildet sich beim unvollkommenen Markt im Rahmen einer „doppelt geknickten Preis-Absatzfunktion" ein monopolistischer Preisbereich.
- Im Monopol wird die gewinnmaximale Menge angestrebt und versucht, den Cournotschen Punkt zu erreichen. Dadurch wird ein Monopolpreis erreicht, der zusätzliche Profite abschöpft.
- Gegenüber dem vollkommenen Wettbewerb ist der Preis des Monopols höher und die Menge geringer.
- Beim engen Oligopol versuchen die Anbieter eine friedliche Koexistenz und gegenseitigen (ruinösen) Wettbewerb zu vermeiden. Beim weiten Oligopol können Innovationen Wettbewerbsvorsprünge erzeugen.
- Beim heterogenen Oligopol, das Präferenzen der Nachfrager berücksichtigt, bildet sich ebenfalls ein monopolistischer Preisbereich, dessen Ausprägung vom Grad der Interdependenzen beeinflusst wird.

3.3 Eingriffe in den Markt

3.3.1 Marktkonforme staatliche Eingriffe

Verschiedene Maßnahmen des Staates haben nur indirekten Einfluss auf den Marktmechanismus und werden als marktkonform betrachtet.

Steuern

Ausgangssituation ist das Marktgleichgewicht (x_0/p_0). Bei gegebener Menge x_0 wird zum Preis p_0 angeboten. Verbrauchssteuern erhöhen die Endverbraucherpreise (p_0 + Steueraufschlag = p_2). Es kommt zu einer Rückverlagerung der Angebotskurve (A_0 nach A_1). Das neue Marktgleichgewicht befindet sich bei (x_1/p_1). Durch die Verbrauchssteuererhöhung steigen die Preise, und es wird weniger Menge verkauft. Die Reaktion der Anbieter und Nachfrager hängt von den Elastizitäten ab.

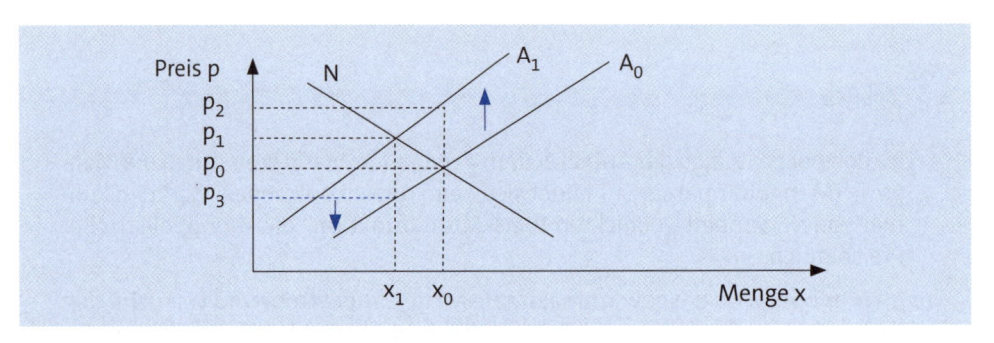

Abb. 37: Wirkung von Steuern und Subventionen auf die Angebotskurve

Subventionen

Die Ausgangslage (Abb. 37) ist beim Marktgleichgewicht (x_1/p_1). Durch eine Subvention kann der Anbieter einen niedrigeren Endverbraucherpreis gestalten, sodass bei gegebener Menge x_1 der Preis von p_1 auf p_3 (p_1 abzüglich Subvention = p_3) fällt. Subventionen führen zu einer Verschiebung der Angebotskurve nach rechts (A_1 nach A_0). Das neue Marktgleichgewicht liegt bei (x_0/p_0). Durch die Subvention sind ein geringerer Marktpreis und eine höhere Marktmenge möglich. Grundsätzlich hängt die Reaktion der Anbieter und Nachfrager von den Elastizitäten ab.

Ob der Staat die Steuer- und Subventionspolitik geringer oder stärker ausprägt, liegt an der Wirtschaftspolitik (angebots- oder nachfrageorientiert, siehe » Kapitel 4.4) und der Konjunktursituation.

MERKE

- Verbrauchssteuern erhöhen und Subventionen senken den Marktpreis.
- Die Reaktion der Anbieter und Nachfrager auf Verbrauchssteuererhöhungen und Subventionen hängt von den Elastizitäten ab.

3.3.2 Marktkonträre staatliche Eingriffe

Der Staat kann in den Markt eingreifen, indem er auf den jeweiligen Märkten Mindest- und Höchstpreise setzt.

Mindestpreis

Es gibt mehrere Beispiele für Mindestpreise: Mindestlohn, Mindestpreise in der Agrarwirtschaft oder am Devisenmarkt (Anbindung Schweizer Franken an den Euro **aus Sicht des Euroraums**).

Der Mindestpreis soll am Beispiel des Arbeitsmarktes und des Mindestlohnes w_1 (Abb. 38) erläutert werden. Der Mindestlohn ist über dem Gleichgewichtslohn w_0, sodass das Arbeitsangebot (Arbeitnehmer) zunimmt und die Nachfrage nach Arbeit (Arbeitgeber) abnimmt. Durch den Mindestlohn entsteht ein Angebotsüberhang ($L_2 - L_1$), der auf dem Arbeitsmarkt der Arbeitslosigkeit entspricht. Wird ein Arbeitsangebot unter dem Mindestlohn nachgefragt, dann bezeichnet man diesen Markt als „grauen" Markt.

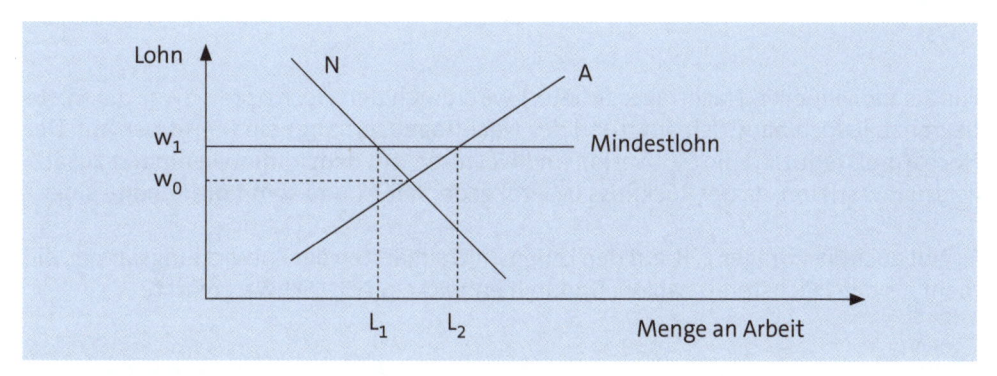

Abb. 38: Mindestlohn

Der Mindestlohn beinhaltet den sozialen Aspekt, die Existenz zu sichern. Andererseits sind Anreize aus Sicht der Unternehmer vorhanden, einfache Tätigkeiten zu rationalisieren.

Höchstpreis

Der Höchstpreis wird in Entwicklungsländern eingesetzt, um die Inflation zu stoppen. Auf dem Immobilienmarkt werden häufig auch Höchstpreise verwendet, um den Anstieg der Mieten zu unterbinden. Der Höchstpreis p_1 liegt **unter** dem Gleichgewichtspreis p_0. Am Beispiel des Immobilienmarktes soll der Höchstpreis in nachfolgender Abb. 39 erläutert werden. Beim Höchstpreis p_1 liegt ein Nachfrageüberhang ($x_2 - x_1$) vor.

Der Höchstpreis soll die Preissteigerung begrenzen. Jedoch wird dadurch das freie Spiel von Angebot und Nachfrage unterbunden. Die Erfahrung mit Höchstpreisen zeigt, dass diese nach gewisser Zeit meist wieder aufgehoben werden. Dann steigen die Preise häufig noch mehr an. Der Nachfrageüberhang könnte durch zusätzliches Angebot (Rechtsverschiebung der Angebotskurve) gesenkt oder aufgehoben werden.

Das bedeutet für den Fall des Immobilienmarktes, dass mehr Wohnungen gebaut werden müssen. Eine andere Möglichkeit bestünde darin, dass die Nachfrage reduziert wird (Linksverschiebung der Nachfragekurve). Das würde bedeuten, dass die Nachfrage nach mehr Wohnfläche pro m² und pro Person sinkt sowie mehr Bescheidenheit bei den Wohnungsnachfragern aufkommt.

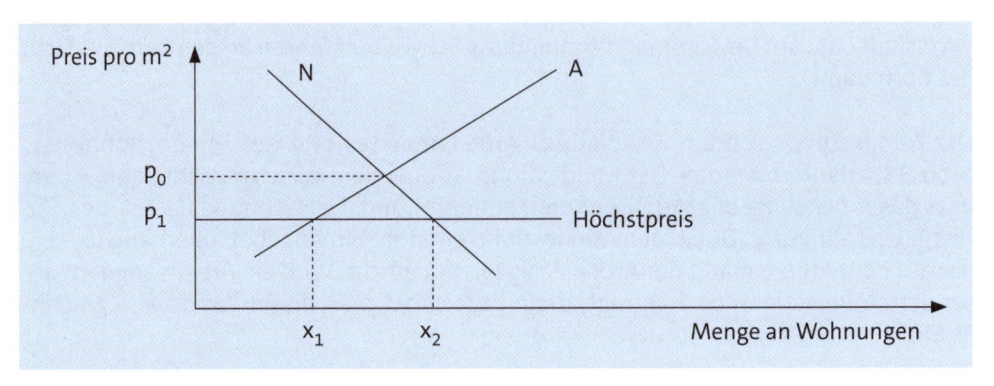

Abb. 39: Höchstpreis

Für die individuellen Nachfrager (Mieter) wird durch den Höchstpreis zwar die Miete begrenzt, jedoch baut sich aufgrund des Nachfrageüberhangs ein Preisdruck auf. Der Höchstpreis reduziert die Motivation für Investoren, auf dem Immobilienmarkt zusätzlich zu investieren, da der Rückfluss (Miete) gedeckelt ist und somit die Rendite sinkt.

Es gibt auch Nachfrager, z. B. auf den Lebensmittelmärkten der Entwicklungsländer, die mehr als den Höchstpreis zahlen. Dadurch entwickeln sich „Schwarzmärkte".

MERKE

- Der Mindestpreis liegt über dem Gleichgewichtspreis. Dadurch entsteht ein Angebotsüberhang.
- Der Höchstpreis liegt unter dem Gleichgewichtspreis. Somit resultiert ein Nachfrageüberhang.

3.3.3 Eingriffe privater Unternehmen durch Kooperation und Konzentration

Unternehmen schließen sich zusammen, um z. B. Einkaufsvorteile, Synergieeffekte bei der Entwicklung oder zusätzliche Marktanteile zu bewirken. Bei einer Kooperation erfolgt der Zusammenschluss unter Wahrung der rechtlichen und wirtschaftlichen Selbstständigkeit, z. B. bei Argen (Arbeitsgemeinschaften im Baugewerbe), Joint-Ventures oder der Bildung von Konsortien (z. B. mehrere Banken finanzieren einen Großflughafen). Kooperationen sind häufig nur auf Projekte oder betriebliche Funktionsbereiche (z. B. Entwicklungsbereich bei Joint Venture) beschränkt. Eine weitere Form der

Kooperation stellt das Kartell dar. Auf internationaler Ebene (z. B. OPEC) werden Kartelle nicht geahndet. In Deutschland und der EU gibt es hierzu gesetzliche Regelungen.

Eine Unternehmenskonzentration kann durch einen Konzern gestaltet sein. Beim Konzern bleibt die rechtliche Selbstständigkeit, aber die wirtschaftliche geht verloren. Bei einer Fusion geht die rechtliche und wirtschaftliche Selbstständigkeit der beteiligten Unternehmen in einer neuen Rechtsform auf.

Grundsätzlich geht es darum, den Wettbewerbsprozess funktionsfähig zu halten. Daher wurde ein rechtlicher Rahmen geschaffen.
- Gesetz gegen Wettbewerbsbeschränkung
- Gesetz gegen den unlauteren Wettbewerb.

Gesetz gegen Wettbewerbsbeschränkung (GWB)
Kartelle werden gebildet, indem vertragliche Vereinbarungen zwischen rechtlich selbstständigen Unternehmen geschlossen werden, um den Wettbewerb zu beschränken. Warum verfahren Unternehmen so?

Ein Grund für die Kartellbildung liegt in dem Ziel, möglichst hohe Werte aus dem Markt abzuschöpfen. Je geringer die Nachfrageelastizität ist, umso abhängiger sind die Nachfrager. Darüber hinaus besteht ein „Nährboden" für Kartelle, wenn wenig Anbieter auf dem Markt sind. Kartelle sind nach § 1 GWB verboten, jedoch gibt es auch Ausnahmen, z. B. Normen- und Typenkartelle. Das Bundeskartellamt ist die „Wettbewerbshüterin" in Deutschland. Der Leser möge die vielen Verstöße gegen die gesetzlichen Regelungen auf der Internetseite des Bundeskartellamtes (www.bundeskartellamt.de) nachlesen.

Nachfolgend werden ausgewählte Aspekte des Wettbewerbsrechts behandelt. Dazu zählt der Missbrauch von Marktmacht. Was versteht man unter Marktmacht? § 18 GWB gibt Auskunft, unter welchen Bedingungen Marktbeherrschung vorliegt. Dabei soll der Missbrauch von Marktmacht durch Behinderung (z. B. Zugang zu eigenen Netzen verweigern, Kampfpreisstrategie; § 19 - 20 GWB) oder Ausbeutung (z. B. Nachfragemacht eines großen Abnehmers wird ausgenutzt durch Preisdruck) vermieden werden.[1]

Am 19.01.2021 ist durch die Veröffentlichung im Bundesgesetzblatt vom 18.01.2021 die 10. Novelle des Gesetzes gegen Wettbewerbsbeschränkung in Kraft getreten. Das Gesetz zur Änderung des Gesetzes ist das „GWB-Digitalisierungsgesetz". Gemäß dem Titel des Gesetzes soll ein *„proaktives und digitales Wettbewerbsrecht 4.0"* geschaffen werden.[2]

---

[1] Vgl. *Bundeskartellamt*, 2011, S. 30 f., http://www.bundeskartellamt.de.
[2] *Bundeskartellamt*, Novelle des Gesetzes gegen Wettbewerbsbeschränkungen, 2021, http://www.bundeskartellamt.de; *Norton Rose Fulbright*, Weitreichende Änderungen im deutschen Kartellrecht – 10. GWB-Novelle verabschiedet, 2021, https://www.nortonrosefulbright.com.

Der Anlass für derartige Gesetzesaktivitäten liegt in der Dynamik der Digitalwirtschaft sowie im schnellen Wachstum der Plattformen. Das Bundeskartellamt kann durch diese Novelle bestimmte Verhaltensweisen der Big-Tech-Unternehmen bereits früh untersagen. Somit kann die Marktmacht großer Plattformen beschränkt werden.

Nachfolgend werden wesentliche Änderungen aufgezeigt:

- Eine bedeutende Änderung durch die 10. GWB-Novelle ist der neue § 19a. Das Bundeskartellamt kann frühzeitig gegen große Digitalkonzerne bei Wettbewerbsgefährdungen agieren, indem Verhaltensweisen vorbeugend untersagt werden (z. B. bei Selbstbevorzugung von konzerneigenen Diensten, Behinderung des Marktzutritts von Dritten). Entscheidend ist nicht die „klassische Marktmacht", sondern die „überragende marktübergreifende Bedeutung für den Wettbewerb", den das Bundeskartellamt anhand eines Kriterienkatalogs ermittelt.
- Entscheidungen des Bundeskartellamtes im Rahmen des neuen § 19a werden direkt vom Bundesgerichtshof geprüft.
- Grundsätzlich wurde durch die 10. GWB-Novelle für die Marktmachtanalyse die „Intermediationsmacht" als Kriterium eingeführt, um die Marktmacht der Plattformen hinsichtlich deren Vermittlung zu erfassen (§ 18 Abs. 3b, § 20 Abs. 1 GWB).
- Das Kriterium „Zugang zu wettbewerbsrelevanten Daten" sowie das Verbot der Zugangsverweigerung (z. B. Daten, Netze) marktbeherrschender Digitalunternehmen wurden in das GWB integriert (§ 18 Abs. 3; § 19 Abs. 2 Nr. 4), um Missbrauch einer marktbeherrschenden Stellung zu vermeiden.
- Um das „Tipping" (Kippen) von Märkten zu Monopol- oder stark konzentrierten Märkten frühzeitig zu verhindern, wurde mit § 20 Abs. 3a GWB eine neue Möglichkeit für das Bundeskartellamt geschaffen. Hinweise für ein „Tipping" sind z. B. Verbot oder Behinderung des Plattformwechsels.
- Für die Fusionskontrolle wurden die Schwellenwerte angehoben.
- Mit § 39a GWB kann das Bundeskartellamt Unternehmen unter bestimmten Voraussetzungen verpflichten, jeden Zusammenschluss mit anderen Unternehmen anzumelden. Ein Kriterium ist, dass der Zusammenschluss den inländischen Wettbewerb in einem bestimmten Wirtschaftszweig behindert.
- Zudem sind im Rahmen der Kartellverfolgung Unternehmen und Mitarbeiter verpflichtet, an der Aufklärung des Sachverhalts mitzuwirken. Das Kronzeugenprogramm wurde gesetzlich verankert.

Unternehmenszusammenschlüsse können horizontal (z. B. zwei Automobilhersteller), vertikal (z. B. Bauunternehmen kauft Zementwerk) oder durch ein Konglomerat (z. B. Backpulverhersteller und Reederei) erfolgen. Bei einer Fusion geben die am Zusammenschluss beteiligten Unternehmen die rechtliche Selbstständigkeit auf (während beim Konzern die rechtliche Selbstständigkeit erhalten bleibt). Das Bundeskartellamt prüft im siebten Abschnitt des GWB die Voraussetzungen, ob eine Fusion möglich ist.

§ 42 GWB ermöglicht dem Bundesminister für Wirtschaft und Energie, eine „Ministererlaubnis" zu erteilen, wenn das Bundeskartellamt den Zusammenschluss von Unternehmen untersagt, sich jedoch ein volkswirtschaftlicher Vorteil durch den Zusammenschluss ergibt.

Aufgrund der internationalen Aktivitäten der Unternehmen arbeiten die nationalen Wettbewerbsbehörden und die Europäische Kommission im Rahmen des European Competition Network (ECN) zusammen.

Gesetz gegen den unlauteren Wettbewerb (UWG)
Der Zweck des Gesetzes (§ 1 UWG) besteht darin, die Mitbewerber und Verbraucher vor unlauteren geschäftlichen Handlungen zu schützen. Unlauter handelt z. B., wer gemäß § 4 Nr. 2 UWG Tatsachen behauptet oder verbreitet, die den Betrieb des Mitbewerbers schädigen. In § 3 Abs. 3 UWG werden unzulässige geschäftliche Handlungen gegenüber Verbrauchern mit Verweis auf den Anhang des Gesetzes dokumentiert. Darunter fallen z. B. gemäß Anhang Nr. 2 die Verwendung von Qualitätskennzeichen ohne die erforderliche Genehmigung oder nach Nr. 25, dass der Eindruck erweckt werde, der Verbraucher könne die Räumlichkeiten nicht ohne vorherigen Vertragsabschluss verlassen.

MERKE

- Bei Kooperationen bleibt die rechtliche und wirtschaftliche Selbstständigkeit der Unternehmen erhalten. Bei einem Konzern geht die wirtschaftliche Selbstständigkeit verloren, während bei einer Fusion die rechtliche und wirtschaftliche Selbstständigkeit in eine neue Rechtsform übergeht.
- Das Gesetz gegen Wettbewerbsbeschränkungen hat die Aufgabe, den Wettbewerb zu fördern. Kartelle sind verboten, wobei es Ausnahmen gibt. Behinderungs- und Ausbeutungsmissbrauch soll verhindert werden.
- Fusionen werden vom Bundeskartellamt geprüft und können nach Ablehnung durch den Bundesminister für Wirtschaft und Energie durch die „Ministererlaubnis" genehmigt werden.
- Das Gesetz gegen den unlauteren Wettbewerb schützt Mitbewerber und Verbraucher.
- Das Bundeskartellamt, andere nationale europäische Wettbewerbsbehörden und die Europäische Kommission arbeiten eng zusammen.

4. Berücksichtigen der Konjunktur- und Wirtschaftspolitik
4.1 Konjunktur und Wachstum
4.1.1 Grundlegendes

Wirtschaftsschwankungen können durch folgende Einflüsse entstehen:

- exogene Schocks (z. B. Ölkrise, Erdbeben, Kriege etc.)
- Saisonschwankungen (z. B. Tourismus, Baubranche etc.

Schwankungen der Wirtschaft können sich auch in längeren und mittelfristigen Zyklen vollziehen. Der russische Wirtschaftswissenschaftler *Kondratieff* (1892 - 1938) beobachtete „lange Wellen", die sich über 50 - 60 Jahren hinwegziehen. Der erste Kondratieff-Zyklus begann mit der Erfindung der Dampfmaschine, dann kamen die Eisenbahn (2. Kondratieff-Zyklus) und die Elektrotechnik (3. Zyklus). Ab 1950 entwickelte sich als 4. Kondratieff-Zyklus die Automobilindustrie und ab den 1990er-Jahren die Informationstechnologie (5. Kondratieff).

Die Kondratieff-Zyklen werden durch Technologiesprünge verursacht. Der Nationalökonom *Schumpeter* sah in der „schöpferischen Zerstörung" alter Zustände durch Innovationen die Voraussetzung für die Weiterentwicklung einer Volkswirtschaft.

Die mittelfristigen Zyklen bewegen sich in 5 - 7 Jahreswellen. Bereits durch die Bibel wurden die „sieben fetten und sieben mageren Jahre" bekannt. Diese mittelfristigen Wirtschaftsschwankungen („Auf und ab") werden als Konjunktur bezeichnet.

Das Wirtschaftswachstum wird durch die Veränderung des realen Bruttoinlandsprodukts gegenüber dem Vorjahr gemessen.

MERKE

- Wirtschaftsschwankungen können in „lange Wellen" (*Kondratieff*) und mittelfristige Wellen (Konjunktur) eingeteilt werden.
- Wirtschaftsschwankungen können saisonal auftreten oder durch „exogene Schocks" verursacht sein.
- Das Wirtschaftswachstum wird durch die Veränderung des realen Bruttoinlandsprodukts gegenüber dem Vorjahr aufzeigt.

4.1.2 Konjunkturphasen – theoretisches Konjunkturbild

Der idealtypische Konjunkturzyklus wird in Abb. 40 dargestellt. Die einzelnen klassischen Konjunkturphasen sind der Aufschwung, der Boom (Hochkonjunktur), der Abschwung und die Depression.

Phase I: Aufschwung

$$Y = C + I + G + X - M$$

Eine oder mehrere Komponenten der gesamtwirtschaftlichen Nachfrage (rechte Seite der Verwendungsgleichung des Bruttoinlandsprodukts) erhöhen sich (z. B. Konsum oder Exporte). Die Preise können steigen. Die Kapazitäten in der Volkswirtschaft werden zunehmend ausgelastet. Die Unternehmen stellen Arbeitskräfte ein, wenn die Erwartung gegeben ist, dass der Aufschwung nachhaltig ist.

Phase II: Boom
Die Wachstumsrate des realen Bruttoinlandsprodukts steigt an, weil die Nachfrage mehr zunimmt als das Angebot. Die Kapazitäten sind im Boom voll ausgelastet. Die Löhne steigen und häufig auch die Gehälter. Es kann sich eine Lohn-Preis-Spirale entwickeln, sodass die Inflationsrate zunimmt. Die Arbeitslosenquote ist niedrig. In manchen Branchen können Engpässe bei den Fachkräften und Lieferzeiten auftreten.

Phase III: Abschwung
Ein typisches Merkmal des Übergangs „Boom zum Abschwung" besteht in der Kurzarbeit. Die Unternehmen kündigen den Arbeitskräften noch nicht, weil möglicherweise der Abwärtstrend nicht sicher ist. Erst wenn das Wachstum des realen Bruttoinlandsprodukts z. B. zwei oder drei Quartale nacheinander eine negative Wachstumsrate ausweist, spricht man von Abschwung oder → **Rezession**. Zur Definition von Rezession gibt es je nach Institution verschiedene Auslegungen. Die Preise bleiben meist in der Abschwungphase noch eine Zeit lang hoch (Trägheitseffekt aus der Boomphase). Die Arbeitslosigkeit steigt mit zunehmender Rezession. Die Kapazitätsauslastungen der Unternehmen sinken.

Phase IV: Depression
Wenn sich die Abschwungsphase fortsetzt und die Preise nicht nur stagnieren, sondern sinken, dann entsteht eine Deflation. Die Nachfrager kaufen nicht mehr, weil sie erwarten, dass „morgen" die Preise noch mehr fallen. Dadurch reduziert sich das Wachstum des realen Bruttoinlandsprodukts zusätzlich. Die Auslastung der Unternehmen sinkt. Die Arbeitslosigkeit steigt stark an.

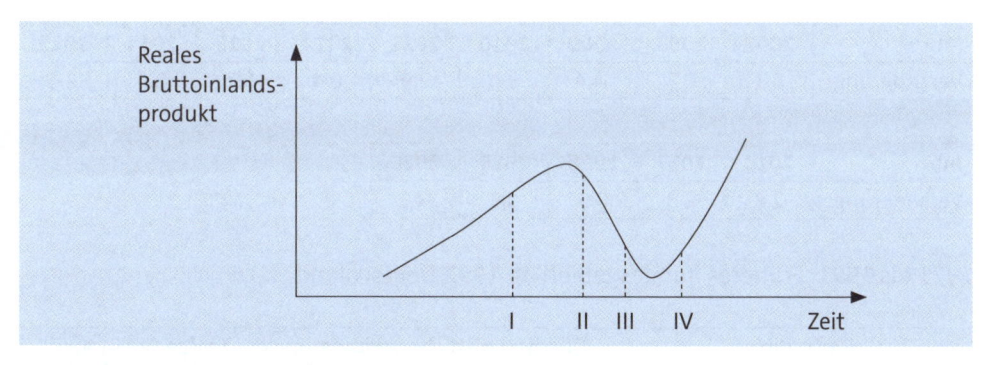

Abb. 40: Idealtypischer Konjunkturzyklus

MERKE

Den idealtypischen Konjunkturverlauf kann man in die vier Phasen Aufschwung, Hochkonjunktur (Boom), Abschwung (Rezession) und Depression einteilen.

4.1.3 Wachstumszyklen – seit 1970

Konjunkturschwankungen können mit dem „klassischen Zyklus" erfasst werden. Dieser beinhaltet die Verwendung der Veränderungen des realen Bruttoinlandsprodukts zum Vorjahr. Ein positives Vorzeichen bedeutet, dass ein Wachstum vorliegt, und ein negatives Vorzeichen zeigt auf einen Abschwung hin. Nachfolgende Zeitreihe stellt die **Veränderungen des realen Bruttoinlandsprodukts** dar.[1]

Jahr	1971	1972	1973	1974	1975	1976	1977	1978	1979
Veränderung	3,7	4,4	4,3	-0,3	-0,3	4,5	3,3	3,9	3,2

Jahr	1980	1981	1982	1983	1984	1985	1986	1987	1988
Veränderung	-0,2	-1,0	-0,0	1,9	2,3	2,4	5,4	2,3	3,6

Jahr	1989	1990	1991	1992	1993	1994	1995	1996	1997
Veränderung	3,1	5,5	4,5	2,7	-0,6	2,6	1,9	0,7	1,4

Jahr	1998	1999	2000	2001	2002	2003	2004	2005	2006
Veränderung	2,5	2,1	1,7	1,7	0,3	-0,2	1,2	0,2	3,2

---

[1] Vgl. *Statistisches Bundesamt*, Fachserie 18, Reihe 1.5, 2020, S. 28.

Jahr	2007	2008	2009	2010	2011	2012	2013	2014	2015
Veränderung	3,1	0,3	-4,4	3,4	2,9	0,4	0,7	2,6	2,4

Jahr	2016	2017	2018	2019	2020
Veränderung	2,8	2,3	0,9	0,9	-4,2

1971 bis 1991: Früheres Bundesgebiet; ab 1992 Deutschland

Zeitraum	Durchschnittliche Veränderung des realen BIP in %[1]
1970/1980	2,6
1980/1991	2,7
1991/2000	1,6
2000/2010	0,8
2010/2020	1,1

Die Wachstumsraten des realen Bruttoinlandsprodukts sind in den Zeiträumen 1970 bis 1991 deutlich höher als von 1991 bis 2020. Im Zeitraum 1970 bis 2016 gab es mehrere Abschwünge, die gemäß der Definition des **„klassischen Zyklus"** am negativen Vorzeichen zu erkennen sind: 1974 bis 1975, 1980 bis 1982, 1993, 2003, 2009. Im Jahr 2009 fand ein deutlicher Rückgang des Bruttoinlandsprodukts mit -4,4 % durch die Finanzkrise statt. Ein ähnlich starker Rückgang (-4,2 %) des realen Bruttoinlandsprodukts fand aufgrund der Corona-Pandemie im Jahr 2020 statt.

Wachstumszyklen zeigen die Konjunkturschwankungen auf, indem die Wachstumsrate des realen Bruttoinlandsprodukts mit der Wachstumsrate des Produktionspotenzials ins Verhältnis gesetzt wird. Dadurch wird der Auslastungsgrad des gesamtwirtschaftlichen → **Produktionspotenzials** ausgedrückt. Das Produktionspotenzial ist eine Größe, die durch Schätzungen und Modelle erzeugt wird (siehe auch >> Kapitel 4.2.1). Bei einer Aufschwungphase liegen die Wachstumsraten des realen Bruttoinlandsprodukts über der Wachstumsrate des Produktionspotenzials, während es bei einer Abschwungphase umgekehrt ist.

Die Wendepunkte zwischen dem Ansatz „klassischer Zyklus" und „Wachstumszyklus" unterscheiden sich. Der Wendepunkt einer Konjunkturschwingung beim klassischen Zyklus ist vorhanden, wenn die Veränderungsrate des realen Bruttoinlandsprodukts Null ist. Beim Wachstumszyklus liegt ein Wendepunkt vor, wenn die Veränderungsrate des realen Bruttoinlandsprodukts der Wachstumsrate des Produktionspotenzials entspricht. Der Ifo-Geschäftsklima-Index (siehe >> Kapitel 4.1.4) stellt einen guten Frühindikator dar, um die Wendepunkte bei Konjunkturschwankungen vorherzusagen.[2]

---

[1] Vgl. *Statistisches Bundesamt*, Fachserie 18, Reihe 1.5, 2020, S. 28.
[2] Vgl. *Abberger/Nierhaus*, 3/2007, S. 26 - 29, https://www.cesifo-group.de.

MERKE

- Der „klassische Zyklus" bildet Konjunkturschwankungen aufgrund der Veränderung des realen Bruttoinlandsprodukts ab.
- Der Wachstumszyklus zeigt die Veränderung des Auslastungsgrades auf.
- In den Jahrzehnten von 1970 - 1991 waren die Wachstumsraten des realen Bruttoinlandsprodukts höher als in den nachfolgenden zwei Jahrzehnten.

4.1.4 Konjunkturindikatoren

Es gibt verschiedene Konjunkturindikatoren, die sich nach Früh- und Spätindikatoren oder aktuelle Indikatoren einteilen lassen.

Frühindikatoren	Geschäftsklimaindex des Ifo-Institutes, Auftragseingänge, Rohstoffpreise
Aktuelle Indikatoren	Kurzarbeit, Zinssätze, Sparquote
Spätindikatoren	Arbeitslosenquote, Preissteigerungsrate, Bruttoinlandsprodukt

Frühindikatoren sollten frühzeitig die Wendepunkte der wirtschaftlichen Entwicklung aufzeigen. Ein wichtiger Frühindikator ist der Geschäftsklima-Index des Ifo-Institutes. Circa 7.000 Unternehmen aus verschiedenen Branchen werden monatlich zur Geschäftslage sowie zur Geschäftserwartung der nächsten sechs Monate befragt. Der Mittelwert aus den beiden Komponenten „Geschäftslage" und „Geschäftserwartung" ergibt das Geschäftsklima. Der Ifo-Geschäftsklima-Index hat eine gute Prognosefähigkeit. Analytiker können die Vorhersagegenauigkeit des Geschäftsklima-Index mit dem Spätindikator Bruttoinlandsprodukt abgleichen.[1] Somit kann die Verlässlichkeit des Geschäftsklima-Index festgestellt werden.

MERKE

- Es gibt Früh- und Spätindikatoren sowie aktuelle Indikatoren für die Konjunktur.
- Der Ifo-Geschäftsklima-Index ist ein bekannter Frühindikator für die wirtschaftliche Entwicklung.

---

[1] Vgl. *Abberger/Nierhaus*, 3/2007, S. 26 - 29, https://www.cesifo-group.de.

4.1.5 Multiplikator, Akzelerator und weitere Konjunkturtheorien (***)

4.1.5.1 Multiplikator

Der → **Multiplikator** stellt einen Versuch im Rahmen der Konjunkturtheorie dar, die Schwankungen zu erklären. Der Multiplikator kann der mechanischen Konjunkturtheorie zugeordnet werden. Warum spielt die Mechanik eine Rolle? Wenn man sich ein Pendel vorstellt, dann erfolgt eine Schwingung durch einen einmaligen (Kraft)-Impuls beim Pendel. Dieser Gedanke wird auf die Konjunkturtheorie übertragen, indem z. B. der erste Impuls durch zusätzliche Staatsausgaben G erfolgt. Den Multiplikatoreffekt kann man anhand eines kleinen Modells verdeutlichen.

Annahmen: Y = C + G (es gibt keine Investitionen I und keinen Außenbeitrag X - M), Sparquote = 10 %

In einer Volkswirtschaft wird eine zusätzliche Staatsausgabe ΔG getätigt, z. B. 100 Einheiten. Der Staatsausgabenmultiplikator beträgt $\frac{1}{s}$, wobei s die Sparquote ist. Durch die zusätzlichen Staatsausgaben ΔG wird ein zusätzliches Bruttoinlandsprodukt ΔY erzeugt.[1]

$$\Delta Y = \frac{1}{s} \Delta G$$

$$\Delta Y = \frac{1}{0,1} \cdot 100 = 1.000$$

Durch eine zusätzliche Staatsausgabe in Höhe von 100 Einheiten wird bei einer Sparquote von 10 % ein zusätzliches Bruttoinlandsprodukt von 1.000 Einheiten generiert. Wie ist das möglich?

Der Impuls geht von einer Staatsausgabenerhöhung ΔG (G_0 auf G_1) aus. Das Bruttoinlandsprodukt Y_1 erhöht sich durch die Staatsausgabenerhöhung auf Y_2 (Abb. 41), weil z. B. bei Bauaufträgen des Staates die Bauunternehmen ihren Beschäftigten Löhne bezahlen (Einkommen durch Produktion, siehe » Kapitel 2.2.2). Der Bauarbeiter kann das Einkommen ausgeben oder sparen: Y_v = C + S. Wenn der Bauarbeiter konsumiert, z. B. beim Uhrenhändler, erzielt dieser wiederum Einkommen. Wenn der Uhrenhändler zum Bekleidungsgeschäft geht und sich dort eine Jacke kauft, dann wird auch wieder Einkommen erzeugt. Es entsteht ein Multiplikatoreffekt. Zusätzliches Einkommen entsteht durch den **ersten** Impuls der zusätzlichen Staatsausgaben. Der zusätzliche Konsum ΔC_1 ist in der nächsten „Runde" kleiner (ΔC_2), weil die privaten Haushalte auch sparen. Das Sparen ist der „Reibungsverlust" im Multiplikatoreffekt (wie beim Pendel der Luftwiderstand), sodass nach n Runden das neue Gleichgewicht bei Y_n erreicht wird. Das Pendel ruht im neuen Gleichgewicht.

---

[1] Vgl. *Mankiw*, 2003, S. 308 f.

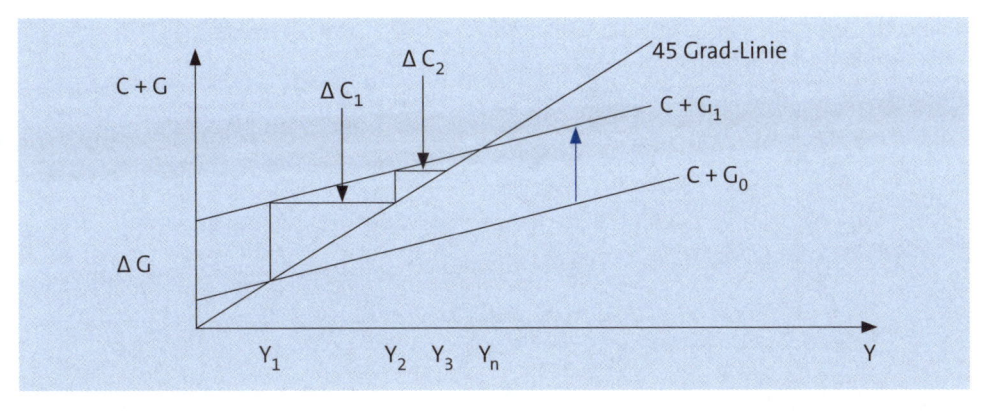

Abb. 41: Multiplikator

Der Multiplikatoreffekt wird von den angebotsorientierten Wirtschaftspolitikern (siehe >> Kapitel 4.4) kritisch als „Strohfeuer" betrachtet. Das bedeutet, dass die Wirkung des Multiplikatoreffekts bezweifelt wird. Der Multiplikator sollte über längere Zeiträume betrachtet werden (z. B. 20 - 30 Jahre). In mittelgroßen Städten führten staatliche Ausgaben für Universitäten und Fachhochschulen zu steigenden Einkommen (z. B. Regensburg).

Zum Multiplikatoreffekt tragen nicht nur Staatsausgaben, sondern auch private Investitionen bei (z. B. Bau einer Automobilfabrik). Durch den Multiplikatoreffekt erfolgt ein Wachstum des Bruttoinlandsprodukts (Aufschwung). Wenn keine zusätzlichen Staatsausgaben oder Investitionen erfolgen, dann könnte die Wirtschaft stagnieren oder sich das Wachstum reduzieren. Daher setzten Wirtschaftspolitiker in den letzten Jahrzehnten zusätzliche Staatsausgaben ein, um die Wirtschaft zu impulsieren, jedoch stieg damit auch die Staatsverschuldung an.

4.1.5.2 Akzelerator

Beim Multiplikator spielt die Zeit keine Rolle. Beim → **Akzelerator** (to accelerate = beschleunigen) wird die Geschwindigkeit der Zunahme von Nettoinvestitionen dargestellt. Der Kapitalstock K einer Volkswirtschaft besteht aus der Summe der Nettoinvestitionen über die Zeit. Der Kapitalstock K_0 erhöht sich auf K_1, wenn im Zeitraum t_0 bis t_1 Nettoinvestitionen I getätigt werden. Die Veränderung des Kapitalstocks dK zeigt sich durch das Produkt I · dt, wobei dt die Zeitveränderung darstellt (dK = I · dt).

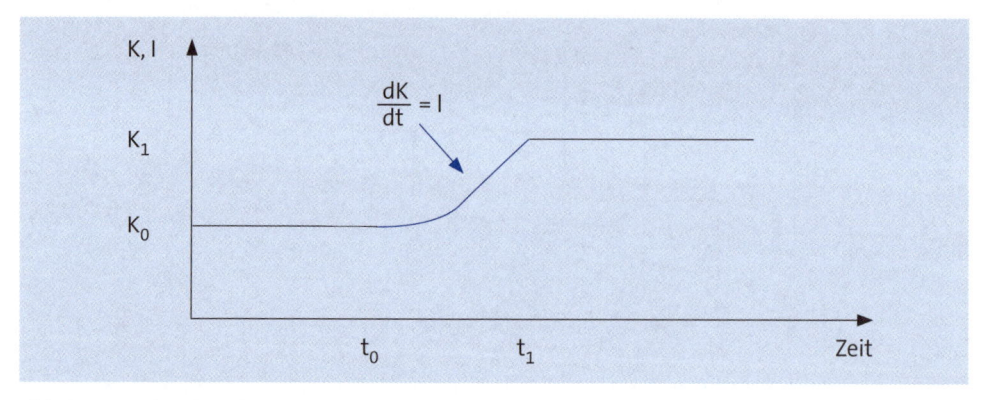

Abb. 42: Kapitalstock und Nettoinvestition

Investitionen hängen z. B. von der Konsumnachfrage ab. Ein Unternehmen legt keine Lagerbestände an, wenn kein Absatz erwartet wird. Wenn die Konsumnachfrage zunimmt (z. B. durch erhöhtes Einkommen aufgrund eines Multiplikatoreffektes), dann erhöhen sich die Investitionen (Aufschwung). Es entsteht Einkommen, das wieder zu Konsum und Investitionen führt, jedoch steigen die Investitionen nicht mehr so stark an (abnehmende Wachstumsrate der Investitionen) wie in der „ersten Runde", weil Nachfragesättigungen erwartet werden. Der Aufschwungphase kann ein Abschwung folgen, wenn die zusätzlichen Investitionen und somit auch die Multiplikatoreffekte ausbleiben. Somit kann das Akzeleratorprinzip für die Konjunkturschwankungen als Erklärung verwendet werden. Da die Geschwindigkeit der Investitionen in der statistischen Praxis schwer messbar ist, wird als Größe zur „Messung" des Akzelerators der Kapitalkoeffizient k (Kapitalstock dividiert durch Volkseinkommen) verwendet. Es gilt:

$$I = k \Delta y$$

4.1.5.3 Weitere Konjunkturtheorien

Theorie des Unterkonsums

Es wird davon ausgegangen, dass die privaten Haushalte über zu geringe Kaufkraft verfügen. Ein Grund kann eine hohe Inflationsrate sein, weil in einer Boomphase die Preise stärker angestiegen sind als die Löhne. Da die privaten Haushalte durch die geringe Kaufkraft weniger Güter nachfragen, wird ein Abschwung eingeleitet. Ein weiterer Grund könnte ein erhöhtes Sparen sein, weil die privaten Haushalte, z. B. aus Angst vor Arbeitslosigkeit, den Konsum einschränken. Somit kann der Übergang eines Booms in einen Abschwung erklärt werden.

Theorie der Überinvestition

Im Rahmen eines Aufschwungs (Beispiel: Deutsche Einheit 1991) wurden hohe Investitionen getätigt. Da die Konsumnachfrage überschätzt wurde, ging die Kapazitätsauslastung zurück. In den Folgejahren wurden kaum mehr Investitionen realisiert, sodass die gesamtwirtschaftliche Nachfrage zurückging und die deutsche Wirtschaft in den Folgejahren 1993 - 1994 in eine Rezession kam.

Psychologische Aspekte

Wenn die Akteure einer Volkswirtschaft positive Erwartungen für die Zukunft haben, dann werden Investitionen getätigt. Die ausgelösten Akzelerator- und Multiplikatoreffekte können das Wirtschaftswachstum stimulieren. Die positiven Erwartungen können sich z. B. auch an demografischen Faktoren ausrichten. Volkswirtschaften mit tendenziell jüngerer Bevölkerung sind geneigter zu investieren, da für die Familien Häuser, Infrastruktur (Schulen, Schwimmbäder) sowie Konsumgüter produziert werden müssen. In schrumpfenden Gesellschaften werden weniger Schulen und Schwimmbäder sowie auch Konsumgüter benötigt. Daher sind in schrumpfenden Gesellschaften keine ausgeprägten Wachstumsraten zu erwarten, weil die Stimmung tendenziell negativer ausgerichtet ist.

MERKE

- Der Multiplikatoreffekt entsteht dadurch, dass durch einen Impuls (→ *Investition*, Staatsausgabe) zusätzliches Einkommen generiert wird, das wiederum in zusätzlichen Konsum und in Einkommenszuwächse (Aufschwung) mündet. Nach einem Impuls wird ein neues, aber höheres Gleichgewichtseinkommen erreicht. Wenn kein Impuls mehr erzeugt wird, kann es zu Stagnation oder zu einem Abschwung kommen.

- Der Akzelerator zeigt die Beschleunigung der Nettoinvestitionen. Zusätzliche Investitionen erhöhen den Kapitalstock und das Einkommen (Aufschwung), das wiederum den Konsum und die Investitionen erhöht, jedoch steigen die Investitionen in der „zweiten Runde" in abnehmendem Maße. Die geringere Investitionsneigung kann den Abschwung einleiten.

- Multiplikator und Akzelerator können Konjunkturschwankungen teilweise erklären. Weitere Erklärungsansätze liegen in der mangelnden Kaufkraft, die einen Abschwung einleiten kann. Ein anderer Ansatz geht von zu vielen Investitionen in der Vorperiode aus, sodass in den Folgeperioden zu wenig investiert wird und daher eine Rezession vorhanden ist.

- Ein wesentlicher Aspekt sind psychologische Ansätze, welche die Stimmung und die Zukunftserwartungen abbilden. Generell sind mehrere Ansätze zur Erklärung einer Konjunkturschwingung beteiligt.

4.2 Wirtschaftspolitische Ziele

4.2.1 Magisches Viereck

Die zentralen Akteure der Konjunktur- und Wirtschaftspolitik (EZB, Staat, Tarifparteien) sollten im Rahmen des Stabilitätsgesetzes von 1967 (genau: Gesetz zur Förderung der Stabilität und des Wachstums der Wirtschaft) so harmonieren, dass die Ziele des „magischen Vierecks" erfüllt sind. Der Begriff „magisch" soll bedeuten, dass sich nicht alle Ziele ergänzen, sondern konkurrierend zueinander sein können.

Ziele des magischen Vierecks:

- **Hoher Beschäftigungsstand**
  Eine geringe Arbeitslosenquote ist ein Ziel in jeder Volkswirtschaft, da neben Mindereinnahmen (Steuern, geringere Sozialversicherungsbeiträge) auch ein Nachfragerückgang sowie die individuellen Folgen für die Arbeitslosen betrachtet werden müssen.

  Das Erwerbspersonenpotenzial E^* ist das Ergebnis eines mathematischen Modells. Es zeigt die maximale Zahl an Erwerbspersonen, die in einer Volkswirtschaft eingesetzt werden können. Es gilt: $E^* = AL + E$, wobei AL für Arbeitslose und E für Erwerbstätige (abhängig Beschäftigte, Selbstständige) steht. Die Arbeitslosen AL bestehen aus zwei Komponenten:

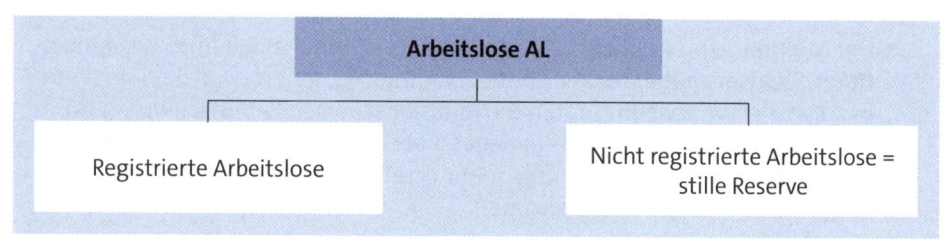

Abb. 43: Arbeitslose

Registrierte Arbeitslosigkeit entsteht in Deutschland, wenn eine Registrierung bei der Bundesagentur für Arbeit erfolgt. Die Arbeitslosenquote wird mit folgender Formel berechnet:

$$\text{Arbeitslosenquote} = \frac{\text{registrierte Arbeitslose}}{\text{Erwerbspersonen}^1} \cdot 100$$

Wenn keine Registrierung vollzogen wird, aber Arbeitslose dem Arbeitsmarkt zur Verfügung stehen, dann werden diese Arbeitslosen als „stille Reserve" bezeichnet. Beispiel für „stille Reserve": Mütter ohne Beschäftigung während der Erziehungszeit ihrer Kinder; bei Registrierung müssen sie in Schulungen oder eine Stelle annehmen, was wegen der Kinder häufig nicht möglich ist.

---

[1] Erwerbspersonen = Erwerbstätige (abhängig Beschäftigte, Selbstständige) und registrierte Arbeitslose.

Arten von Arbeitslosigkeit
- konjunkturelle Arbeitslosigkeit: Arbeitslosigkeit durch eine rückläufige Nachfrage
- saisonale Arbeitslosigkeit: Arbeitslosigkeit im Winter, z. B. in der Baubranche
- strukturelle Arbeitslosigkeit: Manche Berufe werden nicht mehr gebraucht, weil die jeweilige Branche aufgrund des Strukturwandels an Bedeutung verliert (z. B. Kohlebergbau).

Passive Arbeitsmarktpolitik durch Arbeitslosengeld hilft den Arbeitslosen nur kurzfristig, um die Existenz zu sichern. Eine aktive Arbeitsmarktpolitik, die auf Fort- und Weiterbildung sowie Umschulungen setzt, kann die Qualifikation erhöhen, damit die Arbeitslosen wieder eine Beschäftigung finden und Einkommen schöpfen können.

▶ **Preisniveaustabilität**
Auf die Bedeutung des „Binnenwertes des Geldes" wurde in ≫ Kapitel 2.5 bereits eingegangen. Hohe Preissteigerungsraten reduzieren die Kaufkraft des Einkommens und somit die Verfügungsmöglichkeiten der Konsumenten. Die EZB strebt eine Soll-Inflationsrate von mittelfristig (durchschnittlich) 2 % an. Wenn die Habenzinssätze der Geschäftsbanken unter der Inflationsrate liegen, dann bedeutet dies für die Sparer eine reale Reduktion des Sparvermögens.

▶ **Außenwirtschaftliches Gleichgewicht**
Der Idealzustand würde darin bestehen, dass die Exporte die Importe nicht übersteigen. Zu hohe Exportüberschüsse bewirken zwar bei der exportierenden Volkswirtschaft Einkommen, jedoch erhöhen die Rückflüsse die Geldmenge. Zudem werden die Exporte häufig mit Krediten finanziert, sodass die Geldmenge zusätzlich ansteigt. In der Zeit vor der Finanzkrise 2008 sanken weltweit die Zinssätze, weil eine zu hohe Geldmenge gegenüber dem „Weltsozialprodukt" vorhanden war. Die niedrigen Zinssätze bewirkten Spekulationen, die zur Finanzkrise 2008 führten.

Die Europäische Union etablierte ein Kennzahlensystem im Rahmen eines „Scoreboards", um bei den EU-Ländern Abweichungen von definierten Intervallen zu identifizieren sowie „makroökonomische Ungleichgewichte" festzustellen. Das **Verhältnis Leistungsbilanzsaldo zu Bruttoinlandsprodukt** ist für Deutschland ein Problem, weil der Schwellenwert häufig überschritten wird. Die Abhängigkeit der Einkommensschöpfung in Deutschland von den Exporten könnte durch eine Wirtschaftspolitik gemindert werden, die den Konsum und die Investitionen fördert.

▶ **Stetiges und angemessenes Wirtschaftswachstum**
Das Wirtschaftswachstum wird am Produktionspotenzial P* gemessen. Das Produktionspotenzial P* wird über ein Modell entwickelt (Sachverständigenrat, Deutsche Bundesbank). Das Produktionspotenzial einer Volkswirtschaft ist abhängig vom

- Faktor Arbeit (Bevölkerungsentwicklung, Bildungssystem, Zahl der Erwerbspersonen)
- Faktor Kapital (Kapitalausstattung des Landes: Geld, Ressourcen)
- technischen Fortschritt (Innovationsfähigkeit der Volkswirtschaft).

Das Produktionspotenzial zeigt die maximale Wertschöpfung in einer Volkswirtschaft auf, wenn alle verfügbaren Produktionsfaktoren optimal eingesetzt werden. Der Auslastungsgrad zeigt an, ob sich eine Volkswirtschaft mehr in einer Aufschwung- oder Abschwungphase befindet.

$$\text{Auslastungsgrad} = \frac{\text{reale Bruttoinlandsprodukt}}{\text{Produktionspotenzial}} \cdot 100$$

Eine optimale Auslastung einer Volkswirtschaft liegt bei 96,5 %.[1] Das Wachstum einer Volkswirtschaft wird durch die prozentuale Veränderung des realen Bruttoinlandsprodukts zum Vorjahr gemessen. Ein stetiges Wachstum bedeutet, dass die Wachstumsraten des Bruttoinlandsprodukts im Laufe der Jahre ähnlich hoch sind und daher keine großen Ausschläge verbunden sind (wie häufig in kleinen Volkswirtschaften).

Ein angemessenes Wirtschaftswachstum soll so hoch sein, dass die Beschäftigungsschwelle bei höherer Arbeitslosigkeit erreicht wird, um zusätzlich Beschäftigung zu schaffen. Bei geringer Arbeitslosigkeit soll das Wachstum nicht zu hoch ausfallen, damit keine Überhitzung oder eine Beschaffung von ausländischen Arbeitskräften notwendig wird, die in der nächsten Rezession wieder entlassen werden müssen.

Häufig wird auch der Begriff „magisches n-Eck" verwendet. Die vier klassischen Ziele werden um eine geringe Staatsverschuldung und Umweltschutz ergänzt.

MERKE

- Das „magische Viereck" beinhaltet die wirtschaftspolitischen Ziele „Preisniveaustabilität", „hoher Beschäftigungsstand", „stetiges und angemessenes Wirtschaftswachstum" und „außenwirtschaftliches Gleichgewicht".
- Zum „magischen Viereck" gibt es weitere wirtschaftspolitische Ziele, z. B. geringe Staatsverschuldung, Umweltschutz.

4.2.2 Ausgewählte Zielbeziehungen

Zielkonflikte

- hoher Beschäftigungsstand und Preisniveaustabilität: Der konfliktäre Zusammenhang zwischen Inflationsrate und Arbeitslosenquote wurde in Abb. 7 (>> Kapitel 1.2.4) anhand der Phillips-Kurve aufgezeigt. Eine Zunahme der Inflationsrate bedingt eine Abnahme der Arbeitslosenquote, wenn eine konjunkturelle Betrachtung erfolgt. Die Phillips-Kurve darf nicht als „Menükarte" betrachtet werden.
- Wirtschaftswachstum und Umweltschutz: Durch ein höheres Wachstum werden mehr Ressourcen verbraucht, sodass die Ziele des Umweltschutzes meist nicht erreicht werden.

---

[1] Vgl. *Clement/Terlau, u. a.*, 2013, S. 156.

Komplementäres Ziel (Zielharmonie)
Wirtschaftswachstum und hoher Beschäftigungsstand: Es muss eine sogenannte „Beschäftigungsschwelle" von ca. 2,5 bis 3 % Wirtschaftswachstum überschritten werden, dass ein deutlicher Zuwachs an Beschäftigung registriert wird.

Quantitative Ziele werden in Zahlen ausgeprägt, während qualitative Ziele verbal beschrieben werden.

Ziel	Beispiel
Quantitativ	Arbeitslosenquote kleiner 6 %
Qualitativ	Verteilungsgerechtigkeit erhöhen, mehr Umweltschutz

MERKE

- Wirtschaftspolitische Ziele können konfliktär oder harmonisch zueinanderstehen.
- Quantitative Ziele werden in Zahlen ausgedrückt und qualitative mit Worten erläutert.

4.3 Träger der Wirtschaftspolitik und deren Aufgaben

In >> Kapitel 1.2.4 wurde bereits kurz auf die Akteure der Konjunktur- und Wirtschaftspolitik eingegangen. Nachfolgend sollen die Rollen und Aktivitäten der EZB, des Staates sowie der Tarifpartner im Hinblick auf eine stabilitätsorientierte Wirtschaftspolitik betrachtet werden.

4.3.1 Europäische Zentralbank

4.3.1.1 Geldschöpfung (***)

Neben der Sicherung der Preisniveaustabilität (derzeit: mittelfristig (durchschnittlich) 2 % Inflationsrate) besteht eine Aufgabe der Zentralbank darin, die Wirtschaft über die Geschäftsbanken mit Liquidität zu versorgen. Dabei sollte nur so viel Geldmenge bereitgestellt werden, dass keine Inflation entsteht. Mit der neuen geldpolitischen Strategie ab Juli 2021 kann die EZB kurzfristig auch mehr als 2 % Inflationsrate zulassen, da das Inflationsziel von 2 % mittelfristig und durchschnittlich definiert wurde. Wie kann Geld erzeugt bzw. geschöpft werden?

Primäre Geldschöpfung

- Die Geschäftsbanken verkaufen Gold, Devisen oder Sorten der privaten Haushalte oder Unternehmen an die Zentralbank. Die Zentralbank gibt Euros aus und schöpft dadurch Geld.

- → **Offenmarktgeschäfte:**
  - → **Hauptrefinanzierungsgeschäfte:** Die Zentralbank schreibt via Tenderverfahren eine Menge an Zentralbankgeld aus. Ein Tender ist eine Ausschreibung. Das bedeutet, dass die Zentralbank ein Angebot an Zentralbankgeld ausschreibt. Die Nachfrager sind die Geschäftsbanken. Die Geschäftsbanken erhalten Kredite gegen Sicherheiten für eine Laufzeit von einer Woche. Die Hauptrefinanzierungsgeschäfte dienen der kurzfristigen Anpassung der Geldmenge.
    - → **Mengentender:** Die Zentralbank gibt Zentralbankgeld (Abb. 44: Strecke 0 bis x_1) zu einem festgelegten Leitzinssatz i_1 aus. Die Zentralbank kann die Zentralbankgeldmenge mit einer Zuteilungsquote (Repartierung, z. B. im Intervall 0 und x_1) versehen, wenn geldpolitische Ziele (z. B. Inflationsziele) in Gefahr sind. Nach der Finanzkrise wurden Vollzuteilungen gegen Sicherheiten realisiert. Der Hauptrefinanzierungssatz (= Leitzinssatz) stellt einen wesentlichen Eckpunkt für die Geldpolitik der Zentralbank dar.

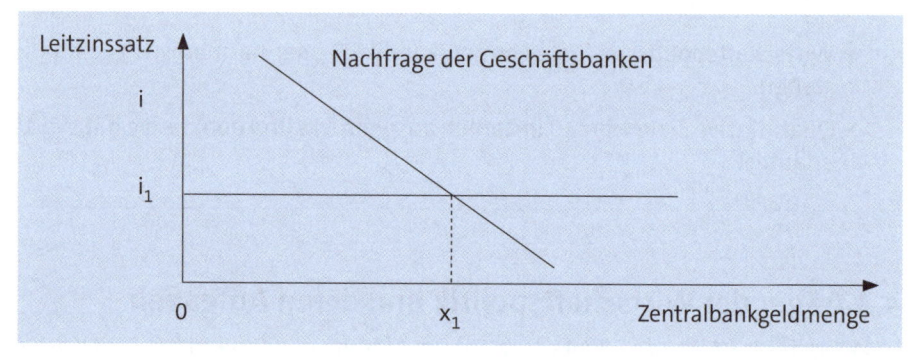

Abb. 44: Mengentenderverfahren

  - → **Zinstender:** Bei diesem Verfahren, das in „normalen" Zeiten verwendet wird, geben die Geschäftsbanken Gebote zu einem Zinssatz ab, den sie bezahlen möchten. Die Zentralbank verkauft Zentralbankgeld an die Banken mit dem höchsten Zinsgebot. Dadurch entsteht Wettbewerb unter den Banken und die Gewinne der Zentralbank steigen aufgrund der maximal möglichen Zinserträge.
- **Längerfristige Refinanzierungsgeschäfte:** Die Zentralbank gibt ein Mal im Monat mit einer Laufzeit von drei Monaten Liquidität an die Geschäftsbanken aus.
- **Feinanpassungsmaßnahmen:** Die Zentralbank kann innerhalb von Stunden bei ausgewählten Banken Liquidität entziehen oder zur Verfügung stellen, um Schwankungen am Geldmarkt auszugleichen.

Die Zentralbank bietet den Geschäftsbanken die Möglichkeit, „über Nacht" mit einer → **Spitzenrefinanzierungsfazilität** Liquidität zur Verfügung zu stellen. Der Zinssatz für diese → **Fazilität** (= Kreditmöglichkeit) liegt über dem Hauptrefinanzierungssatz und stellt die Obergrenze für den Geldmarkt dar. Überschüssige Liquidität können die Geschäftsbanken „über Nacht" bei der Zentralbank anlegen. Der Zinssatz für die → **Einlagefazilität** liegt unter dem Hauptrefinanzierungssatz und stellt die Untergrenze für die Zinssätze am Geldmarkt dar.[1]

---

[1] Vgl. *Deutsche Bundesbank*, 2016, S. 88 f., https://www.bundesbank.de.

Die Zinssätze der Spitzenrefinanzierungsfazilität und der Einlagenfazilität bilden einen Korridor für die Hauptrefinanzierungssätze.

INFO

Exkurs: Anleihekaufprogramme EZB
Seit der Finanzkrise 2008/2009 und der anschließenden Staatsschuldenkrise hat die EZB vermehrt verschiedene Anleihekaufprogramme aufgelegt. Die EZB darf nur auf dem Sekundärmarkt (Anleihen sind bereits auf dem Markt und haben eine Restlaufzeit) tätig werden.

Das Ziel der Anleihenkäufe besteht darin, durch die Nachfrage der EZB den Kurs der Anleihe zu erhöhen, was die Rendite senkt. Niedrige Renditen (Zinssätze) senken die Finanzierungskosten der Staaten. Dies kann dazu führen, dass keine Haushaltsdisziplin bei den Staaten aufgrund der niedrigen Finanzierungskosten vorhanden ist. Zudem sollen die niedrigen Marktzinsen generell dafür sorgen, dass die Investitionsnachfrage zunimmt, um Wirtschaftswachstum zu erzeugen.

Nachfolgend werden ausgewählte Ankaufprogramme kurz vorgestellt:[1]

- APP (Asset Purchase Programme), seit 2015: Das APP wird auch als „Quantitative Lockerung" (Quantitative Easing) bezeichnet. Durch den Ankauf der Anleihen wird Zentralbankgeld geschaffen; somit nimmt die Menge (Quantität) des Zentralbankgeldes zu. Das Ziel besteht darin, die Zinssätze zu senken oder weiter niedrig zu halten.
- PEPP (Pandemic Emergency Purchase Programme), seit März 2020: Das Pandemie-Notfallankaufprogramm soll mit einem Ankaufprogramm von März 2020 bis Juni 2021 in Höhe von 1.350 Mrd. € dazu beitragen, die durch die Corona-Pandemie notleidende Wirtschaft im Euro-Raum zu impulsieren. Wenn die Risiken durch die Pandemie reduziert sind, dann soll nach dem Plan der EZB das PEPP eingestellt werden.

Grundsätzlich sind die Anleihekaufprogramme, außer das PEPP, wegen der Corona-Pandemie umstritten. Es werden rechtliche Bedenken vorgetragen, dass die EZB (indirekt) die Staaten finanziert, was im Rahmen der Währungsunion bei deren Gründung ausgeschlossen wurde. Zudem betreibt die EZB durch diese Anleihekaufprogramme Wirtschaftspolitik, was nicht direkte Aufgabe der EZB ist. Auf der anderen Seite lag nach der Finanzkrise und der Staatsschuldenkrise ein „Staatsversagen" vor, sodass die letzte Institution die EZB war, die regulierend eingreifen konnte. Dies führte jedoch auch zu einer Trägheit der Euro-Staaten, nicht selbst aktiv ausreichende Maßnahmen einzuleiten, um die Wirtschaft zu impulsieren.

Die EZB steht bei steigenden Preisen vor einer „Zwickmühle". Bei zunehmender Inflationsrate kann sie die Leitzinsen erhöhen, was die Finanzierungskosten von

---

[1] Vgl. *Deutsche Bundesbank*, Glossar, https://www.bundesbank.de.

vielen Euro-Staaten erhöhen würde. Dies könnte zu weiteren Spannungen im Euro-Raum führen. Wenn sie die Leitzinsen nicht erhöht, dann werden die Sparer weiter durch sinkende reale Ersparnisse „enteignet".

Sekundäre Geldschöpfung
Diese Art der Geldschöpfung erfolgt auf dem Interbankenmarkt und kann mit einem kleinen Modell (Abb. 45) erklärt werden. Es wird angenommen, dass eine inländische Nichtbank (z. B. privater Haushalt) den Jackpot „knackt" und 80 Mio. € bei Bank A auf das Girokonto legt. Das Girokonto ist ein passives Bestandskonto und stellt Verbindlichkeiten der Bank gegenüber der inländischen Nichtbank dar. Die Zentralbank erhebt auf die Giralgeldeinlagen einen Mindestreservesatz von 1 % (= 0,8 Mio. €). Die Differenz zwischen Giralgeldeinlagen (Sichteinlagen) und der → **Mindestreserve**, die bei der Zentralbank zu hinterlegen ist, ergibt die Überschussreserve (= 79,2 Mio. €). Die Überschussreserve einer Geschäftsbank kann für Käufe von Wertpapieren und/oder zusätzlichen Krediten verwendet werden.

Es wird angenommen, dass die Bank A in Höhe der Überschussreserve (= 79,2 Mio. €) an einen Unternehmer einen Kredit für eine Investition vergibt. Dieser Unternehmer verkauft seine Produkte und legt sein Guthaben bei der Bank B an (Sichteinlage Bank B = 79,2 Mio. €). Es wird wieder die Mindestreserve von 1 % (= 0,792 Mio. €) abgezogen, sodass sich eine Überschussreserve bei Bank B in Höhe von 78,408 Mio. € bildet. Es kann nun wieder angenommen werden, dass Bank B die Überschussreserve für einen Kredit vergibt etc.

AKTIVA		Bilanz Bank A		PASSIVA
	Mio. €			Mio. €
Mindestreserve	0,8	Sichteinlage privater Haushalt		80
Überschussreserve	79,2			

Kredit an Unternehmer, der seine Erlöse bei Bank B anlegt.

AKTIVA		Bilanz Bank B		PASSIVA
	Mio. €			Mio. €
Mindestreserve	0,792	Sichteinlage privater Haushalt		79,2
Überschussreserve	78,408			

Abb. 45: Sekundäre Geldschöpfung

Es ist zu beobachten, dass die Sichteinlagen, die Mindestreserven und die Überschussreserven bei Fortsetzung des Beispiels mit vielen Banken sinken. Mithilfe einer unendlich geometrischen Reihe kann ein Grenzwert bestimmt werden, der zu folgender Formel führt.

$$\text{maximale Buchgeldschöpfung} = \frac{1}{\text{Mindestreservesatz}} \cdot \text{erste Sichteinlage (hier bei Bank A)}$$

$$\text{Geldschöpfungsmultiplikator} = \frac{1}{\text{Mindestreservesatz}}$$

Die Multiplikatortheorie verwendet einen Ansatz aus der Physik. Bei einem Pendel erfolgt ein Impuls, dann schwingt das Pendel und kommt zur Ruhe. Der erste Impuls ist hier die Sichteinlage bei der Bank A. Das Pendeln entspricht den Verbindungen zwischen den Banken (Interbankenmarkt). Die Pendelausschläge werden geringer (die Mindestreserven, Überschussreserven und Sichteinlagen sinken).

Beispiel

Mindestreservesatz = 0,01, erste Sichteinlage bei Bank A 500 Mio. €

Maximale Buchgeldschöpfung = $\frac{1}{0,01}$ · 500 Mio. € = 50.000 Mio. €

In dieser Volkswirtschaft kann durch sekundäre Geldschöpfung (ohne direkten Einfluss der Zentralbank) eine Geldmenge in Höhe von 50.000 Mio. € geschöpft werden.

4.3.1.2 Mindestreserve

Die bereits im ›› Kapitel 4.3.1.1 dargelegten Instrumente, wie z. B. Hauptrefinanzierungsinstrumente (Zins- oder Mengentender) oder Spitzenrefinanzierungsfazilitäten, tragen dazu bei, die Liquidität der Geschäftsbanken je nach konjunktureller Situation zu erhöhen oder zu senken. Die Mindestreserve führt zu einer Erhöhung oder Senkung der Überschussreserve der Geschäftsbanken. Die Geschäftsbanken müssen bei der EZB bzw. den nationalen Notenbanken z. B. 1 % der Guthaben der Girokonten als Pflichteinlage hinterlegen („Mindestreserve-Soll"). Je nach Geldnachfrage (z. B. Weihnachtsgeschäft) kann das Mindestreserve-Soll unter- oder überschritten werden, wobei über definierte Zeiträume eine Erfüllung des Mindestreserve-Solls im Durchschnitt gegeben sein muss. Die Wirkung einer Senkung des Mindestreservesatzes wird nachfolgend dargestellt:

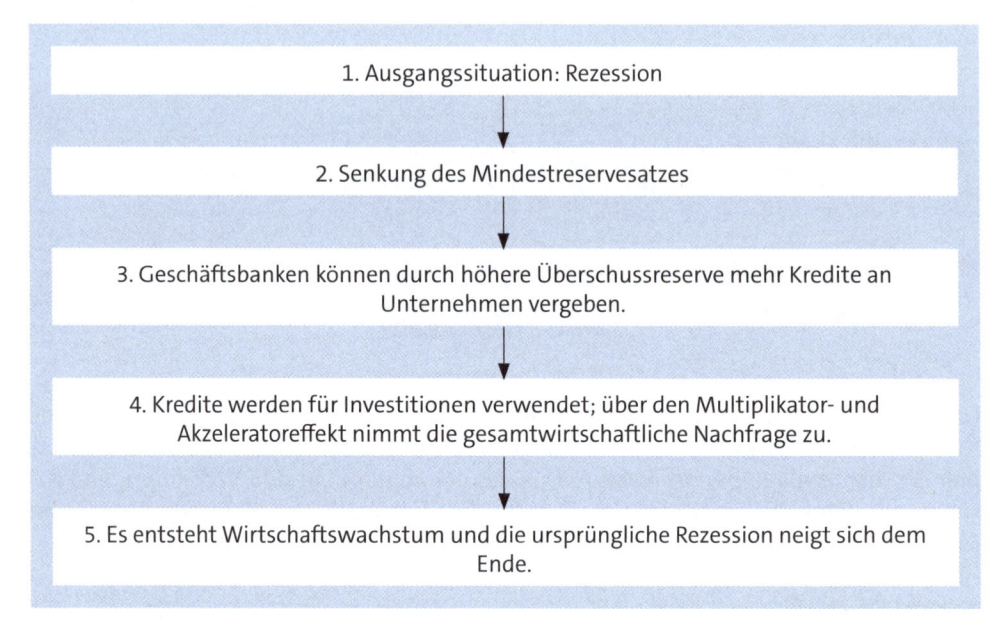

```
┌─────────────────────────────────────────────────────────────────────┐
│                    1. Ausgangssituation: Rezession                   │
└─────────────────────────────────────────────────────────────────────┘
                                   ↓
┌─────────────────────────────────────────────────────────────────────┐
│                  2. Senkung des Mindestreservesatzes                 │
└─────────────────────────────────────────────────────────────────────┘
                                   ↓
┌─────────────────────────────────────────────────────────────────────┐
│  3. Geschäftsbanken können durch höhere Überschussreserve mehr       │
│                  Kredite an Unternehmen vergeben.                    │
└─────────────────────────────────────────────────────────────────────┘
                                   ↓
┌─────────────────────────────────────────────────────────────────────┐
│  4. Kredite werden für Investitionen verwendet; über den             │
│  Multiplikator- und Akzeleratoreffekt nimmt die                      │
│  gesamtwirtschaftliche Nachfrage zu.                                 │
└─────────────────────────────────────────────────────────────────────┘
                                   ↓
┌─────────────────────────────────────────────────────────────────────┐
│  5. Es entsteht Wirtschaftswachstum und die ursprüngliche Rezession  │
│                       neigt sich dem Ende.                           │
└─────────────────────────────────────────────────────────────────────┘
```

Abb. 46: Senkung des Mindestreservesatzes

In einer Rezession wird die Zentralbank zusätzlich zum Mindestreservesatz die Leitzinsen senken, wobei angenommen wird, dass ein starker Zusammenhang zwischen Zinsniveau und Investitionsneigung vorhanden ist. Ein weiterer wesentlicher Einflussfaktor auf die Investitionsneigung ist die Stimmung in der Volkswirtschaft sowie die Erwartungshaltung für die Zukunft. Daher sind die Möglichkeiten der Zentralbank begrenzt. Trotz niedrigen Zinssätzen kann kein Wachstum entstehen, wenn andere Faktoren (z. B. Optimismus, keine Investitionsbereitschaft des Staates) nicht gegeben sind.

Grundsätzlich bereitet die Zentralbank durch Presseerklärungen die Märkte vor, damit sich keine Überraschungen ergeben und „stetige Übergänge" durch die Aktionen der Zentralbank entstehen. Die verwendeten Wörter sowie die Sprache der Presseerklärung werden von den Finanzmarktexperten genau verfolgt, um die Bedeutung zu interpretieren.

> **MERKE**

- In einer Volkswirtschaft ist eine primäre und sekundäre Geldschöpfung möglich.
- Die primäre Geldschöpfung erfolgt über den Ankauf von Gold, Devisen oder Sorten durch die Zentralbank, die als Gegenleistung Zentralbankgeld ausgibt. Eine weitere Möglichkeit der primären Geldschöpfung besteht in den Tenderverfahren (Ausschreibungen), um die Geschäftsbanken mit Liquidität zu versorgen. Es gibt Zins- und Mengentender, wobei letzterer nach der Finanzkrise für die Vollzuteilungen des Zentralbankgeldes eingesetzt wurde.
- Der Hauptrefinanzierungssatz stellt den eigentlichen Leitzinssatz dar, der die Geldpolitik der Zentralbank repräsentiert. Der Hauptrefinanzierungssatz liegt unter dem Zinssatz der Spitzenrefinanzierungsfazilität und über dem Zinssatz der Einlagenfazilität.
- Der Geldschöpfungsmultiplikator besteht aus dem Kehrwert des Mindestreservesatzes. Im Rahmen der sekundären Geldschöpfung können die Geschäftsbanken durch Vernetzung zusätzliches Buchgeld schöpfen, das ein n-faches einer ersten Sichteinlage bei einer Geschäftsbank ist.
- Eine Veränderung des Mindestreservesatzes kann die Kreditvergabe der Geschäftsbanken beeinflussen. Wenn die Zentralbank eine expansive wirtschaftliche Phase bremsen möchte, wird der Mindestreservesatz erhöht.

4.3.1.3 Zwei Säulen der Geldpolitik

Die Zentralbank ist die „Hüterin" der Währung. Oberstes Ziel ist die Vermeidung von Inflation. Die zweite Säule der Geldpolitik der EZB besteht darin, dass verschiedene Kennzahlen (Arbeitslosenquote, Leistungsbilanz, Inflationsraten der Länder etc.) der Euro-Teilnehmerländer beobachtet werden. Der Zentralbankrat entscheidet aufgrund der Beobachtung der volkswirtschaftlichen Umfelder, ob die Wachstumsrate der Geldmenge im Rahmen der Quantitätsgleichung (siehe >> Kapitel 2.5.3) erhöht, gesenkt oder belassen wird.

4.3.1.4 Vergleich EZB, FED und BoE

Die Geldpolitiken der Europäischen Zentralbank (EZB), der Federal Reserve (FED) und der Bank of England (BoE) beinhalten aufgrund ihrer geschichtlichen Entwicklung unterschiedliche Ausprägungen. Darüber hinaus sind die Leitungsorgane der Zentralbanken verschiedenartig strukturiert. In nachfolgender Tabelle wird ein Vergleich zwischen den drei Zentralbanken dargestellt.[1]

---

[1] Vgl. *Deutscher Bundestag*, 2013, https://www.bundestag.de; *Ruckriegel/Seitz*, 2006, https://www.archiv.wirtschaftsdienst.eu; *KfW economic research*, 2013, https://www.kfw.de; Internetseiten der FED und der Bank of England.

4. Konjunktur- und Wirtschaftspolitik | 4.3 Träger der Wirtschaftspolitik und deren Aufgaben

Kriterium	EZB	FED	BoE
Gründung	1998	1913	1694
Geldpolitische Ziele	Preisniveaustabilität Die neue geldpolitische Strategie seit 08.07.2021 ist ein „symmetrisches Inflationsziel" von mittelfristig (durchschnittlich) 2 %; dadurch hat die EZB Spielraum, nicht sofort bei Inflationsraten über 2 % den Leitzinssatz anzuheben.[1]	Preisniveaustabilität Ziele wie bei EZB, wobei das Inflationsziel von 2 % langfristig ausgerichtet ist.[2]	Preisniveaustabilität Inflationsziel von 2 % mit +/- 1 % Abweichung[3]
Geldpolitische Instrumente	▶ Offenmarktgeschäfte (Hauptrefinanzierungsgeschäfte, längerfristige Refinanzierungsgeschäfte, Feinsteuerungsoperationen), ▶ die ständigen Fazilitäten (Spitzenrefinanzierungsfazilität, Einlagefazilität) sowie ▶ das Mindestreservesystem.[4]	▶ Offenmarktgeschäfte: **Kauf und Verkauf** von Wertpapieren, insbesondere Staatsanleihen (Treasuries), um Tagesgeldzinssatz (Federal Funds Rate) zu steuern ▶ Federal Funds Rate stellt den Zinssatz dar, den Banken untereinander (overnight; 1 Tag) berechnen; die Fed gibt einen Zielkorridor vor, in dem sich dieser „Leitzinssatz" bewegen sollte. Die Fed ist täglich am Markt aktiv, um das Zinssatzziel zu halten. ▶ Diskontpolitik (ähnlich Spitzenrefinanzierungsfazilität EZB)	▶ Offenmarktgeschäfte ▶ Standing Lending Facility (entspricht Spitzenrefinanzierungsfazilität) ▶ Standing Deposit Facility (entspricht Einlagefazilität) ▶ keine Mindestreserve derzeit[5]

---

[1] Vgl. *EZB*, Pressemitteilung, EZB-Rat verabschiedet neue geldpolitische Strategie, 08.07.2021, https://www.ecb.europa.eu.
[2] Vgl. *Federal Reserve Bank*, 2020 Statement on Longer-Run Goals and Monetary Policy Strategy, https://www.federalreserve.gov.
[3] Vgl. *Bank of England*, Inflation and the 2 % target, www.bankofengland.co.uk.
[4] *Deutsche Bundesbank*, Glossar, https://www.bundesbank.de.
[5] Stand: Juni 2021.

Kriterium	EZB	FED	BoE
Gründung	1998	1913	1694
		▸ Mindestreservesystem; seit 26.03.2020 ist der Mindestreservesatz bei 0 %, sodass für private Haushalte und Unternehmen Liquidität für Kredite freigesetzt werden kann.[1]	
Quantitative Easing (Aufkaufprogramm Wertpapiere)	Ja	Ja	Ja
Organisation	EZB-Rat: Präsident, Vizepräsident und vier weitere Direktoriumsmitglieder sowie die Präsidenten der nationalen Notenbanken, die am Euro teilnehmen Erweiterter EZB-Rat: Präsidenten der EU-Mitgliedsländer, die nicht am Euro teilnehmen Direktoriumsmitglieder werden vom Europäischen Parlament mit qualifizierter Mehrheit ernannt; Amtszeit 8 Jahre, Wiederernennung nicht möglich Bundesbankpräsident wird auf Vorschlag der Bundesregierung vom Bundespräsidenten ernannt.	▸ Das Federal Reserve System (kurz: Fed) besteht aus 12 Distrikten mit jeweiligen regionalen Fed-Banken, die nicht mit den Staatengrenzen übereinstimmen, sondern aufgrund von Handelsbeziehungen zustande kamen. ▸ Board of Governors: 7 Mitglieder (Amtszeit 14 Jahre), berufen durch US-Präsidenten und vom Senat ernannt ▸ Federal Open Market Committee (FOMC): 7 Mitglieder des Board of Governors und den Präsidenten der Federal Reserve Bank New York und vier von elf Präsidenten der Reserve Bank, die sich im Jahresturnus abwechseln	▸ Monetary Policy Committee: Entscheidet über Leitzinssatz (current bank rate), der das Inflationsziel der Regierung erreichen soll 9 Mitglieder: The Governor (Präsident für 8 Jahre ernannt), 3 Deputy Governors im Committee (Vize-Präsidenten für 5 Jahre ernannt;), Chief Economist (Chef-Volkswirt); restliche 4 Mitglieder sind unabhängige Experten, die außerhalb der Zentralbank tätig sind. ▸ Court of Directors: 5 executive members (inkl. Governor) der Zentralbank und bis zu 9 non-executive members (aus der Wirtschaft) Ernennung durch die „Krone"; ein non-executive member wird durch den Chancellor (Schatzkanzler) ernannt.

---

[1] *Federal Reserve Bank*, Reserve Requirements, https://www.federalreserve.gov, 2021.

Kriterium	EZB	FED	BoE
Gründung	1998	1913	1694
Bankenaufsicht	Europäische Bankenaufsicht durch EZB (Einheitlicher Aufsichtsmechanismus, englisch: Single Supervisory Mechanism, SSM)[1] Bundesbank und Bundesanstalt für Finanzdienstleistungsaufsicht (BaFin) für Deutschland	Federal Reserve	Bank of England, Prudential Regulation Authority (PRA)
Eigentümer	Anteilseigner sind die nationalen Zentralbanken der EU-Mitgliedsländer	Private Mitgliedsbanken, die den zwölf Federal Reserve Banks angeschlossen sind.	Staat: Vereinigtes Königreich Zentralbank hat Rechenschaftspflicht gegenüber Parlament

MERKE

- Die zwei Säulen der Geldpolitik der EZB bestehen im mittelfristigen Inflationsziel von 2 % sowie in der Beobachtung von verschiedenen volkswirtschaftlichen Indikatoren.
- Die Zentralbanken EZB, FED und BoE unterscheiden sich organisatorisch und in der Ausprägung der geldpolitischen Instrumente.

4.3.2 Staat

Der Staat kann mit Instrumenten der Fiskalpolitik auf die Konjunktur einwirken. Das Budget des Staates setzt sich aus Einnahmen und Ausgaben zusammen. Ein ausgeglichener Staatshaushalt liegt vor, wenn gilt:

Einnahmen = Ausgaben

Die Einnahmen können aus den Abgaben (insbesondere Steuern) und der Staatsverschuldung resultieren. Der Staat kann die Konjunktur in einer Rezession (Nachfrage < Angebot) beeinflussen, indem er zusätzliche Ausgaben G (z. B. „Konjunkturpaket" für Straßen- und Brückenbau) tätigt. Damit erhöht sich die rechte Seite der volkswirtschaftlichen Verwendungsgleichung (Y = C + I + G + X - M). Die gesamtwirtschaftliche Nach-

---

[1] Vgl. *Deutsche Bundesbank*, Glossar, https://www.bundesbank.de.

frage nimmt durch die Erhöhung der Staatsausgaben G zu („deficit spending"). Somit kann über Multiplikator- und Akzeleratoreffekte eine Rezession vermieden oder ein Aufschwung erzeugt werden.

zusätzliche Staatsausgaben ↑	gesamtwirtschaftliche Nachfrage ↑

Die gleiche multiplikative Wirkung wie die Staatsausgabenerhöhung hat eine Steuersenkung. Es kommt jedoch auf das Sparverhalten in der Volkswirtschaft an, ob Staatsausgabenerhöhungen oder Steuersenkungen eingesetzt werden. Wenn die privaten Haushalte eine geringe Konsumneigung haben, dann sind Staatsausgabenerhöhungen für die wirtschaftliche Entwicklung vorteilhafter, weil sie durch Vergabe von Aufträgen auch umgesetzt werden. Wenn die Steuersenkungen nicht für den Konsum, sondern für das Sparen genutzt werden, dann verpufft die Nachfragewirkung. Weitere Möglichkeiten der Nachfragestimulierung durch den Staat sind verbesserte Abschreibungsmöglichkeiten und Subventionen.

Grundsätzlich sollte der Staat eine „antizyklische Staatsausgabenpolitik" betreiben. Wenn durch Frühwarnindikatoren Informationen vorhanden sind, dass eine Rezession droht, dann sollten die Staatsausgaben rechtzeitig erhöht werden. Allerdings sind Zeitverzögerungen (→ *„time-lags"*) bei der Realisierung der Staatsausgaben zu beobachten, weil z. B. die Planung von Brücken und Straßen häufig mehrere Jahre dauert. Zudem wird der Staatsausgabenmultiplikator als „Strohfeuer" bezeichnet, was eine Hypothese darstellt (siehe » Kapitel 4.1.5).

Wenn die Wirtschaft zu einer Überhitzung (nachhaltig mehr Nachfrage als Angebot) neigt, dann kann der Staat die Staatsausgaben reduzieren, die Vergünstigungen durch Abschreibungen und Subventionen streichen und/oder die Steuern für Unternehmen und private Haushalte erhöhen.

Die zusätzlichen Staatsausgaben können durch Steuern und/oder durch Staatsverschuldung finanziert werden. Bei den Steuern gibt es eine psychologische Belastungsgrenze. Wenn die Steuersätze, ohne Berücksichtigung der steuerlichen Abzugsmöglichkeiten, als zu hoch empfunden werden, dann kann Schwarzarbeit, Steuerhinterziehung und/oder Steuerflucht in Steueroasen entstehen. Den privaten Haushalten und Unternehmen sind die Steuersätze offensichtlicher als die Belastungen durch die Staatsverschuldung. Worin liegen die Grenzen der Staatsverschuldung?

Grenzen der Staatsverschuldung

- → *Crowding-out-Effekt*: Der Staat ist Nachfrager auf dem Kapitalmarkt und erhöht somit den Zinssatz. Bei steigenden Zinssätzen nehmen die privaten Investitionen ab und werden verdrängt (to crowd out).
- Den Kapitaldienst (Zinsen und Tilgung) der Staatsverschuldung tragen zukünftige Generationen. Somit sinken die Verfügungsmöglichkeiten der kommenden Genera-

tionen. Andererseits nutzen sie auch die Infrastruktur, welche die vorhergehenden Generationen errichteten.
- Verschuldungsgrenzen nach Maastricht und Grundgesetz (siehe in diesem Abschnitt unten).
- Bei hoher Staatsverschuldung verlieren die Akteure der Finanzmärkte das Vertrauen in die Volkswirtschaft. Herabstufungen bei den Ratings sowie höhere Zinssätze sind die Folge.
- Bei hoher Staatsverschuldung sind Stoßausgabenkredite für Katastrophen und Krisen nicht mehr möglich. Dann verbleiben nur mehr Steuererhöhungen, welche das Wachstum der Wirtschaft reduzieren.
- Bei hoher Staatsverschuldung kommt es zu Kapitalexporten, die zu einer Abwertung der Inlandswährung führen.

Volkswirtschaftliche Kennzahlen dienen den Entscheidungsträgern von Politik und Wirtschaft als Basis sowie zur Orientierung. Um die Staatsschulden nicht weiter wachsen zu lassen, wurden in der Vergangenheit Grenzen anhand von Kennzahlen eingeführt.

Maastricht-Kriterien zu den Staatsschulden

$$\text{Schuldenstandsquote} = \frac{\text{Schuldenstand}}{\text{Bruttoinlandprodukt}} \cdot 100$$

Die Schuldenstandsquote darf für Euro-Beitrittsländer sowie für die Länder, die sich bereits im Euro befinden, 60 % nicht überschreiten. Aufgrund der Finanzkrise (nach 2008) sowie durch die nachfolgende europäische Schuldenkrise wurde diese Kennzahl von vielen Ländern nicht eingehalten.

$$\text{Maastricht-Defizitgrenze} = \frac{\text{zusätzliche Verschuldung}}{\text{Bruttoinlandprodukt}} \cdot 100$$

Die zusätzliche Verschuldung darf 3 % des Bruttoinlandsprodukts für Euro-Beitrittsländer sowie für die Euro-Mitgliedsländer nicht übersteigen.

Deutschland führte eine → **Schuldenbremse** ein, die im Grundgesetz verankert ist (Art. 109, Art. 115 Grundgesetz). Die strukturelle (nicht konjunkturelle) Neuverschuldung darf 0,35 % des Bruttoinlandsprodukts nicht übersteigen, wobei die Abgrenzung zwischen „strukturell" (z. B. Bauinvestition) und „konjunkturell" durch statistisch-mathematische Ansätze bedingt ist und z. T. Auslegungsspielräume beinhaltet.

MERKE

- Der Staat kann antizyklisch („deficit spending") im Rahmen einer zu erwartenden Rezession zusätzliche Staatsausgaben zur Erhöhung der gesamtwirtschaftlichen Nachfrage einsetzen.
- Wenn die Finanzierung über eine Staatsverschuldung realisiert wird, dann kann es zu Crowding-out-Effekten (Verdrängung privater Investitionen) sowie zu intergenerationalen Verteilungsproblemen kommen.
- Für den Fall einer Steuerfinanzierung der zusätzlichen Staatsausgaben kann ein hoher Steuersatz zu Schwarzarbeit und Kapitalflucht führen.

4.3.3 Tarifpartner

Art. 9 Abs. 3 Grundgesetz gewährleistet zwischen den Tarifpartnern (Arbeitgeberverbände, Gewerkschaften) die Möglichkeit, ohne Staatseingriff einen Tarifvertrag sowie einen Lohnabschluss zu finden. Die Tarifverträge haben den Nachteil, dass die Bedingungen für unterschiedliche Unternehmensgrößen gelten. Dadurch können kleine und mittelständische Unternehmen benachteiligt werden. Andererseits stellen Löhne nicht nur Kosten für die Unternehmen, sondern auch Kaufkraft für die privaten Haushalte dar.

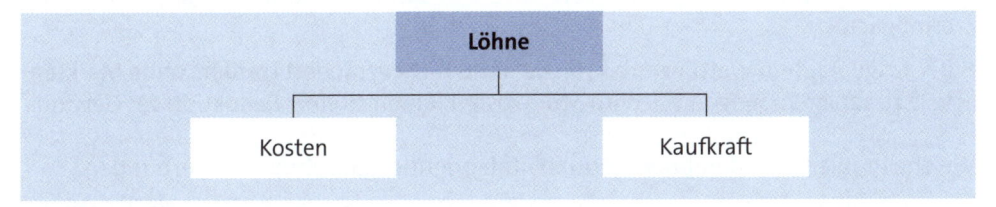

Abb. 47: Löhne

Daher sind bei den Lohnabschlüssen zwei Blickwinkel zu beachten. Die Arbeitgeber dürfen durch die Höhe der Lohnabschlüsse keine Wettbewerbsnachteile erfahren. Wenn die Preissteigerungsraten die realen Löhne senken, dann reduziert sich die Kaufkraft und die gesamtwirtschaftliche Nachfrage kann sich reduzieren.

Um die Ansprüche der Arbeitgeber und der Arbeitnehmer zu erfüllen, wird als „Zauberformel" die produktivitätsorientierte Lohnpolitik angeführt. Es sollte gelten:

Lohnzuwächse = Wachstum der Arbeitsproduktivität → Lohnstückkosten konstant
Wirkung: kein Inflationsimpuls
Verteilungsneutralität

Eine Steigerung der (unternehmensbezogenen) Arbeitsproduktivität (= $\frac{\text{Umsatz}}{\text{Beschäftigte}}$) ist mit verschiedenen Möglichkeiten erreichbar, damit die Lohnstückkosten (= $\frac{\text{Lohnkosten je Arbeitnehmer}}{\text{Arbeitsproduktivität}}$) konstant bleiben:

- Der Umsatz besteht aus dem Produkt „Menge multipliziert mit dem Stückpreis". Der Umsatz kann erhöht werden, indem der Absatzpreis und/oder die Menge zunehmen. Wenn der Preis steigt, dann kann dies z. B. durch Marktmacht, technischen Fortschritt begründet sein. Bei konstanter Beschäftigtenzahl steigt die Arbeitsproduktivität.
- Wenn der Absatzpreis konstant bleibt und die Menge steigt (bei konstanter Beschäftigtenzahl), dann erhöht sich ebenso die Arbeitsproduktivität. Durch eine effizientere Produktion (z. B. kürzere Wege, Verschwendung vermeiden, Reengineering etc.) kann diese Wirkung erreicht werden.
- Die Arbeitsproduktivität steigt, wenn bei konstantem Umsatz die Beschäftigtenzahl sinkt. Dieser Effekt kann durch Rationalisierung erreicht werden.

Wenn die Lohnstückkosten steigen, weil die Lohnkosten stärker steigen als die Arbeitsproduktivität, dann kann es zu folgenden Wirkungen kommen:

- **Stückkosten + Gewinn pro Stück = Stückpreis**

Annahme: Gewinn bleibt konstant; dann können steigende (Lohn)-Stückkosten den Stückpreis erhöhen, wenn die Wettbewerbssituation die Überwälzung der Kosten ermöglicht.

- Bei ausgeprägtem Wettbewerb kann der Preis nicht verändert werden, ohne Marktanteile zu verlieren. Steigende (Lohn)-Stückkosten führen zu einer Reduktion des Gewinns.

Welche Probleme sind mit der produktivitätsorientierten Lohnpolitik verbunden?

- Die Arbeitsproduktivität ist bei aggregierten Größen (z. B. Branchen) schwer schätzbar. Zudem sind innerhalb einer Branche unterschiedliche betriebliche Verhältnisse gegeben.
- Wenn bei konstanten Lohnstückkosten die Einkommensverteilung gleichbleibt, kommt es auf das Lohnniveau an, ob dies für die Arbeitnehmer zufriedenstellend ist.

MERKE

- Die Tarifpartner vereinbaren Tarifverträge und Lohnabschlüsse im Rahmen der Tarifautonomie.
- Löhne stellen Kaufkraft für die privaten Haushalte und Kosten für die Arbeitgeber dar. Wenn die Lohnzuwächse der Steigerung der Arbeitsproduktivität entsprechen, dann bleiben die Lohnstückkosten konstant. Somit entstehen auch keine Impulse für eine höhere Preissteigerungsrate.

4.4 Angebots- und nachfrageorientierte Wirtschaftspolitik

Die Unterschiede zwischen angebots- und nachfrageorientierter Wirtschaftspolitik werden nachfolgend aufgezeigt.

Kriterien	Nachfrageorientierte Wirtschaftspolitik	Angebotsorientierte Wirtschaftspolitik
Prominenter Vertreter	John Maynard Keynes, begründete den Keynesianismus aufgrund der Erfahrungen der Weltwirtschaftskrise ab 1929.	Milton Friedman, Nobelpreis Wirtschaftswissenschaften 1976
Auffassung	Märkte sind „inhärent" (innewohnend) instabil.	Märkte sind stabil; Theoriegrundlage: Neoklassik.
Forderung	mehr Staatsinterventionismus, weniger Markt	mehr Markt, weniger Staat
Ausprägung	Deficit Spending: Staat greift in die Wirtschaft ein, um die Nachteile der marktorientierten Steuerung auszugleichen, tendenziell höhere Staatsverschuldung; mehr Bürokratie; Betonung der Sozialpolitik	geringe Staatsverschuldung, ausgeglichener Staatshaushalt, Innovationsförderung, Unterstützung der Unternehmen durch attraktives Steuersystem, mehr Wettbewerb und mehr Angebot mit Wahlfreiheit; weniger Bürokratie; mehr Effizienz durch Anwendung des Rationalprinzips
Ziel	stabile Wirtschaft, Einkommenssicherung	erhöhte Investitionstätigkeit, Wachstum

Gemeinsamkeiten beider Ansätze

Nachfrageorientierte Wirtschaftspolitik	Angebotsorientierte Wirtschaftspolitik
Ziel: Wachstum und hoher Beschäftigungsstand	Ziel: Wachstum und hoher Beschäftigungsstand
Subventionspolitik, tendenziell für bedrohte Branchen und Unternehmen	Subventionspolitik für Existenzgründungen
Förderung der Infrastruktur als Reaktion auf eine drohende Rezession	Förderung der Infrastruktur als Voraussetzung für zusätzliche Wertschöpfung
steuerpolitische Maßnahmen, z. B. höhere Abschreibungsmöglichkeiten für Unternehmen, um eine Aufschwungphase zu erreichen	steuerpolitische Vorteile für Unternehmen durch Abschreibungsmöglichkeiten, insbesondere für Existenzgründer sowie klein- und mittelständische Unternehmen

Die nachfrage- und angebotsorientierte Wirtschaftspolitik unterscheiden sich darin, **wie** das Wachstum und die Wirtschaft gefördert werden. In der Wirtschaftspraxis treten meist Mischformen auf, jedoch lassen sich phasenweise Tendenzen zu einer nachfrage- oder angebotsorientierten Wirtschaftspolitik beobachten. In konjunkturell kritischen Situationen wird mehr die nachfrageorientierte Wirtschaftspolitik durch

Konjunkturprogramme eingesetzt, während in „normalen" Konjunkturphasen die innere Stärke der Wirtschaft durch die angebotsorientierte Wirtschaftspolitik gefördert wird.

> **MERKE**
>
> - *Keynes* stellte die These auf, dass die Märkte instabil sind und durch Staatsinterventionismus eine zusätzliche Nachfrage generiert werden muss (Keynesianismus; nachfrageorientierte Wirtschaftspolitik).
> - Die angebotsorientierte Wirtschaftspolitik präferiert den Ansatz, dass die Märkte stabil sind und weniger Staat sowie mehr Markt der Volkswirtschaft zusätzlichen Nutzen bringt. Beide Ansätze beinhalten auch Gemeinsamkeiten und werden zu unterschiedlichen Konjunkturphasen eingesetzt.

5. Beschreiben der Ziele und Institutionen der Europäischen Union und der internationalen Wirtschaftsorganisationen

Aufgrund der möglichen Veränderungen in Europa sollte der Leser auch auf die zentrale Homepage der Europäischen Union zurückgreifen:
https://europa.eu/european-union/about-eu_de

5.1 Europäische Union

5.1.1 Politische Ziele

Die politischen Ziele der EU werden nachfolgend kurz dargelegt.[1]

- Aufgrund der Erfahrungen des Zweiten Weltkriegs liegt ein zentraler Aspekt der Europäischen Union darin, den Frieden zu erhalten.
- Die Vereinigung Europas ist ein weiteres Ziel, das durch die EU-Erweiterung angestrebt wird. Die Vision der „Vereinigten Staaten von Europa" wird häufig diskutiert.
- Eine gemeinsame Verteidigungs- und Sicherheitspolitik soll durch die Nato, Europol und Eurojust (Zusammenarbeit der Staatsanwälte und Richter) erfolgen.
- Wirtschaftliche und soziale Solidarität, weil durch die EU-Mitgliedschaft bei Krisen (z. B. Naturkatastrophen, Finanzkrise) ein gemeinsames Handeln mehr Nutzen stiftet als eine einzelstaatliche Lösung.
- Darüber hinaus können durch verschiedene Maßnahmen Ungleichheiten zwischen verschiedenen Teilen Europas reduziert werden.
- Der EU-Markt weist 448 Mio. Verbraucher[2] aus und kann dadurch Größenvorteile sowie Verhandlungsmacht bei internationalen Problemstellungen aufweisen.
- Das Ziel besteht darin, die europäische Identität und Vielfalt in einer globalisierten Welt zu bewahren. Trotz der gemeinsamen Zusammenarbeit sollen die regionalen Kulturen erhalten bleiben.
- Die EU verteidigt die Menschenrechte, unterstützt den Umweltschutz, das freie Unternehmertum sowie eine „ausgewogene Mischung aus Tradition und Fortschritt".

Der Vertrag über die Europäische Union (EU-Vertrag oder EUV) stellt das Primärrecht der EU („Verfassung" der EU) dar. Im Artikel 3 EUV sind die politischen Ziele ausgeführt.

---

[1] Vgl. *Fontaine*, 2014, http://europa.eu.
[2] Diese Zahl bezieht sich auf die 27 EU-Mitgliedstaaten (ohne Vereinigtes Königreich wegen Brexit).

RECHTSGRUNDLAGEN

Artikel 3 EUV

(1) Ziel der Union ist es, den Frieden, ihre Werte und das Wohlergehen ihrer Völker zu fördern.

(2) Die Union bietet ihren Bürgerinnen und Bürgern einen Raum der Freiheit, der Sicherheit und des Rechts ohne Binnengrenzen, in dem – in Verbindung mit geeigneten Maßnahmen in Bezug auf die Kontrollen an den Außengrenzen, das Asyl, die Einwanderung sowie die Verhütung und Bekämpfung der Kriminalität – der freie Personenverkehr gewährleistet ist.

(3) Die Union errichtet einen Binnenmarkt. Sie wirkt auf die nachhaltige Entwicklung Europas auf der Grundlage eines ausgewogenen Wirtschaftswachstums und von Preisstabilität, eine in hohem Maße wettbewerbsfähige soziale Marktwirtschaft, die auf Vollbeschäftigung und sozialen Fortschritt abzielt, sowie ein hohes Maß an Umweltschutz und Verbesserung der Umweltqualität hin. Sie fördert den wissenschaftlichen und technischen Fortschritt.

Sie bekämpft soziale Ausgrenzung und Diskriminierungen und fördert soziale Gerechtigkeit und sozialen Schutz, die Gleichstellung von Frauen und Männern, die Solidarität zwischen den Generationen und den Schutz der Rechte des Kindes.

Sie fördert den wirtschaftlichen, sozialen und territorialen Zusammenhalt und die Solidarität zwischen den Mitgliedstaaten.

Sie wahrt den Reichtum ihrer kulturellen und sprachlichen Vielfalt und sorgt für den Schutz und die Entwicklung des kulturellen Erbes Europas.

(4) Die Union errichtet eine Wirtschafts- und Währungsunion, deren Währung der Euro ist.

(5) In ihren Beziehungen zur übrigen Welt schützt und fördert die Union ihre Werte und Interessen und trägt zum Schutz ihrer Bürgerinnen und Bürger bei. Sie leistet einen Beitrag zu Frieden, Sicherheit, globaler nachhaltiger Entwicklung, Solidarität und gegenseitiger Achtung unter den Völkern, zu freiem und gerechtem Handel, zur Beseitigung der Armut und zum Schutz der Menschenrechte, insbesondere der Rechte des Kindes, sowie zur strikten Einhaltung und Weiterentwicklung des Völkerrechts, insbesondere zur Wahrung der Grundsätze der Charta der Vereinten Nationen. [...]

5.1.2 Aufgaben

Grundsätzlich gilt das Subsidiaritätsprinzip in der EU, welches die Intervention einer übergeordneten Ebene impulsiert, wenn die untergeordnete Ebene die Aufgaben nicht erfüllen kann. Entscheidend für die Aufgabenverteilung in der EU ist die Bereitschaft der Mitgliedstaaten, die Souveränität zu teilen. Die Aufgaben der EU sind durch Verträge zwischen den Mitgliedsstaaten geregelt, wobei wesentliche Verträge nachfolgend kurz aufgezeigt werden.[1]

- Vertrag über die Gründung der Europäischen Gemeinschaft für Kohle und Stahl (1951)
- „Römische" Verträge (1951): Vertrag zur Gründung der Europäischen Wirtschaftsgemeinschaft und Vertrag zur Gründung der Europäischen Atomgemeinschaft
- Vertrag über die Europäische Union (1992): Vertrag von Maastricht; die EU wird durch drei Säulen (Europäische Gemeinschaft, gemeinsame Außen- und Sicherheitspolitik, Zusammenarbeit in der Innen- und Justizpolitik) bestimmt.
- Vertrag von Lissabon (2007):
  - Der Vertrag zur Gründung der Europäischen Gemeinschaft (EG-Vertrag) erhält nach Überarbeitung den Titel „Vertrag über die Arbeitsweise der Europäischen Union (AEUV)", der neben den Aufgaben der europäischen Organe auch die Zuständigkeiten der **EU gegenüber den Mitgliedsländern** abgrenzt (siehe nachfolgende Tabelle). Details können unter www.aeuv.de eingesehen werden.
  - Der Vertrag von Lissabon beinhaltet auch den Vertrag über die Europäische Union (EUV), der grundsätzliche Aspekte zur EU sowie die Zuständigkeit der **EU-Organe** dokumentiert.

Zuständigkeit EU	Zuständigkeit EU *und* Mitgliedsstaat	Zuständig Mitgliedsstaat
erlassene Gesetze gelten in allen Mitgliedstaaten	Organe der EU greifen nur im Rahmen des Subsidiaritätsprinzips ein.	Mitgliedstaaten handeln alleine (evtl. koordinieren sich)
Agrarpolitik Außenhandel Zollpolitik	Umwelt Verbraucherschutz Entwicklungspolitik	Wirtschaftspolitik Beschäftigungspolitik

5.2 Institutionen der Europäischen Union

Unter das **Primärrecht** fallen die grundsätzlichen Verträge (z. B. Vertrag von Lissabon) zwischen den EU-Mitgliedsstaaten. Das **Sekundärrecht** leitet sich aus dem Primärrecht ab und enthält Verordnungen und Richtlinien.[2]

Verordnungen	- Rechtsakt der EU - gilt in jedem EU-Mitgliedsstaat - ersetzt nationales Recht und ist verbindlich
Richtlinien	- Rechtsakt der EU - Umsetzung innerhalb einer Frist in nationales Recht - Das Ziel, z. B. Umweltziel, ist verbindlich. - Wie das Ziel erreicht wird, regelt der EU-Mitgliedsstaat.

---

[1] Vgl. *Europäisches Parlament*, Die Europäische Union, http://www.europarl.de.
[2] Vgl. *Europäisches Parlament*, Glossar, http://www.europarl.de.

Die rechtlichen Rahmenbedingungen basieren auf Entscheidungen der folgenden Institutionen.[1]

Institution	Aufgaben
Der Europäische Rat	▶ Staats- und Regierungschefs der EU-Mitgliedstaaten
	▶ bestimmt die politischen Ziele und Rahmenbedingungen
Der Rat („Ministerrat")	▶ Minister der nationalen Regierungen
	▶ ein Minister pro Mitgliedsstaat
	▶ Themen: Umwelt, Verkehr etc.
	▶ Verabschiedung europäischer Rechtsvorschriften mit dem Europäischen Parlament
	▶ entscheidet gemeinsam mit dem Europäischen Parlament über den EU-Haushalt
Das Europäische Parlament	▶ vom Bürger gewählt
	▶ Gesetzgebungsverfahren:
	- **Mitentscheidungsverfahren:** gemeinsam mit dem „Ministerrat" Gesetzgebungsverfahren
	- **Zustimmungsverfahren:** z. B. Ratifizierung Internationaler Abkommen wie EU-Erweiterung
	▶ gemeinsame Entscheidung über EU-Haushalt mit dem „Rat"
	▶ demokratische Kontrolle
	▶ Auf Vorschlag des Europäischen Rates wird der Kommissionspräsident abgelehnt oder bestätigt.
Die Europäische Kommission	▶ alleiniges Recht, Rechtsvorschriften der EU zu erarbeiten
	▶ Weiterleitung der Vorschläge zu den Rechtsvorschriften an den „Rat" und das Europäische Parlament
	▶ Kommissionsmitglieder werden von Mitgliedsstaaten benannt und vom Europäischen Parlament bestätigt
	▶ ein Kommissionsmitglied je EU-Mitgliedstaat
	▶ keine Weisungen von nationalen Regierungen
	▶ Kontrolle der Umsetzung der Rechtsvorschriften

Weitere EU-Organe sind:
▶ Gerichtshof der Europäischen Union:
  - Sitz in Luxemburg
  - Ein Richter je EU-Mitgliedsstaat
  - Ernennung durch EU-Mitgliedsstaaten

---

[1] Vgl. *Fontaine*, 2014, S. 11 - 15, http://europa.eu.

- Unabhängigkeit
- Aufgabe: Überwachung, ob EU-Recht eingehalten wird
▸ Europäische Zentralbank (siehe ≫ Kapitel 4.3.1)
▸ Rechnungshof:
- Sitz in Luxemburg
- Prüfung der Ordnungsmäßigkeit der Einnahmen und Ausgaben der EU sowie die Wirtschaftlichkeit des EU-Haushalts.

5.3 Wirtschafts- und Währungsunion

Art. 3 Abs. 4 EUV beinhaltet, dass die EU eine Wirtschafts- und Währungsunion errichtet. Die gemeinsame Währung soll der Euro sein. Die Wirtschafts- und Währungsunion beinhaltet zwei große Pfeiler: Den europäischen Binnenmarkt und den gemeinsamen Währungsraum mit dem Euro. In den letzten Jahren wurde die EU durch die europäische Schuldenkrise sowie durch Spannungen im Euro-Raum gekennzeichnet.

5.3.1 Europäischer Binnenmarkt

Der europäische Binnenmarkt orientiert sich an dem Bild des „vollkommenen Wettbewerbs", damit bei den Verbrauchern eine ausgeprägte Wahlfreiheit zu einem niedrigen Preis entsteht.

Im europäischen Binnenmarkt gibt es keine tarifären (Zölle) und nichttarifären → **Handelshemmnisse** (z. B. Bürokratie). Damit soll der Warenhandel innerhalb des Binnenmarktes gefördert werden. Durch den → **Freihandel** erhöhen sich die Einkommen. Der Binnenmarkt basiert auf den vier Freiheiten:[1]

Freier Warenverkehr	Wegfall der Warengrenzkontrollen, Angleichung der Mehrwertsteuersätze
Freier Personenverkehr	Arbeiten in einem anderen Land des Binnenmarktes möglich; Reisefreiheit; Anerkennung der Hochschulabschlüsse
Freier Kapitalverkehr	keine Beschränkungen im Zahlungsverkehr; keine Devisenkontrollen
Freier Dienstleistungsverkehr	Dienstleistungsunternehmen (Banken, Versicherungen, Freiberufler etc.) können im Binnenmarkt ihre Leistungen anbieten.

Der Binnenmarkt basiert auf einem funktionierenden Wettbewerb (siehe auch ≫ Kapitel 3.1).

---

[1] Vgl. *Presse- und Informationsamt der Bundesregierung*, Binnenmarkt, https://www.bundesregierung.de.

5.3.2 Konvergenzkriterien

Die „Maastricht"-Kriterien (Vertrag von Maastricht, 1992) wurden für Beitrittsländer zum Euro-Raum gestaltet. Der Grundgedanke bestand darin, Länder mit dokumentierter Stabilität, die an verschiedenen Kriterien gemessen wird, mit der Währung Euro auszustatten. Die Maastricht-Kriterien[1] werden von den Euro-Teilnehmerländern immer wieder verletzt, jedoch gelten sie als Orientierungspunkte.

- Preisstabilität: Die Inflationsrate darf vom arithmetischen Mittel der drei preisstabilsten Länder höchstens 1,5 % vor dem Jahr zur Prüfung des Beitritts zum Euro abweichen.

- $\text{Schuldenstandsquote} = \dfrac{\text{Schuldenstand}}{\text{Bruttoinlandsprodukt}} \cdot 100 \leq 60\,\%$

- $\text{Maastricht-Defizitgrenze} = \dfrac{\text{zusätzliche Verschuldung}}{\text{Bruttoinlandsprodukt}} \cdot 100 \leq 3\,\%$

- Wechselkursstabilität: Teilnahme am Wechselkursmechanismus II (EWS[2] II) Ohne Abwertung gegenüber dem Euro müssen sich die Wechselkurse mindestens zwei Jahre innerhalb der Bandbreiten (+/- 15 %) bewegen. Für die dänische Krone wurden +/- 2,25 % vereinbart (siehe auch >> Kapitel 2.4).
- Der langfristige Zinssatz darf nicht mehr als zwei Prozentpunkte über dem Zinssatz der drei preisstabilsten Euro-Teilnehmerländer liegen.

5.3.3 Stabilitätspakt

Der Stabilitäts- und Wachstumspakt soll dazu dienen, die Staatsschulden der EU-Mitgliedstaaten zu beschränken, damit sich eine Staatsschuldenkrise nicht zur Euro-Krise entwickelt. Welche Argumente sprechen für und gegen einen Stabilitätspakt?

Pro	Contra
Das Länderrating der internationalen Agenturen orientiert sich auch am Schuldenstand sowie an der Fähigkeit eines Landes, die Schulden abzubauen. Bei hohen Schuldenständen besteht die Gefahr, dass die Verbindlichkeiten eines Landes nicht zurückgezahlt werden können. Die Finanzmarktakteure erhöhen i. d. R. die Risikoprämie, sodass der Zinssatz steigt. Die Länder mit Kapitalbedarf für öffentliche Zwecke sind einem hohen Zinssatz ausgesetzt. Zudem sinkt der Kurs.	Durch die Deckelung der Schulden kann eine keynesianisch orientierte Wirtschaftspolitik zur Nachfrageankurbelung nicht mehr intensiv genutzt werden. Die Wirtschaftspolitik verliert einen Teil eines expansiv wirkenden Instruments.

---

[1] Vgl. *EUR-Lex*, http://www.eur-lex.europa.eu.
[2] EWS = Europäisches Währungssystem.

Pro	Contra
Für die Staatsanleihen, weil Staatsanleihen von Ländern mit höheren Risiken weniger nachgefragt werden. Es gilt: $$\text{Rendite (Zinssatz)} = \frac{\text{Ertrag}}{\text{Kurs}} \cdot 100$$ Daher sollten die Schulden eines Landes begrenzt werden.	

Der Stabilitäts- und Wachstumspakt wurde 2011 reformiert.[1] Es wurden fünf Verordnungen und eine Richtlinie („Six Pack") geschaffen, um solide Budgets zu bewirken. Die neuen Regeln ab 2011 beinhalten eine präventive und eine korrektive Komponente.

Stabilitäts- und Wachstumspakt	
Präventive Komponente	**Korrektive Komponente**
Jährliche Aktualisierung eines Stabilitäts- und Konvergenzprogramms, welches das mittelfristige Haushaltsziel sowie den Anpassungspfad zum Schuldenabbau aufzeigt.	Bei Verletzung der Haushaltsdefizitgrenze von 3 % des Bruttoinlandsprodukts oder kein erkennbarer Abbau des Schuldenstandes bzgl. der 60 % des Bruttoinlandsprodukts.
Erstellung einer „Maastricht"-Meldung, insbesondere in Bezug auf das 3 %-Kriterium an die EU-Kommission sowie an den ECOFIN-Rat[2], um Frühwarnung betreiben zu können.	Einleitung eines Defizitverfahrens auf Vorschlag der EU-Kommission durch den ECOFIN-Rat.
Bei erheblichen Abweichungen zur 3 %-Regel sowie bei keinem erkennbaren Schuldenabbau, können Abhilfemaßnahmen empfohlen werden sowie ein Sanktionsbeschluss, wenn die Maßnahmen nicht wirksam greifen. Als Sanktion kann eine verzinsliche Einlage in Höhe von 0,2 % des BIP des Vorjahres bei der Kommission erfolgen.	Wenn ein Land die empfohlenen Maßnahmen nicht umsetzt, dann setzt sich die Geldbuße aus 0,2 % des Bruttoinlandsprodukts und einer variablen Komponente zusammen. Die Geldbuße darf jedoch 0,5 % des Bruttoinlandsprodukts nicht überschreiten.

---

[1] Vgl. *Bundesministerium der Finanzen*, Stabilitäts- und Wachstumspakt, http://www.bundesfinanzministerium.de.
[2] Rat der EU-Wirtschafts- und Finanzminister.

5.3.4 Währungsräume und europäisches Währungssystem

Unter Währung versteht man die Geldeinheit eines Staates oder eines Raumes (z. B. Euro-Raum). Die Währung drückt die Wirtschaftskraft aus und symbolisiert die Kultur eines Landes. In der Wirtschaftsgeschichte taucht immer wieder die Frage auf, ob sich Staaten zu Währungsräumen zusammenschließen sollen. *Robert Mundell* (Nobelpreis 1999) untersuchte mit der „Theorie optimaler Währungsräume" diesen Sachverhalt und kam zu dem Schluss, dass die Faktormobilität (Arbeit und Kapital) maßgeblich für den Erfolg eines Währungsraumes ist. Zudem ist aber auch eine Haushaltsdisziplin der Teilnehmerländer an einer Währungsunion wichtig.

Ab 1979 schlossen sich viele EU-Länder zum Europäischen Währungssystem I (EWS I) zusammen. Die länderspezifischen Währungen durften mit einer Bandbreite von +/- 2,25 % zu einem festgelegten Leitkurs schwanken (Wechselkursmechanismus I; WKM I). Bei Über- oder Unterschreiten der Bandbreiten erfolgten Interventionen auf dem Devisenmarkt (siehe >> Kapitel 2.4). Als Rechengröße wurde der ECU (European Currency Unit) verwandt. Das EWS I sollte zur Stabilität in den teilnehmenden Ländern beitragen.

Ab 1999 wurde der Wechselkursmechanismus II (WKM II) mit dem Euro als Leitwährung eingeführt. Jedes Beitrittsland zum Euro muss zwei Jahre im WKM II beweisen, dass sich der Wechselkurs innerhalb der Bandbreite von +/- 15 % zu einem festgelegten Leitkurs „ohne Spannungen" bewegen kann. Wenn der Euro in einem Land eingeführt ist, kann das Land nicht mehr das Instrument der Auf- und Abwertung der eigenen Währung verwenden. Für Dänemark existiert eine Sonderregelung (Bandbreite +/- 2,25 %), da das Land bereits seit 1999 am WKM II teilnimmt, jedoch die Bevölkerung sich in einer Volksabstimmung gegen die Einführung des Euros entschied. Die EU-Ost-Beitrittsländer (Bulgarien, Tschechien, Ungarn, Polen, Rumänien, Kroatien) sollen als EU-Mitglieder den Euro einführen, jedoch erst, wenn die Konvergenzkriterien erfüllt sind sowie die Teilnahme am WKM II erfolgreich vollzogen wurde.[1]

Durch die europäische Schuldenkrise in den Jahren nach der Finanzkrise 2008/09 wird die Debatte über den Sinn des Euros zunehmend geführt. Viele Euro-Teilnehmerländern können die Konvergenzkriterien nicht erfüllen. Der Euro-Raum ist sehr heterogen, sodass zunehmend Spannungen aufgrund der einheitlichen Zinspolitik der Europäischen Zentralbank auftreten. Jedoch ist der Euro Symbol für ein gemeinsames Europa mit Frieden.

---

[1] Vgl. *Deutsche Bundesbank*, Wechselkursmechanismus II, https://www.bundesbank.de.

5.3.5 Europäischer Stabilitätsmechanismus

Der Europäische Stabilitätsmechanismus (ESM mit Sitz in Luxemburg)[1] kann als „Europäischer Währungsfonds" bezeichnet werden, um Ländern mit Finanzproblemen beizustehen. Der ESM ist eine auf Dauer angelegte Internationale Finanzinstitution. Der ESM soll zur Stabilität und zum Schutz der Europäischen Währungsunion beitragen. Die Griechenlandkrise, aber auch Krisen in Spanien, Portugal, Irland und Zypern, waren der Anlass für die Gründung des ESM.

Die Finanzhilfen des ESM können nur den Euro-Mitgliedsstaaten gewährt werden. Dazu gehören:[2]

- Darlehensgewährung an ein Mitgliedsland, das sich zu makroökonomischen Anpassungsprogrammen verpflichtet.
- Vorsorgliche Programme bei kurzfristigen Finanzierungsproblemen für Mitgliedsländer, die über grundsätzliche Fundamentaldaten verfügen, die in Ordnung sind.
- Rekapitalisierung von Finanzinstituten bei bedrohlicher Situation im Finanzmarkt eines Mitgliedslandes
- Darlehen an ein Mitgliedsland (indirekte Bankenrekapitalisierung)
- Direkte Bankenrekapitalisierung durch den ESM unter bestimmten Voraussetzungen
- Primärmarktkäufe: ESM kauft Neuemissionen von Anleihen eines Mitgliedslandes.
- Sekundärmarktkäufe: Bei Gefahren der Finanzstabilität kann der ESM Anleihen eines Mitgliedslandes auf einem Sekundärmarkt (Anleihen sind bereits im Umlauf) kaufen.

Die Organe des ESM sind:[3]

- Gouverneursrat: Finanzminister des Eurowährungsraumes
- Direktorium: ein Vertreter je Mitgliedsland.

Finanzhilfen müssen vom Gouverneursrat einstimmig getroffen werden. Finanztechnische und organisatorische Entscheidungen bedürfen einer qualifizierten Mehrheit von 80 % der Kapitalanteile. Bei eiligen Entscheidungen zu Finanzhilfen ist eine qualifizierte Mehrheit von 85 % der Kapitalanteile erforderlich. Der deutsche Anteil am ESM-Kapital beträgt 26,9616 %. Deutschland hat eine Sperrminorität. Wenn der Bundeshaushalt durch eine Entscheidung betroffen ist, darf der deutsche Vertreter beim ESM ohne Bundestagsbeschluss nicht zustimmen.

Wie ist der Ablauf bei Finanzproblemen eines Landes?[4]

---

[1] Vgl. *Bundesministerium der Finanzen*, Stabilitätsmechanismus, http://www.bundesfinanzministerium.de.
[2] Vgl. *Bundesministerium der Finanzen*, Fragen und Antworten zum Europäischen Stabilitätsmechanismus, https://www.bundesfinanzministerium.de.
[3] Vgl. *Bundesministerium der Finanzen*, Fragen und Antworten zum Europäischen Stabilitätsmechanismus, https://www.bundesfinanzministerium.de.
[4] Vgl. *Bundesministerium der Finanzen*, Fragen und Antworten zum Europäischen Stabilitätsmechanismus, https://www.bundesfinanzministerium.de.

5. Ziele und Institutionen der Europäischen Union | 5.3 Wirtschafts- und Währungsunion

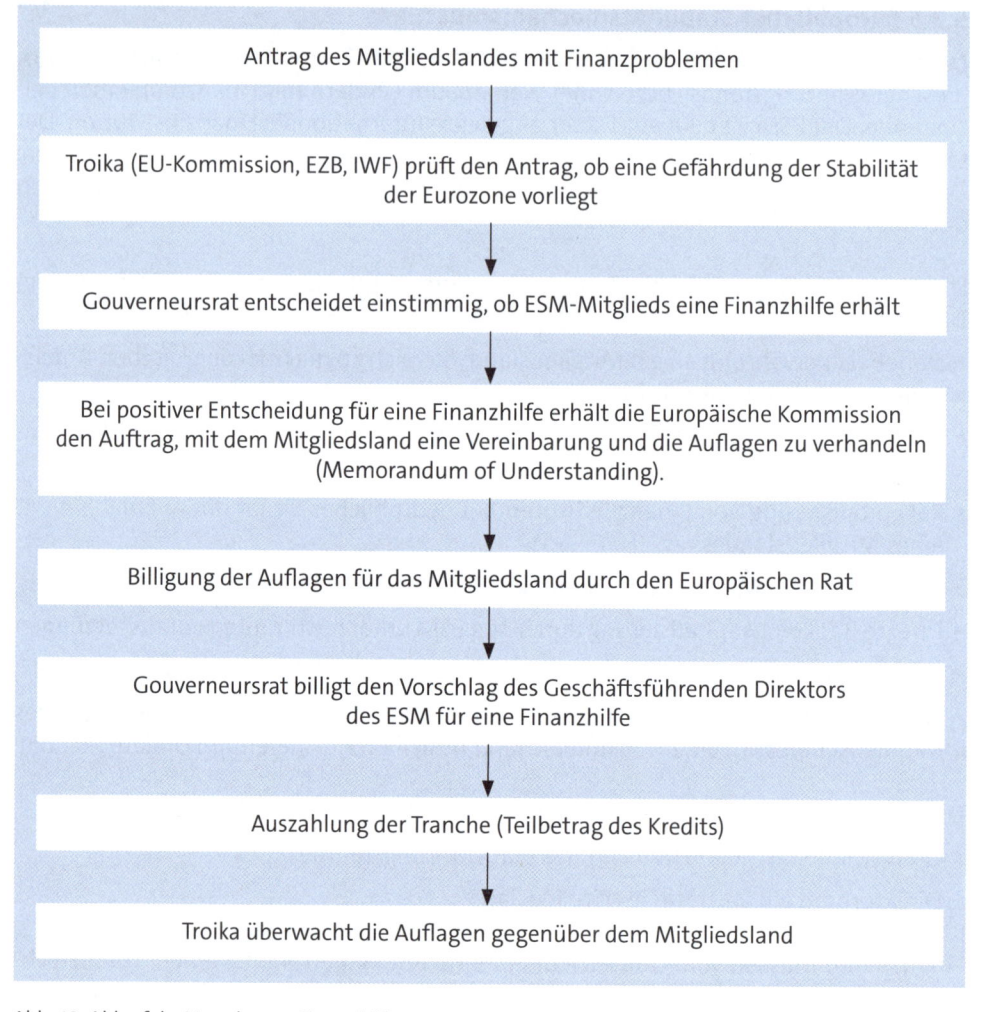

```
┌─────────────────────────────────────────────────────────────────────┐
│              Antrag des Mitgliedslandes mit Finanzproblemen         │
└─────────────────────────────────────────────────────────────────────┘
                                   ↓
┌─────────────────────────────────────────────────────────────────────┐
│   Troika (EU-Kommission, EZB, IWF) prüft den Antrag, ob eine        │
│   Gefährdung der Stabilität der Eurozone vorliegt                   │
└─────────────────────────────────────────────────────────────────────┘
                                   ↓
┌─────────────────────────────────────────────────────────────────────┐
│   Gouverneursrat entscheidet einstimmig, ob ESM-Mitglieds eine      │
│   Finanzhilfe erhält                                                │
└─────────────────────────────────────────────────────────────────────┘
                                   ↓
┌─────────────────────────────────────────────────────────────────────┐
│   Bei positiver Entscheidung für eine Finanzhilfe erhält die        │
│   Europäische Kommission den Auftrag, mit dem Mitgliedsland eine    │
│   Vereinbarung und die Auflagen zu verhandeln                       │
│   (Memorandum of Understanding).                                     │
└─────────────────────────────────────────────────────────────────────┘
                                   ↓
┌─────────────────────────────────────────────────────────────────────┐
│   Billigung der Auflagen für das Mitgliedsland durch den            │
│   Europäischen Rat                                                   │
└─────────────────────────────────────────────────────────────────────┘
                                   ↓
┌─────────────────────────────────────────────────────────────────────┐
│   Gouverneursrat billigt den Vorschlag des Geschäftsführenden       │
│   Direktors des ESM für eine Finanzhilfe                            │
└─────────────────────────────────────────────────────────────────────┘
                                   ↓
┌─────────────────────────────────────────────────────────────────────┐
│         Auszahlung der Tranche (Teilbetrag des Kredits)             │
└─────────────────────────────────────────────────────────────────────┘
                                   ↓
┌─────────────────────────────────────────────────────────────────────┐
│   Troika überwacht die Auflagen gegenüber dem Mitgliedsland         │
└─────────────────────────────────────────────────────────────────────┘
```

Abb. 48: Ablauf der Vergabe von Finanzhilfen

„Am 27. Januar 2021 haben die Mitglieder des Europäischen Stabilitätsmechanismus (ESM) das Übereinkommen zur Änderung des Vertrags vom 2. Februar 2012 zur Einrichtung des Europäischen Stabilitätsmechanismus (ESM-Änderungsübereinkommen) unterzeichnet." [1]

Der ESM musste reformiert werden, um [2]

- die Effizienz des ESM zu erhöhen,
- bei Bankenabwicklungen die Kompetenzen des ESM zu erweitern,

---

[1] *Bundesministerium der Finanzen*, Reform Europäischer Stabilitätsmechanismus (ESM), https://www.bundesfinanzministerium.de.

[2] Vgl. *Europäischer Rat*, Reform des Europäischen Stabilitätsmechanismus (ESM), https://www.consilium.europa.eu.

- die Krisenvorsorge zu verbessern und
- die Widerstandsfähigkeit (Resilienz) der Wirtschafts- und Währungsunion zu steigern.

Das ESM-Änderungsübereinkommen muss von den ESM-Mitgliedsländern jeweils noch ratifiziert werden.

Folgende wesentliche Neuerungen des ESM-Vertrags wurden beschlossen:[1]
- Die vorsorglichen Finanzhilfeinstrumente wurden hinsichtlich ihrer Wirkung gestärkt.
- eine Letztsicherungsfazilität für den einheitlichen Abwicklungsfonds zur Unterstützung der Bankenabwicklung
- ESM soll die makroökonomische und finanzielle Situation der ESM-Mitgliedsländer und die Schuldentragfähigkeit ohne Antrag eines Mitglieds analysieren und bewerten können.

5.3.6 Europäische Wettbewerbspolitik

Nachfolgend werden ausgewählte Aspekte zur europäischen Wettbewerbspolitik kurz dargestellt.[2]

Ziele	Die EU-Wettbewerbsvorschriften dienen dazu, den Wettbewerb im Binnenmarkt zu fördern. Ein funktionierender Wettbewerb impulsiert Innovationen, geringstmögliche Preise sowie Wirtschaftswachstum. Für Unternehmen außerhalb der EU, die aber im Binnenmarkt aktiv sind, gilt die EU-Wettbewerbspolitik auch.[3]
Zuständigkeit	Die nationale Wettbewerbsbehörde (Bundeskartellamt) ist für Verstöße in Deutschland zuständig. Aufgrund der Internationalisierung, z. B. Kartellbildung in mehreren EU-Ländern, sind die EU-Kommission (Generaldirektion Wettbewerb) sowie die nationalen Wettbewerbsbehörden zuständig. Es wurde das Netzwerk der europäischen Wettbewerbsbehörden (ECN) gegründet, um Informationen über Verstöße gegen Wettbewerbsregeln auszutauschen und zu entscheiden, welche Behörde dafür zuständig ist.

---

[1] Vgl. *Europäischer Rat*, Reform des Europäischen Stabilitätsmechanismus (ESM), https://www.consilium.europa.eu.; vgl. *Deutscher Bundestag*, Aussprache zur Reform des Europäischen Stabilitätsmechanismus, 2021, https://www.bundestag.de.
[2] Vgl. *Europäische Union*, Die Europäische Union erklärt – Wettbewerb, https://europa.eu.
[3] Vgl. *Europäisches Parlament*, Kurzdarstellungen über die Europäische Union – 2021, Wettbewerbspolitik, https://www.europarl.europa.eu.

Unternehmens-zusammenschlüsse	Die EU-Kommission kann durch die Fusionskontrollverordnung[1] Unternehmenszusammenschlüsse verbieten, wenn der Wettbewerb stark beeinträchtigt ist und Verbraucher mit höheren Preisen und eingeschränkten Wahlmöglichkeiten rechnen müssen. Die EU-Kommission prüft Zusammenschlüsse von Unternehmen mit gemeinschaftsweiter Bedeutung anhand von Schwellenwerten. Die EU-Kommission versieht genehmigte Zusammenschlüsse häufig mit Auflagen.
Unternehmens-vereinbarungen	Wettbewerbswidrige Absprachen, z. B. Kartelle, sind gemäß Artikel 101 des Vertrags über die Arbeitsweise der Europäischen Union (AEUV) verboten. Folgende Vereinbarungen verstoßen gegen die Wettbewerbsregeln: ▶ Preisabsprachen, Produktion begrenzen ▶ Aufteilung von Märkten oder Kunden ▶ Wiederverkaufspreise zwischen Hersteller und Händler festlegen. Vereinbarungen sind zulässig, wenn gemeinsame technische Standards entwickelt werden, keine konkurrierenden Unternehmen beteiligt sind und die positiven Auswirkungen im Gesamtbild größer sind als die negativen Aspekte. Um Kartelle aufzudecken, verwendet die EU-Kommission die „Kronzeugenpolitik". Die Geldbußen vermindern sich für die am Kartell beteiligten Unternehmen, wenn die Rolle als Kronzeuge eingenommen wird.
Markt-beherrschende Stellung	Nach Art. 102 des AEUV ist ein Missbrauch einer marktbeherrschenden Stellung verboten. Dazu gehören Wucher- und Dumpingpreise sowie Koppelgeschäfte, die den Verbraucher zwingen, zu einem Produkt noch ein weiteres zu kaufen. Die EU-Kommission kann z. B. Räumlichkeiten durchsuchen und die Bücher der betroffenen Unternehmen einsehen.
Durchleitungs-rechte	Darunter versteht man die Möglichkeit als Anbieter (z. B. für Strom, Gas) das Netz eines anderen Anbieters nutzen zu können. Es sollen überhöhte Nutzungsentgelte für Leitungen verhindert sowie der Netzzugang ermöglicht werden. Somit können günstigere Preise für Verbraucher entstehen.
Gruppen-freistellungen	Nach Art. 101 Abs. 3 AEUV können Gruppen von Unternehmen (z. B. Kfz-Branche, Technologieunternehmen bzgl. Forschung und Entwicklung etc.) vom Kartellverbot freigestellt werden. Es gibt auch Einzelfreistellungsverordnungen für einzelne Unternehmen. **Beispiel** Automobilhersteller dürfen freien Werkstätten keine Ersatzteillieferungen verweigern, weil sie keine Vertragswerkstätten sind. Der Grund für die Ausnahmeregelung besteht darin, den Verbraucher besser zu stellen und den Wettbewerb zu fördern.

---

[1] Für Details siehe VERORDNUNG (EG) Nr. 139/2004 DES RATES vom 20. Januar 2004 über die Kontrolle von Unternehmenszusammenschlüssen („EG-Fusionskontrollverordnung").

Staatliche Beihilfen	Staatliche Beihilfen für einzelne Branchen oder Unternehmen sind verboten, wenn der Wettbewerb dadurch verzerrt wird (Artikel 107, 108 AEUV). Die Regierung des EU-Landes muss die EU-Kommission bezüglich der geplanten Subventionen informieren. Beihilfen sind meist zulässig, wenn ein öffentliches Interesse besteht und z. B. Arbeitsplätze gesichert oder geschaffen werden.

5.4 Internationale Wirtschaftsorganisationen

5.4.1 WTO

Die WTO (World Trade Organization) hat zum Ziel, den Freihandel zu fördern.

- Grundsatz der Meistbegünstigung: Vorteile für ein WTO-Mitglied müssen auch den anderen WTO-Mitgliedern gewährt werden. Dadurch wird Diskriminierung vermieden.

Die Aufgaben der WTO sind:[1]

- Verhandlungen zwischen den WTO-Mitgliedern, um den Welthandel zu fördern sowie die Entwicklungsländer weiter in die Weltwirtschaft zu integrieren (z. B. „Doha-Runde")
- Monitoring der Handelspolitiken der WTO-Mitglieder sowie zusammen mit der Weltbank und der UNCTAD[2] (G20-Mandat) Überwachung der Handelspolitik bei der Bewältigung von Wirtschafts- und Finanzkrisen
- Streitschlichtung zwischen den WTO-Mitgliedern.

Die Grundprinzipien der WTO sind:[3]

- Inländerprinzip: Ausländische Waren und deren Anbieter dürfen nicht ungünstiger behandelt werden als einheimische Waren und deren Anbieter.
- Transparenz: Die Regelungen der WTO-Mitglieder zum Außenhandel müssen dem WTO-Sekretariat gemeldet und veröffentlicht werden.
- Abbau von Handelshemmnissen:
  - tarifäre Handelshemmnisse: Zölle
  - nicht tarifäre Handelshemmnisse: ausgeprägte Verwaltungsvorschriften, Vorschriften zur Sicherheit, Gesundheit, Umweltschutz oder Subventionen, mengenmäßige Handelsbeschränkungen
- Gegenseitigkeit: Die WTO ist ein System von „multilateralen Zugeständnissen" (Konzessionen). Die Ergebnisse der Verhandlungen sind für alle WTO-Mitglieder bindend, z. B. Importzollsatz. Die gegenseitigen Zugeständnisse sollten zwischen den Mitgliedern

---

[1] Vgl. *Bundesministerium für Wirtschaft und Energie*, Ziele, Aufgaben und Prinzipien, https://www.bmwi.de.
[2] *United Nations Conference on Trade and Development*, https://unctad.org.
[3] Vgl. *Bundesministerium für Wirtschaft und Energie*, Ziele, Aufgaben und Prinzipien, https://www.bmwi.de.

ausgewogen sein, wobei die Entwicklungsländer gegenüber den Industrieländern keine gleichwertigen Zugeständnisse einräumen müssen.

Die Aktivitäten der WTO sind vielfältig. Eine grobe und klassische Unterteilung erfolgt nach folgenden Gruppen:

```
                              WTO
          ┌────────────────────┼────────────────────┐
GATT = General Agreement   GATS = General Agreement   TRIPS = Trade Related
on Tariffs and Trade       on Trade in Services       Aspects of Intellectual
Liberalisierung des Waren- Liberalisierung von Dienst- Property Rights
handels, z. B. der Landwirt- leistungen, z. B. Bildung, Abkommen zu Patenten,
schaft, Industrie          Tourismus                   Lizenzen und Urheber-
                                                       rechten
```

Abb. 49: WTO

Darüber hinaus spielt GPA (Agreement on Government Procurement) als „plurilaterales" WTO-Abkommen eine Rolle. GPA soll zu einem transparenten und fairen Wettbewerb im öffentlichen Beschaffungswesen sowie zur gegenseitigen Öffnung der öffentlichen Beschaffungsmärkte führen.[1]

Da die EU eine gemeinsame Außenhandelspolitik betreibt, werden die Interessen der EU einheitlich bei der WTO vertreten.

5.4.2 OECD

Die OECD (Organisation für wirtschaftliche Zusammenarbeit und Entwicklung) hat ihren Sitz in Paris. Die OECD folgte ab 1961 der Organisation, die zum Wiederaufbau Europas aufgrund des Marshallplans beitrug. Die Kernaufgaben der OECD[2] liegen in der Liberalisierung, Förderung des Wirtschaftswachstums, in der Analyse zu Schulsystemen sowie zu gesellschaftlichen Veränderungen. Die OECD spezialisierte sich auch auf ökonomische und gesellschaftliche Vorhersagen.

5.4.3 IWF und Weltbank

Den IWF (Internationale Währungsfonds) kann man sich wie eine Versicherung vorstellen. Die Mitgliedsländer zahlen einen Teil ihres Bruttoinlandsprodukts in einen Fonds ein. Wenn ein Mitgliedsland in Schwierigkeiten gerät, dann kann das Land Zahlungen

---

[1] Vgl. *WTO*, https://www.wto.org.
[2] Vgl. *OECD*, Ziel der Organisation, http://www.oecd.org.

aus dem Fonds erhalten. Der IWF hat eine eigene Währung, die Sonderziehungsrechte (SZR) heißt. Der IWF engagiert sich überwiegend auf makroökonomischer Ebene, z. B. zur Förderung der Stabilität der Wechselkurse, Zahlungsbilanzschwierigkeiten oder Schuldenkrisen. Die IWF-Kredite sind an Auflagen gebunden. Der IWF wurde von *Keynes* auf der Konferenz von Bretton Woods (1944) mitbegründet. Das Keynesianische Konzept (>> Kapitel 4.4) beinhaltet die Intervention des **Staates** (hier: des IWF), um zu regulieren.

Die Weltbank hat ihren Sitz, wie der IWF, in Washington. Die Weltbank wurde ebenso 1944 auf der Konferenz von Bretton Woods gegründet und ist eine UN-Sonderorganisation. Die Weltbank beschäftigt sich mit der Förderung von armen Ländern und agiert tendenziell auf Projektbasis. Sie unterstützt Investitionen im Bereich Bildung, Wasserversorgung etc.

MERKE

- Das zentrale politische Ziel der EU liegt in der Bewahrung des Friedens. Darüber hinaus sollen z. B. Ungleichgewichte zwischen den einzelnen Teilen der EU reduziert werden.
- Die Konvergenzkriterien sollen sich innerhalb bestimmter Bereiche bewegen, damit die Voraussetzungen zum Euro-Beitritt gegeben sind. Zu den Konvergenzkriterien zählen die Preisstabilität, die Schuldenstandsquote, die Maastricht-Defizitgrenze, die Wechselkursstabilität innerhalb von Bandbreiten sowie der langfristige Zinssatz.
- Der Stabilitäts- und Wachstumspakt hat eine präventive Komponente, um frühzeitig das 3 %-Kriterium zu beobachten und bei Abweichungen gegenzusteuern. Im Rahmen des korrektiven Verfahren können ein Defizitverfahren sowie Geldbußen folgen, wenn die Defizit-Kriterien verletzt und korrigierende Maßnahmen nicht umgesetzt werden.
- Der Europäische Stabilitätsmechanismus ist ein „Europäischer Währungsfonds" für Euro-Länder mit Finanzproblemen. Die Troika (EU-Kommission, EZB, IWF) prüft die Anträge und leitet Reformprogramme ein. Zudem werden Zahlungen an die Problemländer geleistet.
- Der europäische Binnenmarkt basiert auf den vier Grundfreiheiten „Freier Warenverkehr, freier Personenverkehr, freier Kapitalverkehr, freier Dienstleistungsverkehr". Der Wettbewerb im Binnenmarkt soll durch die europäische Wettbewerbspolitik gewährleistet werden.
- Euro-Beitrittsländer müssen zwei Jahre „spannungsfrei" am Wechselkursmechanismus II teilgenommen haben.
- Das Primärrecht beinhaltet die grundsätzlichen Verträge zwischen den EU-Mitgliedsländern, während das Sekundärrecht über Verordnungen und Richtlinien verwirklicht wird.

- Europäische Institutionen sind „Der Europäische Rat", „Der Rat" („Ministerrat"), das „Europäische Parlament", die „Europäische Kommission", die „Europäische Zentralbank", der „Europäische Gerichtshof" sowie der „Europäische Rechnungshof".
- Die Aufgabe der WTO besteht darin, den Freihandel zu fördern sowie tarifäre und nichttarifäre Handelshemmnisse abzubauen. Die OECD hat auch die Liberalisierung zum Ziel. Zudem analysiert die OECD die wirtschaftlichen und gesellschaftlichen Entwicklungen.
- Der IWF ist mit seinem Interventionsmechanismus auf makroökonomische Probleme ausgerichtet, während die Weltbank tendenziell auf Projektbasis agiert und arme Länder unterstützt.

6. Berücksichtigen der Bestimmungsfaktoren für Standort- und Rechtsformwahl jeweils unter Einbeziehung von Globalisierungsaspekten

6.1 Bestimmungsfaktoren für die Standortwahl

Der Standort eines Unternehmens sowie seiner Betriebsstätten können ein wesentlicher Faktor für den Erfolg sein. Nachfolgend werden in Abb. 50 ausgewählte Bestimmungsfaktoren für die Standortwahl aufgezeigt.

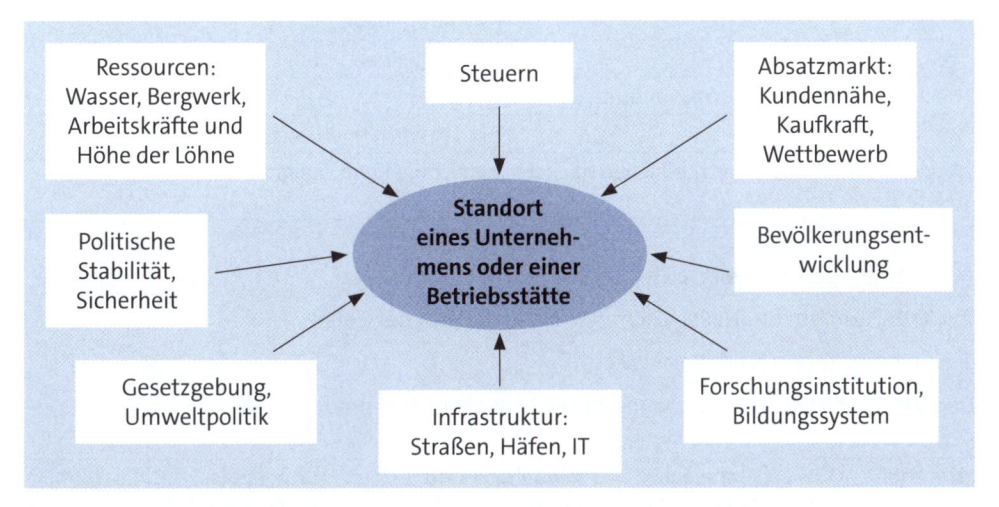

```
          Ressourcen:              Steuern             Absatzmarkt:
          Wasser, Bergwerk,                            Kundennähe,
          Arbeitskräfte und                            Kaufkraft,
          Höhe der Löhne                               Wettbewerb

                              Standort
          Politische          eines Unterneh-          Bevölkerungsent-
          Stabilität,         mens oder einer          wicklung
          Sicherheit          Betriebsstätte

          Gesetzgebung,                                Forschungsinstitution,
          Umweltpolitik       Infrastruktur:           Bildungssystem
                              Straßen, Häfen, IT
```

Abb. 50: Bestimmungsfaktoren Standortwahl

Unternehmen stehen häufig vor der Entscheidung, ob ein nationaler und/oder ein internationaler Standort gewählt wird. Die Betriebsgröße sowie die Art der Geschäftstätigkeit spielt hierbei eine wichtige Rolle. Ein Handwerker, z. B. Gas- und Wasserinstallateur, mit einer Betriebsgröße von fünf Mitarbeitern wird vermutlich keine Betriebsstätte in China eröffnen. Ein Automobilhersteller wird dagegen in China eine Produktion aufbauen, weil die Löhne in China relativ zu den Löhnen in Deutschland gering sind und ein großer Absatzmarkt für die erstellten Pkw vorhanden ist.

Darüber hinaus ist zwischen „harten" und „weichen" → **Standortfaktoren** zu unterscheiden.

▶ harte Standortfaktoren: Lohnhöhe, Steuern, Zahl der Konsumenten
▶ weiche Standortfaktoren: Image des Standortes, Freizeitmöglichkeiten, Wohnsituation für Mitarbeiter.

6.2 Standortbewertung und -wahl

Die „harten" Standortfaktoren können bei verschiedenen Standortalternativen z. B. mithilfe der Kostenvergleichsrechnung verglichen werden. Für die „weichen" Faktoren kann eine Nutzwertanalyse eingesetzt werden, um die nicht direkt messbaren Bestimmungsfaktoren vergleichbar zu machen. Häufig wird ein **Paarvergleich** der Nutzwertanalyse vorgeschaltet, um die Gewichtung der Kriterien der Nutzwertanalyse zu ermitteln. Durch ein Brainstorming werden qualitative sowie nicht direkt messbare Kriterien für einen Standort aufgestellt.

Kriterien	Ausprägungen
Image des Standortes	gleichbleibend, steigt, fällt
Nachhaltige Wirtschaftsentwicklung	dto.
Infrastruktur	kaum vorhanden, mittel, intensiv
Angebotserhöhung Gewerbeflächen nächste 5 Jahre	gleichbleibend, steigt, fällt

Im Rahmen des **Paarvergleichs** der Kriterien wird definiert:

2 = Kriterium der Spalte ist wichtiger als Kriterium der Zeile.

1 = Beide Kriterien sind gleich wichtig.

0 = Kriterium der Spalte ist weniger wichtig als Kriterium der Zeile.

Kriterien	Image des Standortes	Nachhaltige Wirtschaftsentwicklung	Infrastruktur	Angebotserhöhung Gewerbeflächen in den nächsten 5 Jahren	
Image des Standortes		2	1	2	5
Nachhaltige Wirtschaftsentwicklung	0		0	2	2
Infrastruktur	1	2		2	5
Angebotserhöhung Gewerbeflächen in den nächsten 5 Jahren	0	0	0		0
Summe	1	4	1	6	12
Rang	3,5	2	3,5	1	
Gewichtung	0,1	0,3	0,1	0,5	1,0 (100 %)

Der Paarvergleich liefert die Gewichtung der Kriterien (letzte Zeile der Tabelle), die für die Nutzwertanalyse verwendet werden können.

Die nachfolgende **Nutzwertanalyse** kann Standorte anhand von (qualitativen) Kriterien vergleichen. Die Gewichtungen werden mit dem Paarvergleich ermittelt. Es wird eine Ordinalskala verwendet, die eine Rangordnung ermöglicht.

Ordinalskala: 1= sehr gut, ..., 5 = schlecht

Je Kriterium wird die Gewichtung mit dem nummerierten Standort multipliziert und in die Spalte Nutzwert der jeweiligen Alternative eingetragen.

Beispiel

Image des Standortes; 0,1 • 2 = 0,2 und 0,1 • 3 = 0,3

Die Produktwerte der Spalten „Nutzwert A" und „Nutzwert B" werden addiert und dann verglichen. Beim Vergleich muss darauf geachtet werden, dass der niedrigere Wert der „bessere" Wert ist, weil die Ordinalskala für „1 = sehr gut" vorsieht.

Kriterien	Gewichtung	Standort A	Standort B	Nutzwert A	Nutzwert B
Image des Standortes	0,1	2	3	0,2	0,3
Nachhaltige Wirtschaftsentwicklung	0,3	1	3	0,3	0,9
Infrastruktur	0,1	1	3	0,1	0,3
Angebotserhöhung Gewerbeflächen in den nächsten 5 Jahren	0,5	2	2	1,0	1,0
	1,0			1,6	2,5
				Rang 1	Rang 2

Die Entscheidung fällt zugunsten dem Standort A. Wesentlich ist, dass nach Bestimmung des Nutzwertes nochmals die Skala betrachtet wird, damit die Rangordnung ermittelt werden kann.

Durch eine Sensitivitätsanalyse kann die Entscheidung auf Stabilität überprüft werden, indem die Gewichtungen und die Bewertungen nochmals durchgeführt werden. Dies kann z. B. nach einer definierten Zeit erfolgen, wenn zusätzliche Informationen zum Entscheidungssachverhalt auftauchen. Wenn die gleiche Rangordnung durch die Sensitivitätsanalyse wie bei der erstmaligen Durchführung der Nutzwertanalyse resultiert, dann ist die Entscheidung stabil.

> **MERKE**
>
> ▸ Es gibt vielfältige Bestimmungsfaktoren für die Standortwahl. Generell spielen „harte" und „weiche" Standortfaktoren eine Rolle sowie die Betriebsgröße und die Art der Geschäftstätigkeit, ob ein nationaler oder internationaler Standort infrage kommt.
>
> ▸ Für die Standortbewertung und -wahl wird ein Paarvergleich zur Bestimmung der Gewichtung der Kriterien für die Nutzwertanalyse herangezogen. Durch eine Nutzwertanalyse kann durch einen Alternativvergleich anhand qualitativer Kriterien eine Entscheidung getroffen werden. Für die quantitativen Kriterien kann z. B. eine Kostenvergleichsrechnung eingesetzt werden.

6.3 Bestimmungsfaktoren für die Wahl der Rechtsform

Die Wahl der Rechtsform hat verschiedene Wirkungen, die bei der Unternehmensgründung als auch bei einer späteren Änderung der Rechtsform (z. B. OHG in GmbH umwandeln) beachtet werden sollten.

Bestimmungsfaktor für die Wahl der Rechtsform	Bedeutung
Leitungsbefugnis	Beim Einzelunternehmer liegt die Leitungsbefugnis beim Inhaber, während bei einer GmbH ein Geschäftsführer von der Gesellschafterversammlung bestimmt wird.
Aufsicht/Kontrolle	Es wird die Aufsicht und Kontrolle durch den Inhaber oder die Gesellschafter einer Personengesellschaft selbst durchgeführt. Zudem kann die Aufsicht und Kontrolle von einem Aufsichtsrat mit dritten Personen bei einer Kapitalgesellschaft realisiert werden.
Haftung	beispielsweise bei Einzelunternehmen mit Privat- und Geschäftsvermögen, während bei Kapitalgesellschaften die Haftung auf die Einlage beschränkt ist
Mitbestimmung	Welchen Einfluss sollen die Gesellschafter auf die Unternehmensführung haben?
Kapitalbeschaffung	bei Einzelunternehmen und Personengesellschaften i. d. R. begrenzt, während bei Kapitalgesellschaften mehr Möglichkeiten zur Kapitalbeschaffung bestehen
Ergebnisbeteiligung	je nach Rechtsform meist abhängig vom Vertrag oder Gesetz

Bestimmungsfaktor für die Wahl der Rechtsform	Bedeutung
Kapitalentnahmerechte	bei Einzelunternehmer möglich, bei Kapitalgesellschaft (GmbH, AG) nicht möglich
Publizitätspflicht	Umfang der Offenlegung von Bestandteilen des Jahresabschlusses abhängig von der Größe des Einzelunternehmens und der Personengesellschaft oder der Kapitalgesellschaft
Besteuerung	▸ Kapitalgesellschaften: 15 % Körperschaftssteuer ▸ Einzelunternehmer, Gesellschafter von Personengesellschaften: persönlicher Einkommenssteuersatz Aufgrund einer Modernisierung des Körperschaftsrechts (KöMoG) können Personenhandelsgesellschaften und Partnerschaftsgesellschaften eine Option zur Körperschaftssteuer beantragen.[1] Dies ist ab dem Jahr 2022 möglich.

6.4 Rechtsformen

Die Kaufmannseigenschaft wird wie folgt erlangt:

▸ § 1 HGB: Istkaufmann
  - betreibt ein Handelsgewerbe
  - Handelsgewerbe ist jeder Gewerbebetrieb
  - ein nach Art und Umfang in kaufmännischer Weise eingerichteter Geschäftsbetrieb ist erforderlich

▸ § 2 und 3 HGB: Kannkaufmann, durch freiwillige Eintragung ins Handelsregister
  - Kleingewerbetreibende
  - Land- und forstwirtschaftliches Unternehmen mit „nach Art und Umfang einen in kaufmännischer Weise eingerichteten Geschäftsbetrieb"

▸ § 6 HGB: Formkaufmann
  - Kapitalgesellschaften, Genossenschaften, Vereine
  - durch Eintragung ins Handelsregister entsteht die Kaufmannseigenschaft.

---

[1] Vgl. *Deutscher Bundestag*, Zustimmung Bundesrat vom 25.06.2021; Gesetz tritt am 01.01.2022 in Kraft, www.bundestag.de.

Die Rechtsformen verteilen sich gemäß dem Statistischen Bundesamt wie folgt:[1]

Sonstige Rechtsformen 6,4 %
Kapitalgesellschaften 21,3 %
Personengesellschaften 11,3 %
Einzelunternehmen 61 %

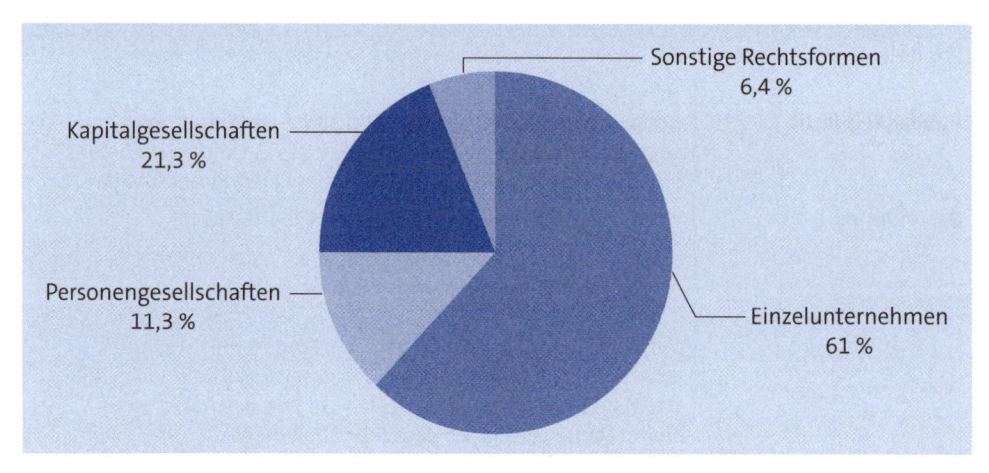

Abb. 51: Rechtsformverteilung

Bestimmungs-faktor für die Wahl der Rechtsform	Einzelunternehmen	OHG (Offene Handels-gesellschaft)	KG (Kommandit-gesellschaft)
Leitungsbefugnis	Inhaber	jeder Gesellschafter (mind. 2) oder nach Gesellschaftsvertrag	Komplementär (Voll-hafter); Kommandi-tisten sind von Geschäftsführung ausgeschlossen (§ 164 HGB)
Aufsicht/Kontrolle	Inhaber	alle Gesellschafter	Komplementäre Kommanditisten haben Kontrollrecht bzgl. Jahresabschluss (§ 166 HGB)
Haftung	Inhaber mit Privat- und Geschäfts-vermögen	Jeder Gesellschafter haftet unmittelbar, unbeschränkt und solidarisch.	Komplementäre wie bei OHG; Kommanditist bis zur Höhe seiner Einlage (§ 171 HGB)
Kapital-beschaffung	aus Privatvermögen des Inhabers oder Bankkredit	aus Privatvermögen der Gesellschafter oder Bankkredit; zusätzliche Aufnahme von Gesell-schaftern	aus Privatvermögen der Gesellschafter, Bankkredit oder zu-sätzliche Aufnahme von Gesellschaftern

---

[1] Vgl. *Statistisches Bundesamt*, Rechtliche Einheiten nach zusammengefassten Rechtsformen im Berichts-jahr 2019, Stand 07.12.2020, https://www.destatis.de.

Bestimmungs-faktor für die Wahl der Rechtsform	Einzelunternehmen	OHG (Offene Handels-gesellschaft)	KG (Kommandit-gesellschaft)
Ergebnis-beteiligung	Gewinne werden dem Eigenkapital unter Berücksichtigung der Privatentnahmen zugeschlagen; Verluste trägt der Inhaber.	§ 121 HGB, 4 % auf Kapitaleinlage und Rest nach Köpfen; Verluste werden zu gleichen Teilen von den Gesellschaftern getragen.	§ 167 - 169 HGB: Komplementär und Kommanditist erhalten 4 % auf ihre Kapitaleinlage; Komplementär erhält Vergütung für Geschäftsführung; Rest wird in angemessenem Verhältnis verteilt.
Kapitalentnahme-rechte	durch Privatentnahmen möglich	§ 122 HGB; bis zu 4 % seines für das letzte Geschäftsjahr festgestellten Kapitalanteils	Komplementär wie bei OHG; für den Kommanditisten findet § 122 HGB keine Anwendung (siehe § 169 HGB); Kommanditist nur Anspruch auf Auszahlung
Publizitätspflicht	§ 1 Publizitätsgesetz, wenn Schwellenwerte für best. Größen überschritten	wie bei Einzelunternehmen	wie bei Einzelunternehmen und OHG
Besteuerung	individuelle Einkommensteuersatz auf Gewinn; Thesaurierungsbesteuerung § 34a EStG	wie bei Einzelunternehmen Aufgrund einer Modernisierung des Körperschaftsrechts (KöMoG) können Personenhandelsgesellschaften und Partnerschaftsgesellschaften eine Option zur Körperschaftssteuer beantragen.[1] Dies ist ab dem Jahr 2022 möglich.	wie bei Einzelunternehmen Aufgrund einer Modernisierung des Körperschaftsrechts (KöMoG) können Personenhandelsgesellschaften und Partnerschaftsgesellschaften eine Option zur Körperschaftssteuer beantragen.[1] Dies ist ab dem Jahr 2022 möglich.

---

[1] Vgl. *Deutscher Bundestag*, Zustimmung des Bundesrates vom 25.06.2021, das Gesetz tritt ab 01.01.2022 in Kraft, www.bundestag.de.

Bestimmungs-faktor für die Wahl der Rechtsform	GmbH (Gesellschaft mit beschränkter Haftung)	AG (Aktiengesellschaft)
Leitungsbefugnis	Gesellschafter (ein od. mehrere) als Geschäftsführer oder Dritter als Geschäftsführer	Vorstand (ein oder mehrere); wird vom Aufsichtsrat bestellt
Aufsicht/Kontrolle	Gesellschafterversammlung, Aufsichtsrat (§ 52 GmbHG)	§ 95 ff. AktG: und § 119; Aufsichtsrat wird durch Hauptversammlung bestellt
Kapitaleinlage	mindestens 25.000 €, Sacheinlagen möglich	Grundkapital bzw. gezeichnete Kapital mindestens 50.000 €; Sacheinlagen möglich
Haftung	§ 43 GmbHG: Geschäftsführer hat Sorgfalt bei der Geschäftsführung anzuwenden Gesellschafter haften bis zur Höhe ihrer Stammeinlage GmbH haftet mit Gesellschaftsvermögen	Aktionäre in Höhe der Kapitaleinlage AG haftet mit Gesellschaftsvermögen
Kapitalbeschaffung	§ 26 - 28 GmbHG: Nachschusspflicht der Gesellschafter, Aufnahme neuer Gesellschafter, Bankkredit	durch Kapitalerhöhungen möglich; abhängig vom Image und Rating der AG
Ergebnisbeteiligung	§ 29 GmbHG: Ergebnisverteilung nach dem Verhältnis der Geschäftsanteile (Abs. 3); Gesellschafter haben Anspruch auf den Jahresüberschuss bzw. Bilanzgewinn.	Aktionäre erhalten eine Dividende pro Aktie. § 174 AktG: Hauptversammlung beschließt über Gewinnverwendung.
Kapitalentnahmerechte	aus Stammeinlage nicht möglich	aus Aktie nicht möglich; Aktie kann verkauft werden
Publizitätspflicht	§§ 325, 326 HGB; größenabhängig; bei kleinen Kapitalgesellschaften Erleichterungen	wie bei GmbH
Besteuerung	Körperschaftssteuersatz von 15 %	wie bei GmbH

Nachfolgend werden weitere Rechtsformen kurz charakterisiert:

- **Gesellschaft des Bürgerlichen Rechts (GbR)**
  - §§ 705 ff. BGB
  - meist für Freiberufler, gemeinsame Projekte
  - Haftung wie bei OHG
  - Gewinnverteilung nach Köpfen oder nach Gesellschaftsvertrag.

- **Partnerschaftsgesellschaft (PartGG)**
  - § 1 PartGG: Zusammenschluss Angehörige freier Berufe, kein Handelsgewerbe
  - Haftung der Partner als Gesamtschuldner, wobei § 8 PartGG Abs. 2 die Haftung für berufliche Fehler spezifiziert, wenn nur einzelne Partner einen Auftrag bearbeiten.
  - Anmeldung zum Partnerschaftsregister; Name eines Partners und Zusatz „und Partner" (§ 2 PartGG)
  - Ergebnisverteilung wie OHG oder Vertrag.
- **Stille Gesellschaft**
  - § 230 HGB
  - Gewinn und Verlust (§ 231 HGB): Eine Gewinnbeteiligung ist erforderlich („angemessener Anteil"), wenn nicht vertraglich bestimmt. Keine Verlustbeteiligung durch Vertrag.
  - typisch stiller Gesellschafter: Kontrollrecht wie bei Kommanditist
  - atypisch stiller Gesellschafter: Mitunternehmer, partizipiert an „stillen Reserven", umfangreiche Kontrollrechte.
- **Unternehmergesellschaft (haftungsbeschränkt)**
  - § 5a GmbHG
  - Gründung mit 1 € möglich, „1 €-GmbH"
  - Firmierung mit „Unternehmergesellschaft (haftungsbeschränkt)" oder „UG (haftungsbeschränkt)"
  - Bildung einer gesetzlichen Rücklage in Höhe von 25 % des um einen Verlustvortrag aus dem Vorjahr geminderten Jahresüberschuss (§ 5a Abs. 3 GmbHG).
- **GmbH & Co. KG**
  - Personengesellschaft
  - GmbH ist Komplementär, Kommanditisten sind die GmbH-Gesellschafter
  - GmbH unterliegt Körperschaftssteuersatz von 15 %; die Gewinne der Kommanditisten (natürliche Personen) werden mit dem individuellen Einkommenssteuersatz belastet.
  - Nachteil: zwei Jahresabschlüsse, für GmbH und für KG.
- **Kommanditgesellschaft auf Aktien (KGaA)**
  - juristische Person
  - Einzelne Gesellschafter sind Komplementäre, der Rest sind Kommanditisten.
  - Einlagen sind durch Aktien verbrieft; Kommanditisten haften bis zur Höhe der Einlage.
  - KGaA unterliegt Körperschaftssteuersatz, Gewinne und Einkommen der Gesellschafter werden individuell versteuert.

- **Europäische wirtschaftliche Interessenvereinigung (EWIV)**
  - Rechtsgrundlage: Verordnung (EWG) Nr. 2137/85
  - zwei Gesellschaften aus verschiedenen EU-Mitgliedsländern
  - Zweck: wirtschaftliche Tätigkeit der Mitglieder verbessern; keine direkte Gewinnerzielungsabsicht
  - EWIV kann nicht mehr als 500 Mitarbeiter beschäftigen.
- **Societas Europaea (SE)**
  - Europäische Aktiengesellschaft
  - Mindestkapital: 120.000 €
  - Gesellschaften aus zwei EU-Staaten notwendig
  - Vorstand und Aufsichtsrat (dualistisches System); Aufsichtsrat kontrolliert Vorstand oder Leitung der SE durch einen Verwaltungsrat (monistisches System)
  - Durch die Gründung einer SE kann die europäische bzw. internationale Ausrichtung betont werden.

7. Berücksichtigen sozioökonomischer Aspekte der Unternehmensführung und des zielorientierten Wertschöpfungsprozesses im Unternehmen

7.1 Sozioökonomische Aspekte der Unternehmensführung

Unternehmen können als → **System** betrachtet werden. Was ist ein System?

Ein System besteht aus verschiedenen Elementen, die miteinander verknüpft sind. Die „verschiedenen Elemente" bei einem Unternehmen können die Funktionsbereiche „Beschaffung, Forschung & Entwicklung, Produktion, Logistik, IT, Vertrieb, Verwaltung" sein.

Die „Verknüpfungen" finden durch einen Informationsaustausch statt, der formell (E-Mail, Intranet etc.) informell (Gespräch zwischen Mitarbeitern verschiedener Bereiche), verbal (persönliches Gespräch, Telefonat) oder nonverbal (Körperhaltung bei bereichsübergreifendem Projektmeeting) realisiert werden kann. Ein Austausch von Informationen findet nicht nur im Unternehmen, sondern auch zwischen Unternehmen und externen Einflussgrößen (Kunden, Lieferanten, Wettbewerber etc.) statt. Dieser interne und externe Austausch von Informationen findet auch bei Organismen der Biologie statt, sodass das Bild des „sozialen Organismus" für das Unternehmen entstand. Die nachfolgende Abb. 52, die auch an eine Zelle aus der Biologie erinnert, zeigt die internen und externen Wechselbeziehungen (Pfeile) eines Unternehmens exemplarisch auf.

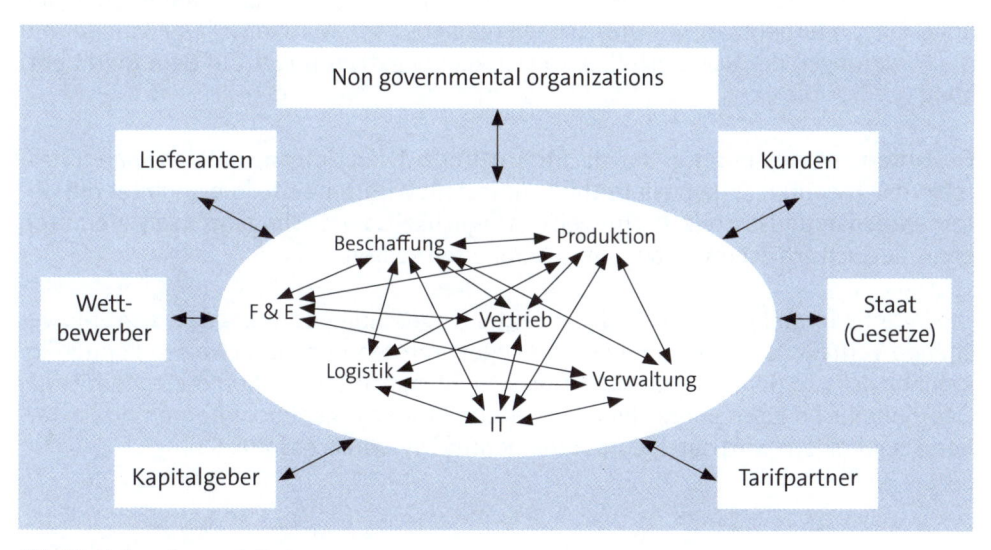

Abb. 52: Unternehmen als System

Interne Aspekte

Die Effektivität („Doing the right things") und die Effizienz („Doing the things right") eines Unternehmens hängen von den Ausstattungen mit „harten Faktoren" (Stand der Technik der Produktionsanlagen, IT-Infrastruktur, Geldkapital etc.) als auch von den „weichen Faktoren" ab. Die „weichen Faktoren" betreffen soziologische (z. B. Reifegrad der Teamentwicklung) als auch psychologische Faktoren (z. B. Umgang mit Mitarbeitern). Die internen Aspekte sozioökonomischer Unternehmensführung beinhalten z. B. die Unternehmenskultur, die Art der Führung (autoritär, kooperativ) sowie die Ausprägung der Kommunikation zwischen den Mitarbeitern. Der Grad der internen Vernetzung spielt für den Erfolg des Unternehmens eine große Rolle, weil auf der Basis einer „harmonischen" Unternehmensführung z. B. Wissen geteilt, die „lernende Organisation" gefördert wird und Synergieeffekte entstehen können. Diese Voraussetzungen sind wichtig, um den vielfältigen Einflussfaktoren des Unternehmens begegnen zu können.

Externe Aspekte

Die in Abb. 52 dargelegten Einflussgrößen wirken häufig nichtlinear auf das Unternehmen, weil die Einflussfaktoren in Bündeln (z. B. mehr Wettbewerber und höhere Kundenanforderungen) auftreten können. Wenn z. B. Umweltinnovationen durch Wettbewerber vorangetrieben werden, weil Non Governmental Organizations (NGOs, z. B. Greenpeace) beispielsweise umweltverträgliche Produkte fordern, dann kommt es auf die Anpassungsfähigkeit der Mitarbeiter als auch der Unternehmensorganisation an.

Ein Spannungsfeld zwischen den Erwartungen externer Einflussgrößen (→ **Stakeholder**) und den internen qualitativen und quantitativen Ausstattungen des Unternehmens entsteht. Häufig spielt die Zeit bei der Anpassung an neue Bedingungen eine Rolle. Das Unternehmen, welches schnell reagiert, kann Marktanteile gewinnen und die Forderungen der NGOs erfüllen, sodass kein negatives Image auf dem Markt entsteht.

Die Unternehmensführung kann die Mitarbeiter auf den Umgang mit den Spannungsfeldern vorbereiten, indem ein Leitbild aufgestellt wird. Ein Leitbild beinhaltet die Unternehmensgrundsätze (z. B. Umweltverträglichkeit, fairer Umgang mit Lieferanten etc.), die auch ethische Komponenten beinhalten sollten.

Die Mitarbeiter sollten hinsichtlich des Leitbildes geschult werden, sodass sich entsprechende Verhaltensweisen ergeben. Die abgestimmten Verhaltensweisen können im Rahmen des „Corporate Behaviour" erfasst werden, was Teil des Corporate Identity ist. Das einheitliche Erscheinungsbild des Unternehmens gegenüber internen und externen Stakeholdern wird durch Corporate Identity[1] verwirklicht (Abb. 53).

---

[1] Vgl. *Weis*, 2012, S. 579 ff.

Corporate Identity

Corporate Design
- einheitliche Kleidung, z. B. McDonald's
- Gestaltung der Gebäude, z. B. BMW-Zylinder München
- einheitliche Farbe bei Verpackung, z. B. Blau bei Nivea

Corporate Communications
Aussagen im Rahmen der Kommunikationspolitik, die für das Unternehmen und die Mitarbeiter umrahmend sind, z. B. bei Audi „Vorsprung durch Technik"

Corporate Behaviour
einheitliches Verhalten gegenüber den Stakeholdern und den Mitarbeitern durch Führungsgrundsätze, Leitlinien für Mitarbeitergespräche und Lieferanten- und Kundenverhandlungen

Abb. 53: Corporate Identity

MERKE

- Ein Unternehmen kann als System und somit als sozialer Organismus betrachtet werden, der eine interne Vernetzung und einen externen Informationsaustausch beinhaltet.
- Unternehmen sollten die internen Voraussetzungen so gestalten, dass der Umgang mit extern bedingten Spannungsfeldern bewältigt werden kann.
- Unternehmensleitbilder sowie Corporate Identity können die Erscheinungsformen gegenüber den Stakeholdern vereinheitlichen.

7.2 Unternehmerische Zielbildung

Zur Unternehmensführung spielen Ziele eine große Rolle, da sie folgende Funktionen haben:

- Orientierung für die Geschäftsleitung und die Mitarbeiter

Beispiel: Die XY GmbH ist in fünf Jahren Marktführer.

Das Ziel zeigt die Richtung für die Mitarbeiter an, sodass alle Aktivitäten auf dieses Ziel ausgerichtet sind.

- Messbarkeit und Kontrollmöglichkeit

Beispiel: Zunahme des Absatzes um 5 % in den nächsten drei Jahren.

Ziele sollten konkret messbar sein, damit sie kontrolliert und bei Abweichungen gesteuert werden können.

▶ Ziele sollten mit Verantwortlichen verbunden werden.

Beispiel: Die Kosten müssen bis Ende des Jahres um 10 % sinken. Verantwortlich ist der Controller Maier.

Das Ziel kann auch im Rahmen von Mitarbeitergesprächen verknüpft werden.

Es gibt verschiedene **Zielarten:**

Zielarten	Beispiel
Technische Ziele	Senkung des CO_2-Verbrauchs bei Fahrzeugen
Wirtschaftliche Ziele	Erhöhung des Absatzes
Soziale Ziele	Ausbau der Homeoffice-Tätigkeiten für die Mitarbeiter, um Beruf und Familie besser zu vereinbaren.
Kurz-, mittel- und langfristige Ziele	Kurzfristig: kleiner als ein Jahr Mittelfristig: zwischen einem und fünf Jahre Langfristig: mehr als fünf Jahre Statt fünf Jahre werden manchmal, je nach Branche, auch drei Jahre angesetzt.
Quantitative Ziele	Messbare Ziele in €, kg, m etc. SMART-Regel:[1] **S**pezifisch **M**essbar **A**kzeptiert **R**ealistisch **T**erminierbar.
Qualitative Ziele	Verbesserung des Führungsstils Bei derartigen Zielen sollten Kriterien aufgebaut werden, damit sie messbar gemacht werden können.
Must-Ziele	Diese Ziele müssen unbedingt erreicht werden. Anfertigung des Jahresabschlusses oder der Steuererklärung bis zu einem bestimmten Datum

Zielhierarchie
Damit das Ziel erreicht wird, ist es empfehlenswert, Subziele zu gestalten, die das Mittel zum Zweck (Oberziel) sind. Man kann eine Zielhierarchie aufstellen. Die Subziele sollten deutlich voneinander getrennt sein, damit keine Überschneidungen und auch keine Doppelarbeiten stattfinden.

---

[1] Vgl. *Grau/Eberhard*, 2010, S. 112.

Zielhierarchie	Beispiel
Oberziel	Erhöhung des Marktanteils für das Produkt X um 3 % bis zum 31.12. in zwei Jahren Verantwortlich: Herr Huber
Subziel 1	Steigerung der Hitrate (Trefferquote) bei Angeboten um 20 % bis 31.12. nächsten Jahres Verantwortlich: Frau Schmidt
Subziel 2	Das Kommunikationsbudget wird innerhalb von sechs Monaten um 40 % erhöht. Verantwortlich: Frau Schön
Subziel 3	Die Verpackung des Produkts X wird innerhalb von drei Monaten neu gestaltet. Verantwortlich: Herr Pack

Ziele ergeben sich in der Praxis z. B. durch gesetzliche Anforderungen (z. B. Umweltgesetze) oder durch Aktivitäten der Wettbewerber (z. B. neues Produkt auf dem Markt). Wenn kein Druck von äußeren Einflussfaktoren stattfindet, dann müssen sich die Manager und/oder Mitarbeiter Ziele suchen. Hierbei können Kreativitätsmethoden eingesetzt werden. Zudem kann die W-Frage-Technik (was, wer, wann, wo etc.) zur Findung von Zielen verwendet werden.

Zielbeziehungen

Zielbeziehung	Beispiel
Komplementäre (ergänzende) Ziele	Ziel 1: Reduktion der Logistikkosten Ziel 2: Erhöhung des Gewinns Wenn Ziel 1 erreicht wird, dann wird Ziel 2 ebenso möglich. Voraussetzung: „Alle anderen Größen bleiben gleich." (ceterus paribus)
Konkurrierende Ziele (Zielkonflikt)	Ziel 1: Qualität eines Produktes erhöhen Ziel 2: Kosten senken Eine Qualitätserhöhung wird i. d. R. eine Erhöhung der Kosten bewirken.
Indifferente (neutrale) Ziele	Ziel 1: Harmonische Weihnachtsfeier Ziel 2: Erhöhung des Marktanteils

→ *Prozess* der Zielumsetzung

Die unternehmerischen Aktivitäten können im Spannungsdreieck zwischen Ziele, Kosten und Zeit betrachtet werden. Das „magische Dreieck" heißt „magisch", weil häufig nicht alle drei Faktoren erreicht werden können.

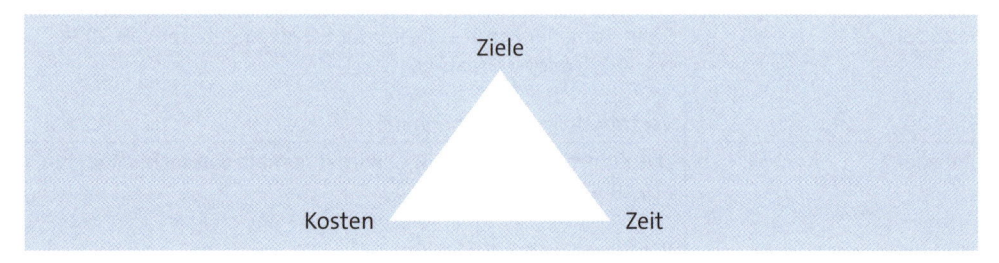

Abb. 54: Magisches Dreieck

Damit die „Spannungen in dem Dreieck" reduziert werden, kann in Unternehmen ein Managementkreislauf (Abb. 55) eingesetzt werden. Zur Vorbereitung der Planung (Vorkoppeln) werden die Einflussfaktoren (Stakeholder, Risiken) erfasst. Die Planung stellt die „geistige Vorwegnahme zukünftigen Handelns" dar. Die Ziele definieren den Soll-Zustand. Durch die Organisation (dauerhafte Regelung des Aufbaus und des Ablaufs mit Allokation der Ressourcen im Unternehmen) sowie durch die Motivation der Mitarbeiter werden die Ziele umgesetzt (Realisation, Ist-Zustand). Durch eine Rückkoppelung (Feedback) kann ein Soll-Ist-Vergleich durchgeführt werden.

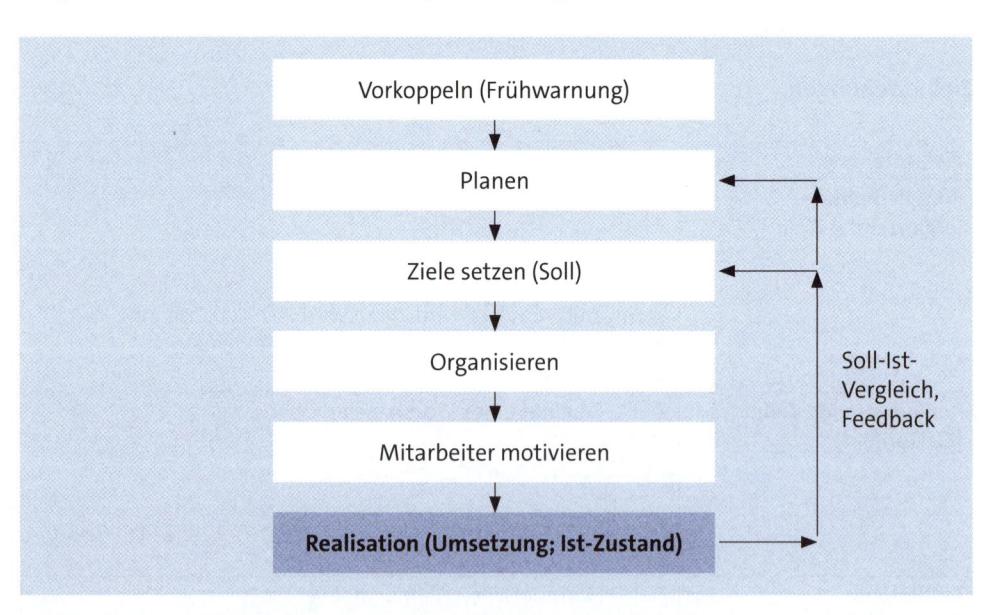

Abb. 55: Managementkreislauf

Aus dem Soll-Ist-Vergleich können Schlüsse gezogen werden. Es kann geprüft werden, ob das Ziel möglicherweise „zu hoch" angesetzt war oder Effizienzmängel bei der Leistungserstellung vorliegen.

> **MERKE**
>
> ▸ Es gibt verschiedene Zielarten. Bedeutsam sind quantitative und qualitative Ziele.
> ▸ Komplementäre, konkurrierende und indifferente Ziele sind zu unterscheiden.
> ▸ Eine Zielhierarchie ist empfehlenswert. Subziele (Mittel) sind zu erfüllen, um das Oberziel (Zweck) zu erreichen.
> ▸ Die Zielumsetzung vollzieht sich durch Organisation und Motivation der Mitarbeiter.
> ▸ Ein Soll-Ist-Vergleich kann zur Zielüberprüfung genutzt werden.

7.3 Planungsinstrumente im Wertschöpfungsprozess

7.3.1 Grundlegendes

Ein Prozess hat folgende Merkmale:

- hoher Wiederholungsgrad
  Beispiel: In einer Automobilproduktion montiert ein Facharbeiter im 58 Sekunden Takt die Reifen an einem Fahrzeug.

- Input   → Produktion   → Output
  Reifen   Anbringen der Reifen   Integrierte Reifen an der Achse
  Facharbeiter

Wenn bei einem Auto die Karosserie mit dem Motor vereinigt wird (sogenannte „Hochzeit"), die Sitze eingebaut sowie ein Lenkrad befestigt werden, dann nähert sich mit jedem Prozessschritt der Produzent dem Produktziel. Durch jeden Prozessschritt wird im Rahmen der betrieblichen Leistungserstellung ein zusätzlicher Wert (Mehrwert) geschöpft, der die Kosten übersteigt. Es gibt gemäß dem Wertschöpfungsmodell von Porter **primäre** Prozesse (z. B. Produktion) und **sekundäre** Prozesse (z. B. IT, Logistik, Personalverwaltung). Wesentlich ist, dass durch das Denken in Prozessen die Wirtschaftlichkeit (= $\frac{\text{Nutzen oder Leistung}}{\text{Kosten}}$) im Vordergrund steht. Im Rahmen der Prozesskostenrechnung können einzelne Aktivitäten (z. B. Abladen von Paletten) auf ihre Wirtschaftlichkeit untersucht werden. Prozesse, die nicht wirtschaftlich sind, werden eliminiert oder einem → **Outsourcing** unterzogen. Häufig werden bei identifizierten Ineffizienzen die Prozesse neu angeordnet (Reengineering).

7.3.2 Sicherheit, Unsicherheit, Risiko und Entscheidungen

Entscheiden bedeutet, dass ein Individuum oder eine Gruppe aus zwei oder mehreren Alternativen eine Möglichkeit wählt. Es wird auf den Nutzen oder Ertrag der nicht gewählten Alternativen verzichtet (Opportunitätskosten, siehe >> Kapitel 1.1.2). Die Entscheidung kann unter Sicherheit, Unsicherheit und Risiko erfolgen.

- **Sicherheit:** Selten möglich, da alle Informationen in einem komplexen und dynamischen Unternehmensumfeld vorhanden sein müssten.
- **Unsicherheit:** Aufgrund der hohen Komplexität, sich schnell verändernder Unternehmensumfelder sowie einer hohen Zahl an Einflussfaktoren auf ein Unternehmen oder Projekt kann keine Wahrscheinlichkeit angegeben werden.
- **Risiko:** Es kann eine Wahrscheinlichkeit für die Entscheidung verwendet werden.

> Risikowert = Eintrittswahrscheinlichkeit • Schadenshöhe

Die Schadenshöhe kann z. B. durch eine vertraglich bestimmte Konventionalstrafe, bestimmt werden, wenn ein Lieferant nicht rechtzeitig liefert und der Produzent wiederum einen Lieferverzug hat. Die Eintrittswahrscheinlichkeit kann subjektiv durch Erfahrung des Entscheiders oder „objektiv" durch Statistiken ermittelt werden.

Entscheidungsinstrumente:

- Szenarioanalyse: Der Entscheider entwirft z. B. drei Szenarien „best case, middle case, worst case".

  Beispiel: Aufgrund einer Wirtschaftskrise plant ein Controller im Auftrag der Geschäftsleitung den zukünftigen Absatz.

  Szenario 1: Anstieg um 3 % im nächsten Jahr (best case)

  Szenario 2: Stagnierender Absatz (middle case)

  Szenario 3: Sinkender Absatz, z. B. 2 % im nächsten Jahr (worst case).

- Nutzwertanalyse (siehe auch >> Kapitel 6.2)
  - Auflisten der Risiken
  - Gewichtung der Risiken, evtl. mit Paarvergleich
  - Bepunktung der Risiken, z. B. 3 = Wahrscheinlichkeit 30 - 40 %
  - Ermittlung des Nutzwertes und Bestimmung der Rangordnung.

- Im Rahmen der Entscheidungstheorie kann man auch eine Entscheidungsmatrix bilden, indem die Szenarien (z. B. 1 - 3) mehreren Aktionen (1 - 5) gegenübergestellt werden. Die Aktionen können Absatzzahlen (z. B. in Tsd. Stück) abbilden. Es wird die Aktion gewählt, die den höchsten Erwartungswert verspricht.

Entscheidungsmatrix (Beispiel)

Szenario	1	2	3	Erwartungswert
Wahrscheinlichkeit	10 %	30 %	60 %	
Aktionen				
1	90	60	20	90 · 0.10 + 60 · 0.3 + 20 · 0.60 = 39
2	110	50	40	110 · 0.10 + 50 · 0.30 + 40 · 0.60 = 50
3	100	70	30	100 · 0.10 + 70 · 0.30 + 30 · 0.60 = 49

- Ein wesentliches Entscheidungsinstrument in der Praxis ist die Intuition. Der Entscheider urteilt aufgrund seiner Erfahrungen. Je mehr Fälle („Gesetz der großen Zahl") er beobachtete oder realisierte, desto mehr Erfahrung hat der Entscheider.

7.3.3 Quantitative und qualitative Instrumente

Quantitative Instrumente sind geeignet, Sachverhalte „messbar" zu machen, während bei qualitativen Instrumenten Kriterien aufgestellt werden, um sie anschließend tendenziell messbar zu machen. Bei den nachfolgend aufgezeigten Instrumenten ist nicht immer eine Trennung zwischen „quantitativ" und „qualitativ" möglich. Häufig wird in der Praxis auch ein umfassender Überblick gewünscht, sodass quantitative sowie qualitative Aspekte in einem „Paket" vermittelt werden.

- → **Produktlebenszyklus:** Quantitatives Instrument, da die Variablen der Umsatz und die Zeit sind.

Auf der Abszisse wird die Zeit und auf der Ordinate der Umsatz abgetragen. Die idealtypische Kurve des Produktlebenszyklus stellt eine Diffusionsfunktion dar. Der Zweck der Produktlebenszykluskurve besteht darin, einzelne Phasen (I = Einführung, II = Wachstum, III = Sättigung, IV = Degeneration) zu finden. Mithilfe des Produktlebenszyklus können Prognosen sowie Analysen über das Absatzverhalten erstellt werden. Somit kann der Wertschöpfungsprozess geplant werden. Die Herausforderung in der Praxis besteht darin, Strukturen bei den Umsatzkurven über die Zeit zu analysieren, die Informationen über mögliche Phasen enthalten.

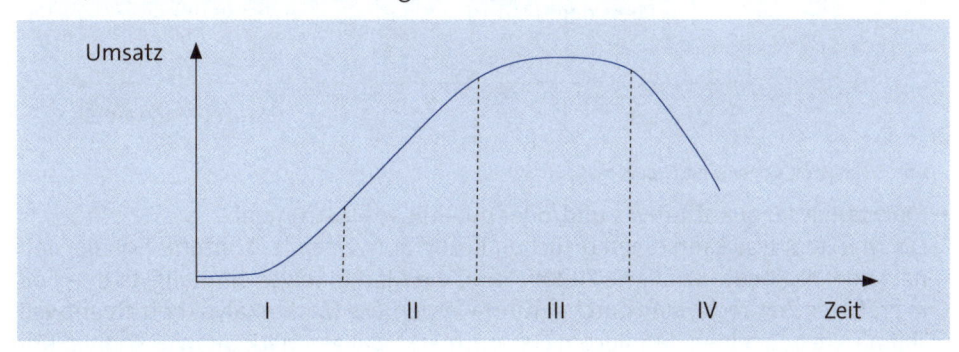

Abb. 56: Produktlebenszyklus

- → **Boston-Consulting-Group-Matrix (4-Felder-Matrix):** Quantitatives Instrument, da das Marktwachstum sowie der relative Marktanteil messbar ist (manchmal nur schätzbar).

Das Marktvolumen stellt die tatsächlich gesamte abgesetzte Menge eines Gutes dar. Marktwachstum beinhaltet eine positive Veränderung des Marktvolumens. Das bedeutet, wenn die tatsächlich abgesetzte Menge eines Gutes zunimmt, dann spricht man von Marktwachstum.

$$\text{absoluter Marktanteil} = \frac{\text{eigener Umsatz}}{\text{Gesamtumsatz im Markt}} \cdot 100$$

$$\text{relativer Marktanteil} = \frac{\text{absoluter Marktanteil}}{\text{Marktanteil der größten Konkurrenten}}$$

Die Matrix dient zur Gruppierung von Produkten (z. B. Produkt X in Abb. 57) oder Geschäftseinheiten, um den Ist-Zustand festzustellen. Wenn die strategische Planung eine Erhöhung des relativen Marktanteils vorgibt, dann ist die Entwicklungsrichtung durch den Pfeil (I nach II) als Ziel bestimmt. Steigende Marktanteile haben Auswirkungen auf die Planung im Wertschöpfungsprozess, da sich die Funktionsbereiche Beschaffung bis Absatz auf das mögliche höhere Absatzvolumen einstellen müssen.

Die römischen Ziffern in Klammern in Abb. 57 stellen die Phasen des Produktlebenszyklus in Abb. 56 dar.

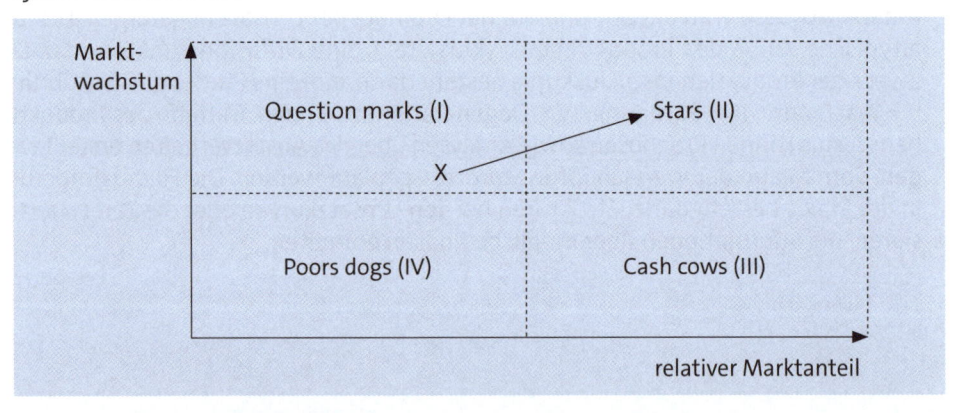

Abb. 57: Boston-Consulting-Group-Matrix

- **Marktanalyse:** quantitatives und/oder qualitatives Instrument
Die Marktanalyse kann einen örtlichen Bezug aufweisen (z. B. internationale, nationale oder regionale Studien). Zudem kann die Marktanalyse einmalig, laufend oder in größeren Zeitabständen durchgeführt werden. Die Marktanalyse betrifft entweder Teilmärkte oder einen definierten Gesamtmarkt. Bei der Marktanalyse können Kriterien, wie z. B. Alter, Zielgruppe (junge Nachfrager bis 30 Jahre, ältere Nachfrager ab 60 Jahre), für die Untersuchung eine Rolle spielen. Zudem kann das Angebot aus technischer Sicht analysiert werden. Auf der anderen Seite kann die Nachfrage unter

bestimmten Kriterien (z. B. Preis, emotionale Haltung etc.) untersucht werden. Die jeweiligen Schwerpunkte werden dann in den Erhebungen beispielsweise durch Fragetechniken gebildet.

- → **SWOT-Analyse:** Tendenziell qualitatives Instrument, jedoch auch quantitative Inhalte denkbar.

S = Strength (Stärken), W = Weakness (Schwächen), O = Opportunities (Chancen),

T = Threats (Risiken)

S und W stellen interne sowie O und T externe Merkmale dar. Die SWOT-Analyse kann in einer Tabelle dargestellt werden.

Stärken	Schwächen
Chancen	Risiken

Abb. 58: SWOT-Matrix

Für die Ermittlung der SWOT-Merkmale werden häufig Kreativitätstechniken (Brainstorming etc.) eingesetzt.

- **Konkurrenzanalyse:** Bei einer Konkurrenzanalyse werden verschiedene Ausprägungen der Kriterien des eigenen Unternehmens mit denen des Wettbewerbs verglichen. Meist werden die Kriterien gewichtet. Es wird eine Ordinalskala (Schulnote: 1 = sehr gut etc.) für die Bewertung des eigenen Unternehmens („ist besser...schlechter" als die Konkurrenz") eingeführt. Die Gewichte werden mit den Bewertungen pro Kriterium multipliziert und ein Gesamtwert (Bewertung des Unternehmens) berechnet. Die Gewichte können, müssen aber nicht 100 % ergeben.

Ermittlung des Maximums: Multiplikation der Gewichte mit 10 und Addition aller berechneten Werte

Ermittlung des Minimums: Multiplikation der Gewichte mit 1 und Addition aller berechneten Werte

Kriterien	Gewichtung	Das eigene Unternehmen ist „besser ... schlechter" als die Konkurrenz:									
		besser									schlechter
		10	9	8	7	6	5	4	3	2	1
		Maximum: Bewertung des Unternehmens:							Minimum:		

▶ **GAP-Analyse:** quantitatives Instrument
Die Lücke (Gap) entsteht durch unterschiedliche Entwicklungen zwischen dem prognostizierten Umsatz (Soll-Umsatz) und dem erwarteten Umsatz, der durch eine Vorhersage auf der Basis der Ist-Umsätze erfolgt (Abb. 59). Die „erwartete Entwicklung" des Basisgeschäftes mit „alten Produkten auf alten Märkten" erzeugt die strategische Lücke im Verhältnis zur prognostizierten Entwicklung der Sollumsätze. Die Lücke kann durch neue Produkte und/oder neue Märkte geschlossen werden.

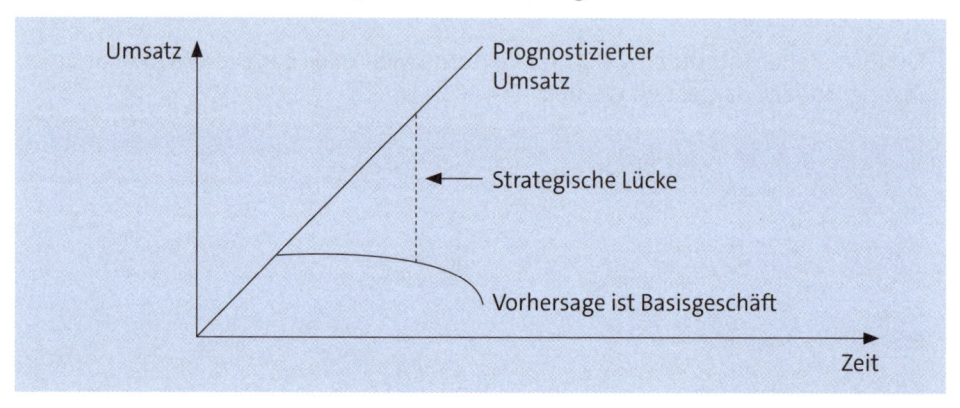

Abb. 59: GAP-Analyse

MERKE

- Bei der Planung von Wertschöpfungsprozessen liegt i. d. R. Unsicherheit oder ein Risiko vor.
- Entscheidungsinstrumente sind: Szenarioanalyse, Nutzwertanalyse, Entscheidungsmatrix oder durch Intuition
- Es gibt quantitative und qualitative Planungsinstrumente, wobei auch Mischungen möglich sind.

7.4 Prozesscontrolling und Zielerreichung in der Aufbau- und Ablauforganisation

7.4.1 Prozesscontrolling in der Aufbauorganisation

Prozesse beinhalten einen wiederholenden Charakter, während → **Controlling** folgende Aufgaben hat:

- Planung (Festlegung Sollgrößen)
- Kontrolle (Soll-Ist-Vergleich)
- Information (Reporting)
- Steuern (Maßnahmen, Projekte).

Prozesscontrolling in der Aufbauorganisation legt durch Planung die Struktur und Hierarchie der Prozesse fest (Hauptprozessebene, Teilprozesse). Durch den hierarchischen Aufbau können Informationen → **top-down**, → **bottom-up** oder im Gegenstromverfahren ausgetauscht werden. Die Wirtschaftlichkeit spielt beim Prozesscontrolling eine entscheidende Rolle. Dabei kann im Rahmen der Kontrolle untersucht werden, ob die aufgebaute Prozesshierarchie wirtschaftlich ist. Wenn z. B. Unschärfen bei der Abgrenzung der Prozesshierarchie beobachtet werden, können derartige Sachverhalte nach Dokumentation im Reporting durch entsprechende Maßnahmen oder Projekte (z. B. Neugestaltung der Prozess-Aufbauorganisation) bearbeitet werden.

Quantitative Ziele (z. B. Einhalten von Budgets oder z. B. Wirtschaftlichkeitskennzahlen) können durch die hierarchische Strukturierung transparent analysiert werden. **Qualitative** Ziele, die sich im Rahmen der Aufbauorganisation in der Unternehmenskultur ausprägen, können die Art der Kommunikation, der Grad der Bürokratie oder Flexibilität sowie die Freiräume der Prozess-Owner sein. Die qualitativen Ziele können durch das Controlling mithilfe von Kriterien und ordinalen Bewertungen erfasst werden.

Die Bedingungen für ein Prozesscontrolling hängen entscheidend von der Einstellung des Top-Managements ab. Lässt die Unternehmensführung eine Evaluation der Aufbauorganisation und Unternehmenskultur überhaupt zu und wie kommuniziert sie nach innen oder außen? Da mit der Aufbauorganisation die Führung verbunden ist, kann die Unternehmensleitung zusätzlich ein „self-assessment" durchführen, um die Führungsaspekte in der Aufbauorganisation zu überprüfen. Zudem sollte die Bereitschaft zum „Reengineering" vorhanden sein, damit das Unternehmen mit der Aufbauorganisation flexibel auf veränderte Umfeldbedingungen reagieren kann. Die Bereitschaft zum „Reengineering" sollte vorhanden sein, um sich flexibel auf neue Umfeldbedingungen einzustellen.

7.4.2 Prozesscontrolling in der Ablauforganisation

- Im Rahmen des Prozesscontrollings kann der Ablauf der Prozesse geplant werden. Die Kontrolle erfolgt z. B. über einen Vergleich der Soll- und der Ist-Durchlaufzeit. Die möglichen Abweichungen können im Reporting dokumentiert werden. Wenn z. B. Leerzeiten beobachtbar sind, dann sollten die Schnittstellen durch Maßnahmen (z. B. Personalentwicklung) oder Projekte (z. B. alternative Anordnung der Maschinen und Materialfluss-Wege) optimiert werden.

- Es können **quantitative** Ziele für die jeweiligen Prozesse aufgestellt werden (Kosten, Zeit, Leistung). Somit entstehen Sollvorgaben, die im Rahmen des Prozesscontrollings mit den Ist-Daten abgeglichen werden. Aus der Differenz entstehen Lernimpulse für die Steuerung des Prozessablaufes (z. B. Prozess 1 muss schneller fertig sein, bei Prozess 2 muss mehr auf die Kosten und bei Prozess 3 mehr auf die Qualität geachtet werden).

- Die **qualitativen** Ziele in der Ablauforganisation können z. B. in einer effizienten Kommunikation zwischen den Prozess-Ownern liegen. Der Ist-Zustand kann durch Mitarbeiterbefragungen und Interviews erfolgen. Bei Kommunikationsproblemen können z. B. Personalentwicklungsmaßnahmen, Coaching oder Mediation eingesetzt werden.

7.4.3 Rolle der Unternehmenskommunikation

Die interne Unternehmenskommunikation spielt bei der Aufbau- und Ablauforganisation eine wesentliche Rolle, da die Kommunikationswege durch die Prozessebenen und -abläufe festgelegt werden. Die quantitativen Ziele in der Aufbauorganisation (siehe → **Balanced Scorecard**) können top-down, bottom-up oder im Gegenstromverfahren kommuniziert werden. Im Zuge des Reporting können die Zahl der Empfänger, die Art der Inhalte und der Rhythmus der Informationslieferungen fixiert werden. Auf der qualitativen Ebene entstehen durch die Art der Aufbau- und Ablauforganisation entsprechende formelle und informelle Kommunikationsgeflechte, die für die Ausgestaltung der Unternehmenskultur maßgeblich sein können.

Die externe Unternehmenskommunikation betrifft im Rahmen des Prozesscontrollings Sachverhalte mit entsprechender Außenwirkung gegenüber den Stakeholdern. Beispielsweise können quantitative Ziele (Leistung pro Tag) nach außen kommuniziert werden. Die qualitativen Aspekte der Prozesse (z. B. Sicherheit, Umwelt, Gesundheit) spielen zunehmend bei der Beurteilung von Unternehmen eine Rolle, die beispielsweise Konsumgüter für eine Vielzahl von Verbrauchern herstellen. Dabei ist maßgeblich, wie die Arbeitsbedingungen (z. B. Schadstoffbelastungen) für die Mitarbeiter in den einzelnen Produktionsprozessen sind. Im Rahmen des CSR (→ **Corporate Social Responsibility**) kommt es nicht nur auf den Preis, sondern auch auf die nach außen kommunizierten qualitativen Werte an.

8. Tipps zur Vorbereitung und zur Klausur

Für das Fach „Volks- und Betriebswirtschaftslehre" sollten zur Vorbereitung auf die Klausur die aktuellen Wirtschaftsnachrichten (z. B. Wirtschaftsteil einer überregionalen Zeitung) verfolgt werden. In den Prüfungen werden immer wieder Aufgaben mit Bezug zur aktuellen Wirtschaftssituation gestellt. Zudem ist daraus ersichtlich, dass insbesondere das Fach Volkswirtschaftslehre „lebt" und die Erkenntnisse in der Wirtschaftspraxis eingesetzt werden können.

Die nachfolgenden Ausführungen sollen in kurzer Form wesentliche Tipps zur Bearbeitung einer Klausur im Fach „Volks- und Betriebswirtschaftslehre" aufzeigen.

- Wenn die Prüfungsaufgabe auf dem Tisch liegt, nicht sofort mit der ersten Aufgabe beginnen. Geben Sie sich ca. 2 Minuten Zeit, um sich einen Überblick über die geprüften Themen zu verschaffen.
- Fertigen Sie eine Präferenzordnung an. Das Ziel besteht in einer maximalen Punktzahl. Beginnen Sie mit der Aufgabe, die vollständig und mit der Erwartung einer hohen Punktzahl bearbeitet werden kann. Das schafft Sicherheit und Selbstvertrauen.
- In dem Fach „Volks- und Betriebswirtschaftslehre" wird die Zeit als „kurz" von den Teilnehmern wahrgenommen. Bauen Sie trotzdem Pufferzeit ein, um die Ausführungen vor der Abgabe nochmals durchzulesen.
- Wesentlich ist bei den Aufgaben zur Volkswirtschaftslehre, dass die Aufgabenstellung auch allgemein und abstrakt sein kann. Antworten Sie auf jeden Fall strukturiert und konkret. Bearbeiten Sie die Aufgaben „deduktiv" (vom Allgemeinen zum Speziellen).
- Antworten Sie mit ganzen Sätzen. Abbildungen und Kurven werden beschriftet und mit der Benennung im Text verknüpft.
- Beachten Sie die Fragestellungen. Bei „Nennen" wird eine Aufzählung, auch mit Stichworten, erwartet. Bei „Erklären Sie", „Erläutern Sie" oder „Beschreiben Sie" sollten zusammenhängende Sätze dokumentiert werden.

ÜBUNGSTEIL (AUFGABEN UND FÄLLE)

1. Unterscheiden der Koordinierungsmechanismen idealtypischer Wirtschaftssysteme und deren rechtlicher Ausprägungen sowie Darstellen der Elemente der sozialen Marktwirtschaft

Aufgabe 1:

Im Land A kommt durch eine Wahl die Partei Z an die Regierung. Die Parteiführer versprachen bereits im Wahlkampf, dem Staat mehr Einfluss auf die Wirtschaft in den Bereichen Bahn, Energieversorgung und Telekommunikation zu verleihen. Die bisher auf diesen Märkten agierenden Unternehmen sollen zurückgedrängt werden, weil sie „unzuverlässig" seien.

Nehmen Sie zu diesem Sachverhalt kritisch Stellung.

Lösung s. Seite 199

Aufgabe 2:

Ein Wirtschaftswissenschaftler argumentiert: „Die zentrale Planung einer Volkswirtschaft ist suboptimal."

Erläutern Sie den Sachverhalt anhand von zwei Argumenten.

Lösung s. Seite 199

Aufgabe 3:

a) Erläutern Sie, wie Knappheit in einem Betrieb auftreten kann.

b) Das Prinzip der Opportunitätskosten kann auch auf betrieblicher Ebene angewandt werden. Erklären Sie, wie Opportunitätskosten bei zwei innerbetrieblichen Bewerbern und einer Stelle entstehen.

Lösung s. Seite 200

Aufgabe 4:

Erklären Sie, warum die soziale Sicherheit für die wirtschaftliche Entwicklung einer sozialen Marktwirtschaft bedeutsam ist.

Lösung s. Seite 200

Aufgabe 5:

Erläutern Sie zwei Grenzen der sozialen Marktwirtschaft.

Lösung s. Seite 200

2. Darstellen des volkswirtschaftlichen Kreislaufs

Aufgabe 1:
Erklären Sie, welche Rolle der Pol „Vermögensänderung" beim Wirtschaftskreislauf in einer geschlossenen Volkswirtschaft spielt.

Lösung s. Seite 201

Aufgabe 2:
In einer geschlossenen Volkswirtschaft ist das Sparen kleiner als die Nettoinvestitionen.

Erläutern Sie, wie das Gleichgewicht $S = I^{netto}$ erreicht wird.

Lösung s. Seite 201

Aufgabe 3:
In einer offenen Volkswirtschaft liegt ein Exportüberschuss vor.

Welche Folgen können für das inländische Sparen und die Nettoinvestitionen abgeleitet werden?

Lösung s. Seite 201

Aufgabe 4:
Erläutern Sie, warum die Tarifpartner Daten der Volkswirtschaftlichen Gesamtrechnung benötigen.

Lösung s. Seite 202

Aufgabe 5:
Es liegen folgende Daten für das sektorale Produktionskonto „Unternehmen" vor:
- Vorleistungskäufe 200
- Güterverkäufe 1.000
- Abschreibungen 100
- Mietaufwand 200
- Bestandsveränderungen an eigenen Erzeugnissen 150
- selbst erstellte Anlagen 50.

a) Ermitteln Sie die Löhne, wenn ein Gewinn von 300 unterstellt wird.
b) Erklären Sie, warum die Löhne eine Wertschöpfung darstellen.

Lösung s. Seite 202

ÜBUNGSTEIL (AUFGABEN UND FÄLLE)

Aufgabe 6:

In einer Volkswirtschaft liegen folgende Daten vor:

- Exporte 300
- Importe 100
- private Konsumausgaben 400
- Konsumausgaben des Staates 100
- Bruttoinlandsprodukt zu Marktpreisen 2.000.

a) Berechnen Sie die Bruttoinvestitionen.

b) Ermitteln Sie die Summe der Bruttowertschöpfungen aller Wirtschaftsbereiche, wenn die Gütersteuern 150 und die Gütersubventionen 80 betragen.

c) Der Saldo der Primäreinkommen mit der übrigen Welt beträgt 250. Wie hoch ist das Bruttonationaleinkommen zu Marktpreisen?

Lösung s. Seite 202

Aufgabe 7:

In einer Volkswirtschaft wird ein Konsum von 400 und Sparen von 100 dokumentiert. Das Primäreinkommen beträgt 800, die Sozialbeiträge 200 und die empfangenen Sozialleistungen 50.

a) Berechnen Sie die Höhe der direkten Steuern.

b) Wie hoch ist die Sparquote?

c) Die Preissteigerungsrate beträgt 5 %. Welche Auswirkungen ergeben sich für den Konsum, wenn das Sparen, z. B. für die Altersvorsorge, konstant bleiben soll?

Lösung s. Seite 203

Aufgabe 8:

In einer Volkswirtschaft liegt die Lohnquote seit 10 Jahren bei 60 %.

Welche Aussagen können daraus abgeleitet werden?

Lösung s. Seite 203

Aufgabe 9:

Eine Haushälterin arbeitet im Haushalt eines Unternehmers als Angestellte. Die Haushälterin und der Unternehmer verstehen sich gut, sodass sie nach einem Jahr heiraten. Die Ehefrau ist nicht mehr im Haushalt angestellt.

Welche Wirkungen ergeben sich für das Bruttoinlandsprodukt?

Lösung s. Seite 203

ÜBUNGSTEIL (AUFGABEN UND FÄLLE)

Aufgabe 10:
In einem Zeitungsartikel stand, dass Wirtschaftswachstum den Menschen mehr Glück beschere.

Diskutieren Sie diese Aussage.

Lösung s. Seite 203

Aufgabe 11:
In einer Volkswirtschaft liegen folgende Daten vor:
Exporte = 2.000, Importe = 1.980, Direktinvestitionen 30, Währungsreserven 6.

Berechnen Sie die Höhe des Restpostens (statistisch nicht einteilbare Transaktion).

Lösung s. Seite 204

Aufgabe 12:
Die Abschaffung des Bargelds in Deutschland wird unter Volkswirten diskutiert.

Erläutern Sie zwei Nachteile zu dieser Forderung.

Lösung s. Seite 204

Aufgabe 13:
In einer Volkswirtschaft sinken die Preise.

Erläutern Sie die Möglichkeiten der Zentralbank im Rahmen der Quantitätsgleichung, eine Deflation zu vermeiden. Gehen Sie auch auf Aspekte ein, warum die Zentralbankpolitik in einer derartigen Situation scheitern könnte.

Lösung s. Seite 204

Aufgabe 14:
Ein privater Haushalt konsumiert folgende Güter in einem Monat:

Gut	Preis Basisjahr	Menge Basisperiode	Preis Folgejahr
Wohnungsmiete	10 €/m²	80 m²	10,50 €/m²
Schokolade	2 €/Tafel	50 Tafeln	2,20 €
Bier	15 €/Träger	2 Träger	15,80 €/Träger

Ermitteln Sie den Preisindex nach *Laspeyres*.

Lösung s. Seite 205

ÜBUNGSTEIL (AUFGABEN UND FÄLLE)

Aufgabe 15:
In einer Modell-Volkswirtschaft liegen folgende Daten vor:

Periode	Reales Bruttoinlandsprodukt in Geldeinheiten	Erwerbstätige
1	1.000	20
2	1.500	30

Wie hoch dürften die Lohnsteigerungen ausfallen, damit Inflation vermieden wird?
Lösung s. Seite 205

Aufgabe 16:
Diskutieren Sie, ob der Kauf einer Immobilie bei zu erwartender Inflation sinnvoll ist.
Lösung s. Seite 206

Aufgabe 17:
Erläutern Sie Möglichkeiten, ohne die Geldpolitik Deflation zu vermeiden.
Lösung s. Seite 206

Aufgabe 18:
Erläutern Sie je zwei Vor- und Nachteile von festen Wechselkursen.
Lösung s. Seite 207

Aufgabe 19:
Der Wechselkurs US-Dollar zu Euro notierte Anfang 2017 unter 1,10 US-Dollar/€.
a) Erläutern Sie zwei Gründe für den schwachen Euro.
b) Beschreiben Sie zwei Folgen des schwachen Euros für deutsche Sparer und Verbraucher.
c) Die Verantwortlichen der Europäischen Zentralbank überlegen, ob sie den schwachen Euro gegenüber dem Dollar stützen. Erklären Sie, wie eine Devisenmarktintervention realisiert werden könnte und reflektieren Sie die Grenzen der Maßnahme.

Lösung s. Seite 207

ÜBUNGSTEIL (AUFGABEN UND FÄLLE)

Aufgabe 20:

In einem Entwicklungsland ist eine Abwanderung von Fachkräften zu beobachten. Um das Wohlfahrtsniveau nicht weiter sinken zu lassen, impulsiert die Regierung die Produzenten, eine höhere Exportgütermenge zu erzeugen. Es wird unterstellt, dass die Importpreise und -mengen konstant bleiben.

Erklären Sie mögliche Wirkungen auf die Terms of Trade.

Lösung s. Seite 208

Aufgabe 21:

In einer Volkswirtschaft beträgt die Zahl der registrierten Arbeitslosen 500 und die Zahl der Erwerbspersonen 1.500. Das reale Bruttoinlandsprodukt wurde mit 1.000.000 Einheiten dokumentiert. Die Lohnkosten der Arbeitnehmer betrugen 600 Einheiten. Wie hoch sind die Lohnstückkosten?

Lösung s. Seite 208

3. Beschreiben der Marktformen und Preisbildungen sowie Berücksichtigung des Verbraucherverhaltens

Aufgabe 1:

Auf einem Investitionsgütermarkt wurden via Marktforschung folgende Funktionen ermittelt:

- Angebotsfunktion $p^A = 20 + 3x$
- Nachfragefunktion $p^N = 100 - 5x$

a) Ermitteln Sie das Marktgleichgewicht.
b) Bestimmen Sie die Art des Überhangs beim Preis p= 80 und erläutern Sie, wie sich ein Gleichgewicht ergeben kann.

Lösung s. Seite 209

Aufgabe 2:

In einer Volkswirtschaft herrscht in der Lebensmittelbranche ein enges Oligopol. Einer der Anbieter senkt für Milchprodukte die Preise um 15 %. Die Geschäftsleitung der Handels-GmbH, die 500 Filialen in der Volkswirtschaft betreibt, überlegt, wie sie dieser Aktion begegnen könnte.

Erläutern Sie die Möglichkeiten der Handels-GmbH.

Lösung s. Seite 209

Aufgabe 3:

Es sind die beiden Güter „Füller und Patrone" gegeben.

Erklären Sie verbal und grafisch, wie sich die Nachfragekurve nach Füller verändert, wenn der Preis der Patronen steigt.

Lösung s. Seite 209

Aufgabe 4:

Für eine Schokolade wird der Preis um 10 % erhöht. Die Absatzmenge vor Preiserhöhung lag bei 200.000 Stück. Es liegt eine Nachfrageelastizität von -2 vor.

Berechnen Sie die Absatzmenge nach der Preiserhöhung sowie die prozentuale Mengenänderung.

Lösung s. Seite 210

ÜBUNGSTEIL (AUFGABEN UND FÄLLE)

Aufgabe 5:

In einem vollkommenen Markt erhöht sich der Preis um 10 %. Es liegt ein elastisches Angebot von +3 vor.

Berechnen Sie die prozentuale Mengenänderung eines Anbieters.

Lösung s. Seite 210

Aufgabe 6:

Für einen privaten Haushalt, der Schuhe präferiert, liegt eine Einkommenselastizität von +2 vor. Das Einkommen erhöht sich um 20 %. Vor der Einkommenserhöhung wurden 3 Paar Schuhe pro Zeiteinheit gekauft.

Berechnen Sie, wie viele Paar Schuhe der private Haushalt nach der Einkommenserhöhung kauft.

Lösung s. Seite 210

Aufgabe 7:

Der Preis für Benzin steigt um 10 %.

Berechnen Sie die prozentuale Nachfrageänderung für Pkws, wenn der Koeffizient bei -3 liegt.

Lösung s. Seite 211

Aufgabe 8:

Erklären Sie, warum liberalisierte Märkte für den Konsumenten mehr Vorteile bringen als ein Angebotsmonopol.

Lösung s. Seite 211

Aufgabe 9:

In einem Entwicklungsland wird ein Höchstpreis eingeführt, um die steigende Inflation einzudämmen. Experten befürchten insbesondere auf dem Lebensmittelmarkt eine Existenzbedrohung für große Teile der Bevölkerung.

Erklären Sie die Zusammenhänge und schlagen Sie Lösungsmöglichkeiten vor.

Lösung s. Seite 211

Aufgabe 10:

Erläutern Sie anhand von zwei Argumenten die Vorteile des Wettbewerbs und gehen Sie auf die Rolle des Wettbewerbsrechts ein.

Lösung s. Seite 211

4. Berücksichtigen der Konjunktur- und Wirtschaftspolitik

Aufgabe 1:

In einer Volkswirtschaft droht eine Rezession. Die Regierung beschließt, ein einmaliges Konjunkturprogramm zur Steigerung der gesamtwirtschaftlichen Nachfrage einzusetzen. Hierfür genehmigt der Finanzminister 100 Mrd. €. Es liegt eine Sparquote von 12 % vor.

a) Berechnen Sie das zusätzliche Bruttoinlandsprodukt, das durch die zusätzlichen Staatsausgaben erreicht werden kann.

b) Wirtschaftswissenschaftler prognostizieren, dass ein einmaliges Konjunkturprogramm möglicherweise nicht reichen wird, um die Rezession zu verhindern. Nehmen Sie hierzu Stellung.

Lösung s. Seite 212

Aufgabe 2:

In einer Volkswirtschaft scheint sich ein Übergang von einer Aufschwung- in eine Abschwungphase zu vollziehen.

Erläutern Sie zwei volkswirtschaftliche Prozesse, warum es zu dieser veränderten Konjunktur kommen kann.

Lösung s. Seite 212

Aufgabe 3:

Erklären Sie, warum die deutschen Exportüberschüsse häufig kritisch betrachtet werden.

Lösung s. Seite 213

Aufgabe 4:

Die Tarifpartner einer Branche vereinbaren einen Lohnabschluss, der steigende Lohnstückkosten bewirkt.

Erläutern Sie drei Folgen einer derartigen Vereinbarung.

Lösung s. Seite 213

Aufgabe 5:

Erklären Sie, in welchen Konjunkturphasen mehr die angebots- oder nachfrageorientierte Wirtschaftspolitik zum Zuge kommen sollte.

Lösung s. Seite 213

ÜBUNGSTEIL (AUFGABEN UND FÄLLE)

Aufgabe 6:

In einer Volkswirtschaft senkt die Zentralbank den Leitzinssatz auf 0 %. Der Zinssatz für die Einlagenfazilität ist negativ.

Erklären Sie die Wirkungen auf die Volkswirtschaft.

Lösung s. Seite 214

Aufgabe 7:

In einer Volkswirtschaft erhöht die Zentralbank den Mindestreservesatz.

Erläutern Sie die Wirkungen für die Volkswirtschaft.

Lösung s. Seite 214

Aufgabe 8:

In einer Volkswirtschaft liegt ein Mindestreservesatz von 2 % vor. Die erste Sichteinlage bei Bank A beträgt 500 Mio. €.

Wie hoch ist die maximale Buchgeldschöpfung, wenn die Zentralbank den Mindestreservesatz auf 1 % senkt?

Lösung s. Seite 215

Aufgabe 9:

Erklären Sie, warum die Kennzahlen zu den Staatsschulden eine besondere Bedeutung in den letzten Jahren erlangten.

Lösung s. Seite 215

5. Beschreiben der Ziele und Institutionen der Europäischen Union und der internationalen Wirtschaftsorganisationen

Aufgabe 1:
Zwei Ökonomen diskutieren über den Zweck der EU.

Aussage 1: „Die EU kostet lediglich Geld."

Aussage 2: „Ohne EU wäre der heutige Wohlstand in Deutschland nicht denkbar."

Reflektieren Sie die Aussagen und nehmen Sie auch aus deutscher Sicht dazu Stellung.
Lösung s. Seite 216

Aufgabe 2:
Erklären Sie, warum die Einhaltung des Konvergenzkriteriums „Schuldenstandsquote" sinnvoll ist.
Lösung s. Seite 216

Aufgabe 3:
Erläutern Sie zwei Nachteile des Euros.
Lösung s. Seite 216

Aufgabe 4:
Erläutern Sie zwei Vorteile des Binnenmarktes.
Lösung s. Seite 217

Aufgabe 5:
Erläutern Sie zwei Gründe, die gegen den Stabilitäts- und Wachstumspakt sprechen könnten.
Lösung s. Seite 217

6. Berücksichtigen der Bestimmungsfaktoren für Standort- und Rechtsformwahl jeweils unter Einbeziehung von Globalisierungsaspekten

Aufgabe 1:

Erläutern Sie je zwei Vor- und Nachteile des Standorts Deutschland.

Lösung s. Seite 218

Aufgabe 2:

Erläutern Sie je zwei Vor- und Nachteile der Globalisierung.

Lösung s. Seite 218

Aufgabe 3:

Erläutern Sie anhand von drei Argumenten, warum über 60 % der Unternehmer sich für die Rechtsform der Einzelunternehmung entscheiden.

Lösung s. Seite 218

Aufgabe 4:

Erläutern Sie zwei Gründe, warum sich Unternehmen für eine SE entschließen.

Lösung s. Seite 218

Aufgabe 5:

Erläutern Sie zwei Argumente, die für eine stille Beteiligung sprechen.

Lösung s. Seite 218

ÜBUNGSTEIL (AUFGABEN UND FÄLLE)

7. Berücksichtigen sozioökonomischer Aspekte der Unternehmensführung und des zielorientierten Wertschöpfungsprozesses im Unternehmen

Aufgabe 1:
Erklären Sie, welche Vorteile für die Unternehmensführung entstehen, wenn das Bild vom „Unternehmen als sozialen Organismus" verwendet wird.

Lösung s. Seite 219

Aufgabe 2:
Erläutern Sie je zwei Vor- und Nachteile für die Unternehmensführung, wenn Unternehmen den Corporate Identity Ansatz verwenden.

Lösung s. Seite 219

Aufgabe 3:
In der Maschinenfabrik Müller AG findet ein Treffen des obersten Führungskreises statt. Ein Consultant berät das Unternehmen seit einem Jahr. Er bemängelte, dass die Führungskräfte zu wenig Ziele bei ihren Führungsaufgaben einsetzen. Ein Controller widerspricht dem Consultant und schlägt vor, das Unternehmen weiter ohne Zielsystem zu führen.

Diskutieren Sie die beiden Sichtweisen.

Lösung s. Seite 220

Aufgabe 4:
Bei einem Automotive-Zulieferer mit 40.000 Beschäftigten wird die Unternehmensumwelt durch zwei Mitarbeiter in einer Stabsstelle beim Vorstand beobachtet. Ein Unternehmensberater vertritt die Auffassung, dass die Umfeldbeobachtung durch ein dezentrales Monitoring für das gesamte Unternehmen optimiert werden könnte.

Zeigen Sie die mögliche Gestaltung des dezentralen Ansatzes auf und gehen Sie auf die Voraussetzungen ein.

Lösung s. Seite 220

Aufgabe 5:
Ein Konsumgüterhersteller produziert Schokolade. Für den geplanten neuen Schokoriegel „Vollmilch mit Orangengeschmack – Bio" sollen Planungsinstrumente vor der Markteinführung eingesetzt werden.

Erläutern Sie zwei Instrumente anhand des Fallbeispiels, die Sie verwenden würden.

Lösung s. Seite 220

ÜBUNGSTEIL (AUFGABEN UND FÄLLE)

8. Klausurentraining – kurz und kompakt

Aufgabe 1:

In einem wirtschaftlich mächtigen Land wurde ein neuer Präsident gewählt, der den Freihandel reduzieren möchte, um die Wohlfahrt im eigenen Land zu stärken.

Erläutern Sie je zwei Vor- und Nachteile für die betroffenen Länder.

Lösung s. Seite 222

Aufgabe 2:

In einer Volkswirtschaft sollen die Mietpreise „gedeckelt" werden, damit den steigenden Mieten begegnet wird.

Erläutern Sie je einen Vor- und Nachteil dieses Ansatzes.

Lösung s. Seite 222

Aufgabe 3:

Aus der Europäischen Union tritt ein großes Mitgliedsland aus, mit dem intensive Handelsbeziehungen gepflegt werden.

Erläutern Sie mit je zwei Argumenten das Für und Wider zum EU-Austritt.

Lösung s. Seite 223

Aufgabe 4:

Zwei Existenzgründer diskutieren, welche Rechtsform für das geplante Car-Sharing-Unternehmen sinnvoll ist. Es soll zwischen einer OHG und einer UG (haftungsbeschränkt) entschieden werden.

Gehen Sie auf je einen Vor- und Nachteil ein.

Lösung s. Seite 223

Aufgabe 5:

Das exportorientierte Unternehmen „Volume 1" stellt Lautsprecher für Events und private Haushalte her. Insbesondere jüngere Personen gehören zu den Hauptabnehmern. Aufgrund verschiedener weltpolitischer Veränderungen könnten zunehmende Risiken beim Absatz auftreten.

Erläutern Sie, welches Planungsinstrument für den Wertschöpfungsprozess in dieser Situation geeignet ist.

Lösung s. Seite 223

ÜBUNGSTEIL (AUFGABEN UND FÄLLE)

Aufgabe 6:

Die Flexibilisierung der Arbeitsmärkte führte in Deutschland zu einem Abbau der Arbeitslosigkeit. Dieses Vorgehen wird zunehmend kritisiert.

Erläutern Sie mit zwei Argumenten, was gegen diesen Ansatz spricht.

Lösung s. Seite 223

Aufgabe 7:

Verschiedene Wirtschaftswissenschaftler vermuten, dass die soziale Marktwirtschaft in den nächsten Jahren verschiedenen Risiken ausgesetzt ist.

Erklären Sie zwei Risiken der sozialen Marktwirtschaft.

Lösung s. Seite 224

Aufgabe 8:

Die Europäische Zentralbank senkte den Leitzinssatz auf Null Prozent. In den USA steigen die Zinssätze.

Welche Folgen ergeben sich für die Wirtschaft im Euroraum?

Lösung s. Seite 224

Aufgabe 9:

Nach verschiedenen Medienmeldungen geht die EU-Kommission immer häufiger gegen Kartelle vor.

a) Erklären Sie, warum Unternehmen Kartelle bilden.

b) Erläutern Sie, ob alle Kartelle verboten sind.

Lösung s. Seite 224

Aufgabe 10:

Ein international agierender Hersteller des Sondermaschinenbaus erhöht die Preise für die Maschinen um 10 %. Die Marktforschungsabteilung stellte eine anormale Nachfrage bei einer Elastizität von 2 fest.

a) Erklären Sie, welche Inhalte mit einer anormalen Nachfrage verbunden sind.

b) Berechnen Sie, um wie viel Prozent sich die Menge durch die Preiserhöhung ändert.

Lösung s. Seite 225

ÜBUNGSTEIL (AUFGABEN UND FÄLLE)

Aufgabe 11:

Im Rahmen der sozialen Marktwirtschaft der Bundesrepublik Deutschland werden den privaten Haushalten soziale Transfers zum Lebensunterhalt gewährt.

Beurteilen Sie, ob eine Marktkonformität vorliegt.

Lösung s. Seite 225

Aufgabe 12:

a) Vervollständigen Sie nachfolgenden Wirtschaftskreislauf.

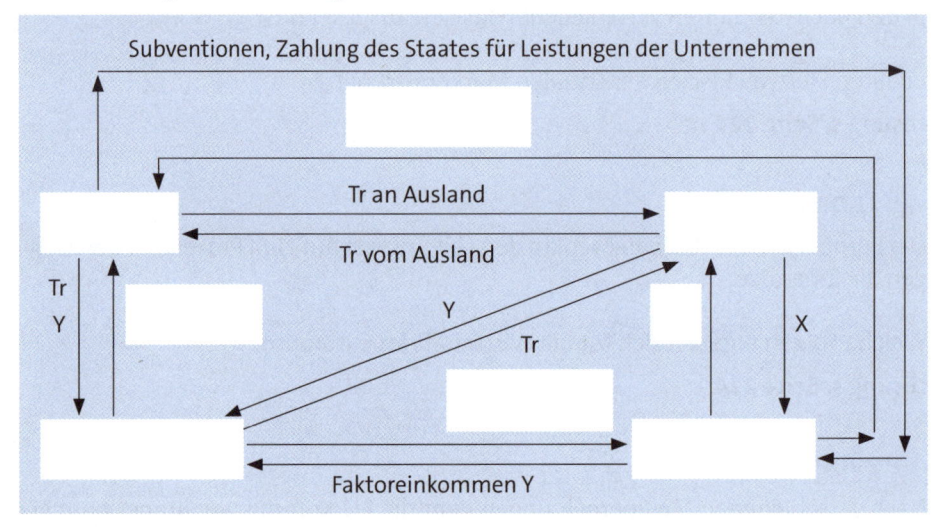

b) Erklären Sie, welche Situation in der Volkswirtschaft vorliegt, wenn kein Bankensektor (Vermögensänderungspol) mehr notwendig ist. Wie kann in einer solchen Volkswirtschaft Wachstums erreicht werden?

Lösung s. Seite 225

Aufgabe 13:

Erläutern Sie den Nutzen des vollkommenen Marktes.

Lösung s. Seite 226

Aufgabe 14:

Erklären Sie, warum es 1993 und 2009 zu negativen Veränderungsraten des realen Bruttoinlandsprodukts kam.

Lösung s. Seite 226

ÜBUNGSTEIL (AUFGABEN UND FÄLLE)

Aufgabe 15:

a) Zeigen Sie anhand eines Beispiels auf, wie eine „normale" Exportnachfrage reagiert, wenn der Eurowechselkurs zum Dollar aufwertet.

b) Erklären Sie, warum trotz Aufwertung des Euros in der Vergangenheit die deutschen Exportüberschüsse zunahmen.

Lösung s. Seite 226

Aufgabe 16:

In einer Volkswirtschaft entstehen Befürchtungen, dass eine Deflation eintreten wird.

Erläutern Sie zwei Maßnahmen, um das Wirtschaftswachstum zu steigern.

Lösung s. Seite 227

Aufgabe 17:

Die Diskussion über die Europäische Union verstärkte sich in den letzten Jahren durch die Schuldenkrisen sowie die Nullzinspolitik.

Erläutern Sie anhand von zwei Argumenten die Vorteile der EU.

Lösung s. Seite 227

Aufgabe 18:

Aufgrund der Schuldenkrisen begrenzten verschiedene Regierungen die Nettokreditaufnahme.

Erläutern Sie mit zwei Argumenten, warum derartige Finanzpolitik Risiken birgt.

Lösung s. Seite 227

Aufgabe 19:

Die Automobil AG beabsichtigt, die Prozesse schlanker zu gestalten, um in Zukunft wettbewerbsfähiger zu sein. Ein Unternehmensberater empfiehlt ein Prozesscontrolling durchzuführen.

Erklären Sie, was man unter Prozesscontrolling versteht und zeigen Sie zwei Instrumente auf, die eingesetzt werden könnten.

Lösung s. Seite 227

ÜBUNGSTEIL (AUFGABEN UND FÄLLE)

Aufgabe 20:
Der nachfrageorientierten Wirtschaftspolitik wird ein „Strohfeuer-Effekt" vorgeworfen.

Erläutern Sie, welcher ökonomische Zusammenhang damit verbunden ist.
Lösung s. Seite 228

Aufgabe 21:
Ein Ökonom behauptet, dass Freiheit und privates Eigentum wesentliche Faktoren sind, welche den Wohlstand in Marktwirtschaften ermöglichen.

Erläutern Sie die Zusammenhänge.
Lösung s. Seite 228

Aufgabe 22:
In einem Zeitungsartikel steht: „Chancengleichheit durch Bildungspolitik".

Nehmen Sie dazu mit einem Pro- und Contra-Argument hinsichtlich des Einkommens Stellung.
Lösung s. Seite 228

Aufgabe 23:
Erklären Sie, warum häufig das reale statt dem nominalen Bruttoinlandsprodukt für die Analyse von ökonomischen Sachverhalten herangezogen wird.
Lösung s. Seite 228

Aufgabe 24:
Eine Aufwertung des Euros gegenüber dem US-Dollar führt zu geringeren Exporten.

Erläutern Sie die Aussage mit je einem Pro- und Contra-Argument.
Lösung s. Seite 229

Aufgabe 25:
Erläutern Sie die Folgen einer Deflation.
Lösung s. Seite 229

Aufgabe 26:
Erklären Sie, was eine sinkende Investitionsquote für eine Volkswirtschaft bedeutet.
Lösung s. Seite 229

ÜBUNGSTEIL (AUFGABEN UND FÄLLE)

Aufgabe 27:
Erläutern Sie den Zusammenhang zwischen der Finanzkrise 2008/09 und der angebotsorientierten Wirtschaftspolitik.

Lösung s. Seite 229

Aufgabe 28:
Erläutern Sie, wodurch sich Personen- von Kapitalgesellschaften unterscheiden.

Lösung s. Seite 230

Aufgabe 29:
Erläutern Sie die Aufgaben des Controllings.

Lösung s. Seite 230

Aufgabe 30:
Erläutern Sie, wodurch sich grundsätzlich die Geldpolitik der EZB von der FED unterscheidet.

Lösung s. Seite 230

Aufgabe 31:
Erklären Sie die Rolle des IWF in der Weltwirtschaft.

Lösung s. Seite 230

Aufgabe 32:
Erklären Sie, wie auf einem Gütermarkt mit Angebotsüberhang das Marktgleichgewicht erreicht wird.

Lösung s. Seite 230

Aufgabe 33:
Erklären Sie, warum eine produktivitätsorientierte Lohnpolitik sinnvoll ist.

Lösung s. Seite 230

Aufgabe 34:
Der Verbraucherpreisindex unterliegt häufig entsprechender Kritik. Erläutern Sie die Kritik anhand von zwei Argumenten.

Lösung s. Seite 231

ÜBUNGSTEIL (AUFGABEN UND FÄLLE)

Aufgabe 35:

In einer Volkswirtschaft sinkt seit Jahren tendenziell die Sparquote. Erläutern Sie zwei Gründe für die geringere Sparquote.

Lösung s. Seite 231

Aufgabe 36:

Unterscheiden Sie die Begriffe „primäre" und „sekundäre Einkommensverteilung".

Lösung s. Seite 231

Aufgabe 37:

Erklären Sie den Nutzen der Kennzahlen zur Staatsverschuldung.

Lösung s. Seite 231

Aufgabe 38:

Erläutern Sie, warum Konsumenten bei steigenden Preisen kaufen.

Lösung s. Seite 232

Aufgabe 39:

Erläutern Sie zwei Standortvorteile Deutschlands.

Lösung s. Seite 232

Aufgabe 40:

Erklären Sie, was man unter einem „price taker" versteht.

Lösung s. Seite 232

1. Unterscheiden der Koordinierungsmechanismen idealtypischer Wirtschaftssysteme und deren rechtlicher Ausprägungen sowie Darstellen der Elemente der sozialen Marktwirtschaft

Lösung zu Aufgabe 1:

Die Bereiche Bahn, Energieversorgung und Telekommunikation stellen wesentliche Pfeiler der Infrastruktur eines Landes dar. Wenn durch eine Wahl mehr Staatseinfluss gewünscht wird, dann erfolgt die Planung und Koordination der Produktionsfaktoren für diese Bereiche vom Staat. Das grundsätzliche Thema „Angebot durch den Staat oder private Unternehmen" wird für die Bereiche Bahn, Energieversorgung und Telekommunikation häufig diskutiert.

Die staatlichen Unternehmen sind nicht auf Gewinnmaximierung ausgerichtet, sodass entsprechende Investitionen durch das Staatsbudget erfolgen können. Die privaten Unternehmen in diesen Märkten können durch Effizienzsteigerungen (z. B. Kosten senken) die Gewinne erhöhen. Aufgrund dieser Maßnahmen sowie durch ein möglicherweise komplexeres Angebot, um wettbewerbsfähig zu sein, könnten Mängel bei der Leistungserstellung aufgetreten sein, sodass eine Unzuverlässigkeit wahrgenommen wurde. Die privaten Unternehmen werden angesichts des Wettbewerbs versuchen, über Innovationen und Preispolitik Marktanteile zu gewinnen. Die Preise könnten aufgrund des Wettbewerbs sinken. Wenn der Staat das Angebot weitgehend übernimmt, dann kann aufgrund eines (Quasi)-Monopols der technische Fortschritt stagnieren und der Preis erhöht werden.

Lösung zu Aufgabe 2:

Die zentrale Planung einer Volkswirtschaft ist suboptimal, weil

- die zentralen Planungsinstanzen nicht die Bedürfnisse aller privaten Haushalte erfassen können,
- der technische Fortschritt aufgrund des fehlenden Wettbewerbs nicht gefördert wird,
- geringe Effizienz vorliegt und Produktionsfaktoren verschwendet werden sowie
- Mangelsituationen auftreten können (Nachfrage nach bestimmten Gütern ist größer als das Angebot).

LÖSUNGEN

Lösung zu Aufgabe 3:

a) ▸ Knappheit kann sich durch einen Fachkräftemangel äußern. Beispielsweise sind Handwerker oder Pflegekräfte knapp.

▸ Zudem kann Knappheit durch Beschränkungen bei der Kapitalbeschaffung auftreten. Ein Unternehmen beabsichtigt eine Expansion und erhält von den Banken für zusätzliche Investitionen nicht ausreichend Kapital.

▸ Eine weitere Möglichkeit für Knappheit besteht in der Kapazitätsgrenze. Wenn die Nachfrage, z. B. nach Pkws, die Produktionsgrenze des Pkw-Herstellers übersteigt, dann entstehen Knappheit und längere Lieferzeiten. In der ehemaligen DDR mussten die Käufer häufig über 10 Jahre auf einen Trabant warten.

b) Es sind zwei Bewerber A und B gegeben. Wenn A die Stelle bekommt, dann verzichtet das Unternehmen auf den Nutzen und die Fähigkeiten des Kandidaten B. Die Kosten des Verzichts auf die zweitbeste Möglichkeit (hier Bewerber B) sind die Opportunitätskosten.

Lösung zu Aufgabe 4:

Die Sozialpolitik und somit auch die soziale Sicherheit sind Folge und Voraussetzung für Wirtschaftswachstum. Beispielsweise können Arbeitslose auf Leistungen der Arbeitslosenversicherung zurückgreifen. Arbeitslose erhalten einen Teil ihres früheren verfügbaren Einkommens, sodass die Nachfrage bei Arbeitslosigkeit nicht zu stark reduziert wird. Darüber hinaus werden den Arbeitslosen Fort- und Weiterbildungsmaßnahmen angeboten, damit durch die Qualifizierung eine höhere Chance besteht, sich in den Arbeitsmarkt wieder zu integrieren. Wenn die Arbeitslosigkeit beendet wird und wieder Einkommen entsteht, dann werden Steuern und Sozialversicherungsbeiträge bezahlt. Die Beschäftigten konsumieren und tragen damit zur Erhöhung des Bruttoinlandsprodukts bei.

Lösung zu Aufgabe 5:

Grenzen der sozialen Marktwirtschaft:

▸ Die deutsche Volkswirtschaft wird aufgrund des demografischen Wandels ein Problem bei der Finanzierung der Altersversorgung erhalten. In einigen Jahren werden die geburtenstarken Jahrgänge in Rente gehen, sodass die zukünftig geringer werdende Zahl an Beschäftigten immer mehr Rentnern die Altersbezüge finanzieren muss (Umlageverfahren). Um auch in Zukunft ein ähnlich hohes Rentenniveau wie derzeit zu ermöglichen, müssten die Beitragssätze zur Rentenversicherung steigen. Dadurch würden in Zukunft die Beschäftigten weniger verfügbares Einkommen haben und somit weniger konsumieren und sparen können. Dadurch würde sich das Wachstum des Bruttoinlandsprodukts abschwächen. Lösungsmöglichkeiten würden darin bestehen, den Renteneintritt zu verschieben (z. B. mit 70 Jahren) oder das Rentenniveau abzusenken.

▸ Aufgrund des globalen Wettbewerbs sind die Kosten der sozialen Marktwirtschaft (z B. Arbeitgeberanteile Sozialversicherung) nachteilig, um unter Preiswettbewerb konkurrenzfähig zu sein.

2. Darstellen des volkswirtschaftlichen Kreislaufs

Lösung zu Aufgabe 1:

Der Pol „Vermögensänderung" nimmt das Sparen der Unternehmen (vermiedene Ausschüttungen) auf. Das Einkommen der privaten Haushalte, das nicht konsumiert wird, wird gespart (surplus = Überschuss). Banken sammeln die Spareinlagen und vergeben Kredite für zusätzliche Investitionen. Ohne inländisches Sparen wäre im Rahmen dieses Modells (ohne Zentralbankaktivität und ohne Interbankenmarkt) eine zusätzliche Investition kaum möglich. Das Wirtschaftswachstum würde ohne die zusätzlichen Investitionen geringer ausfallen. Nur der Konsum wäre die treibende Kraft für Wachstum, wobei ohne Investitionen die Kaufanreize und der Konsum im Laufe der Zeit sinken könnten.

Lösung zu Aufgabe 2:

Die Güternachfrage ist größer als die Finanzierungsmittel (Sparen). Es wird mehr Kapital zur Finanzierung nachgefragt als vorhanden. Der Zinssatz steigt. Dadurch sparen die privaten Haushalte mehr. Durch den steigenden Zinssatz sinken die Investitionen. Durch den steigenden Zinssatz wird das Gleichgewicht $S = I^{netto}$ erreicht.

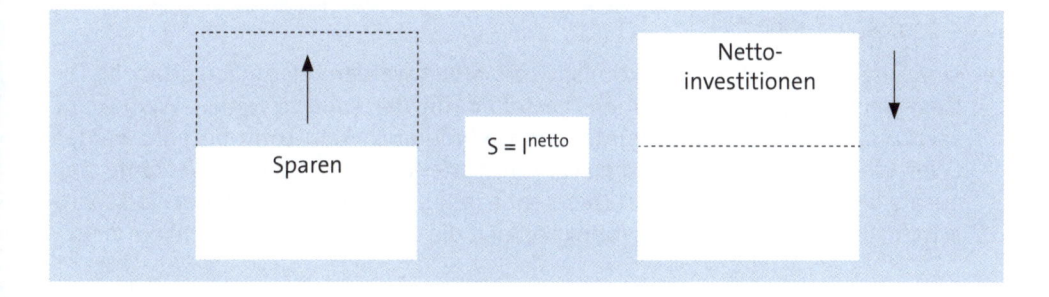

Lösung zu Aufgabe 3:

Wenn $X > M$, dann ist auch $S > I^{netto}$. Durch die Exporte entsteht zu viel Sparen, sodass der Zinssatz auf dem Kapitalmarkt sinkt. Aufgrund des sinkenden Zinssatzes steigen auch die Nettoinvestitionen. Das inländische Sparen sinkt, weil es sich nicht mehr für die Sparer aufgrund der niedrigen Zinssätze lohnt. Entweder weichen die privaten Haushalte auf andere Anlageformen (z. B. Aktien, Immobilien) aus oder sie konsumieren mehr. Die Investitionen steigen, weil der Zinssatz sinkt. Allerdings hängen in der Realität die Investitionen nicht nur von den Zinssätzen, sondern insbesondere von den Absatzerwartungen ab. Wenn der Exportüberschuss dauerhaft ist, dann bleibt der Impuls durch niedrige Zinssätze aus und die Wirtschaft kann stagnieren. Eine permanente Abhängigkeit von der Exportwirtschaft stört das wirtschaftliche Gleichgewicht.

LÖSUNGEN

Lösung zu Aufgabe 4:

Für Tarifverhandlungen sind z. B. die Daten der Volkswirtschaftlichen Gesamtrechnung zur Preissteigerung notwendig. Insbesondere die Gewerkschaften achten darauf, dass die Reallöhne nicht sinken. Bei sinkenden Reallöhnen reduziert sich die Kaufkraft und somit die gesamtwirtschaftliche Nachfrage. Die Arbeitgeber beobachten häufig die Lohnstückkosten (Lohnkosten je Arbeitnehmer/Arbeitsproduktivität). Die Arbeitsproduktivität stellt das Verhältnis zwischen realem Bruttoinlandsprodukt pro Erwerbstätigen dar. Wenn die Arbeitsproduktivität sinkt, dann steigen die Lohnstückkosten. Die Arbeitnehmer würden zu viel Lohn im Verhältnis zur Arbeitsproduktivität erhalten. Diese Daten erhalten die Tarifpartner aus der Volkswirtschaftlichen Gesamtrechnung.

Lösung zu Aufgabe 5:

a) Ein Konto kann auch als Gleichung dargestellt werden.

Vorleistungskäufe 200 + Abschreibung 100 + Mietaufwand 200 + Gewinn 300 = 800

Güterverkäufe 1.000 + Bestandsveränderungen 150 + selbst erstellte Anlagen 50 = 1.200

Die gesuchten Löhne stellen den Saldo zwischen Haben- und Sollseite dar.
1.200 - 800 = 400

b) Durch den Einsatz des Produktionsfaktors Arbeit werden Leistungen erbracht. Die Gegenleistung des Unternehmens besteht darin, den Lohn zu zahlen. Wenn keine Leistung erbracht werden würde, dann würde auch kein Lohn bezahlt werden (Wertschöpfung = 0). Durch die Leistungserstellung und die Güterverkäufe sind zusätzliche Wertschöpfungen (hier: Lohnzahlungen) möglich. In der Volkswirtschaft steigt durch die Güterproduktion und die Güterverkäufe das Einkommen.

Lösung zu Aufgabe 6:

a) Bruttoinlandsprodukt zu Marktpreisen 2.000 = Exporte 300 - Importe 100 + private Konsumausgaben 400 + Konsumausgaben des Staates 100 + Bruttoinvestitionen

Bruttoinvestition = 2.000 - 300 + 100 - 400 - 100 = 1.300

b) Summe Bruttowertschöpfungen Wirtschaftsbereiche + Gütersteuer 150 - Gütersubventionen 80 = Bruttoinlandsprodukt zu Marktpreisen 2.000

Summe Bruttowertschöpfung Wirtschaftsbereiche = 2.000 - 150 + 80 = 1.930

c)
	Bruttoinlandsprodukt zu Marktpreisen	2.000
+	Saldo Primäreinkommen mit der übrigen Welt	250
=	Bruttonationaleinkommen zu Marktpreisen	2.250

LÖSUNGEN

Lösung zu Aufgabe 7:

a) C + S = 400 + 100 = 500 = Y_v

Primäreinkommen 800 - direkte Steuern - Sozialbeiträge 200 + empfangene Sozialleistungen 50 = verfügbares Einkommen 500

Direkte Steuern = 800 - 500 - 200 + 50 = 150

b) Sparquote = $\frac{S}{Y_v}$ = $\frac{100}{500}$ = 0.2 (20 % Sparquote)

c) Y_v = 500, C = 400, S = 100 (konstant)

	nominales verfügbares Einkommen	500
-	Preissteigerungsrate 5 %	25
=	**reales verfügbares Einkommen**	**475** = C + 100

C = 375

Durch die Preissteigerungsrate von 5 % und das konstante Sparen reduziert sich der Konsum um 25 Einheiten.

Lösung zu Aufgabe 8:

Die Lohn- und Gewinnquote ergänzen sich zu 1 (100 %). Wenn über 10 Jahre die Lohnquote bei 60 % liegt, dann erhöhten sich nicht die Anteile der Arbeitnehmerentgelte am Volkseinkommen. Gründe:

▶ Höhere Löhne sind durch Gewerkschaften nicht durchsetzbar.

▶ Volkseinkommen und Arbeitnehmerentgelte nahmen (in etwa) mit gleicher Steigerungsrate zu.

Lösung zu Aufgabe 9:

Wenn die Haushälterin angestellt ist, erhält sie ein Gehalt und steigert somit das Bruttoinlandsprodukt. Wenn die Haushälterin den Unternehmer heiratet, dann führt sie die Hausarbeit kostenlos durch. Somit sinkt das Bruttoinlandsprodukt.

Lösung zu Aufgabe 10:

Durch höheres Wirtschaftswachstum steigt das Einkommen in einer Volkswirtschaft. Es kommt auf die Verteilung des Einkommens an. Wenn alle Bürger eines Landes an dem höheren Einkommen partizipieren können, würde das Armutsrisiko gesenkt. Das könnte bei den bisher benachteiligten Bevölkerungsgruppen zu einer Zunahme des Glücks führen, weil sich die Lebensverhältnisse verbessern.

Bei den höheren Einkommensschichten führt eine Zunahme des Einkommens meist zu keiner weiteren Zunahme des Glücks. Die Glücksforscher stellten fest, dass sich in den westlichen Industrieländern trotz deutlicher Zunahme des Bruttoinlandsprodukts das Glück der Menschen nicht wesentlich erhöhte. Mit mehr Besitz ist auch mehr Verantwortung und Organisationsaufwand verbunden, sodass die Belastung durch die Generierung des Einkommens zusätzlich mit einem Mehraufwand für das Management des Vermögens verbunden ist.

LÖSUNGEN

Glücksforscher stellten fest, dass bei einem Bruttoeinkommen von ca. 50.000 € (Stand: 2016) die „Glücksschwelle" vorhanden ist. Bei einem höheren Einkommen nimmt auch der Zeitverbrauch zu. Somit haben die höheren Einkommensbezieher weniger Zeit für Familie und Hobbys.

Lösung zu Aufgabe 11:

I. Leistungsbilanz
   Warenhandel 2.000 - 1.980 = 20

III. Kapitalbilanz
   1. Direktinvestition 30
   5. Währungsreserven 6

IV. Statistisch nicht aufgliederbare Transaktion (Restposten)

> Restposten = Saldo Kapitalbilanz - Saldo Leistungsbilanz

= 36 - 20 = 16

Lösung zu Aufgabe 12:

Nachteile der Abschaffung von Bargeld:

- Durchsetzung negativer Zinssätze bei den Banken, weil dann kein Geld mehr von der Bank bar abgehoben werden kann.
- Güterkäufe können nicht mehr mit Bargeld, also unmittelbar, bezahlt werden. Es entsteht eine Abhängigkeit gegenüber Kreditinstituten oder dritten Institutionen, die den unbaren Zahlungsverkehr organisieren und auch Gebühren dafür fordern.
- Geringe Akzeptanz in der Bevölkerung, weil die Deutschen die Bezahlung mit Bargeld tendenziell bevorzugen. Geheime Käufe für Geburtstagsüberraschungen wären nicht mehr möglich.

Lösung zu Aufgabe 13:

Quantitätsgleichung:

$$M_3 \, U = P \cdot Y^{real}$$

Wenn die Preise sinken, dann kann die Zentralbank die Geldmenge erhöhen, indem sie verstärkt Wertpapiere aufkauft und Zentralbankgeld an die Geschäftsbanken abgibt. Dadurch wird ausreichend Liquidität bereitgestellt, damit über Investitionen die gesamtwirtschaftliche Nachfrage gesteigert wird. Die Wirkung der Zentralbankpolitik ist abhängig davon, ob die „Pferde saufen" (Unternehmer investieren).

In Europa liegt eine alternde Gesellschaft aufgrund des demografischen Wandels vor. Die Zukunftsorientierung und somit die Investitionsneigung könnte gebremst sein. Zudem könnte die durch Sättigungstendenzen gekennzeichnete zurückhaltende Nachfrage nur ein Aspekt sein. Produkte wurden in den letzten Jahren durch weltweiten Absatz und somit großen Produktionsmengen kostengünstiger (Kostendegressionen). Zudem sind viele Dienste, wie Internetrecherchen kostenlos, die Preisvergleiche ermöglichen und den Wettbewerb fördern, der den Preis reduziert. Andererseits können äußere Einflüsse, wie z. B. höhere Energiepreise oder Einfuhrzölle, die Preise wieder erhöhen. Diese letzten Aspekte wären jedoch nicht primär der Zentralbankpolitik zuzuschreiben.

Lösung zu Aufgabe 14:

$$\text{Preisindex nach Laspeyres} = \frac{\sum_{i=1}^{n} p_i q_0}{\sum_{i=1}^{n} p_0 q_0} \cdot 100$$

Preise Basisjahr mal Menge Basisjahr =
10 €/m² · 80 m² + 2 €/Tafel · 50 Tafeln + 15 €/Träger · 2 Träger = 930 €

Preise Folgejahr mal Menge Basisjahr =
10,50 €/m² · 80 m² + 2,20 €/Tafel · 50 Tafeln + 15,80 €/Träger · 2 Träger = 981,60 €

$$\text{Preisindex nach Laspeyres} = \frac{981{,}60\ €}{930\ €} \cdot 100 = 105{,}55\ \%$$

Die Preise des Folgejahres gegenüber dem Basisjahr sind um 5,55 % **im Durchschnitt** gestiegen.

Lösung zu Aufgabe 15:
Periode 1:

$$\text{Arbeitsproduktivität} = \frac{\text{reales Bruttoinlandsprodukt}}{\text{Erwerbstätige}}$$

$$\text{Arbeitsproduktivität} = \frac{1.000}{20} = 50$$

Periode 2:

$$\text{Arbeitsproduktivität} = \frac{1.500}{30} = 50$$

Die Arbeitsproduktivität hat sich von Periode 2 gegenüber Periode 1 nicht verändert. Es gilt: Lohnsteigerung = zusätzliche Arbeitsproduktivität.

Daher sollte es zu keiner Lohnsteigerung kommen, um Inflation zu vermeiden.

LÖSUNGEN

Lösung zu Aufgabe 16:

Der Kauf einer Immobilie wird häufig erwogen, wenn Inflation zu erwarten ist. Die Käufer beabsichtigen, die Geldanlagen durch einen Immobilienkauf zu schützen. Bei Inflation vermindert sich der reale Wert des Geldes. Die Kaufkraft einer 100 €-Banknote liegt unter dem nominalen Wert. Wenn die Immobilie fremdfinanziert ist, dann sinkt aufgrund der Inflation die reale Verbindlichkeit gegenüber der Geschäftsbank.

Die Inflation treibt jedoch auch die Preise für Immobilien, sodass der Käufer die Immobilie aufgrund der Inflationserwartungen teurer einkauft. Wenn der Käufer vermietet, dann sinkt die Rendite für die Immobilie, weil die Mieten aufgrund gesetzlicher Rahmenbedingungen häufig nicht in dem Maße steigen wie die Immobilienpreise.

Wenn der Käufer die Immobilie nach mehreren Jahren verkaufen möchte, dann muss die Zahlungsbereitschaft und -fähigkeit eines Käufers gegeben sein. Wenn die Inflation anhält, dann ist der Preis für die Immobilie im Laufe der Jahre gestiegen. Ob die Immobilie dann verkaufbar ist, hängt neben den Objekteigenschaften (Lage, Ausstattung, Zustand etc.) auch vom Einkommenswachstum in einer Volkswirtschaft ab. Wenn die realen Einkommen sinken, dann erscheint vermutlich der Preis für die Immobilie zu hoch. Zudem hat der Käufer mit einer Immobilie ein Klumpenrisiko, wenn er große Teile seines Vermögens an die Immobilie bindet. Findet sich kein Käufer, dann stellt die Immobilie quasi „totes Kapital" dar.

Lösung zu Aufgabe 17:

In deflationären Phasen agieren die Zentralbanken meist mit einer expansiven Geldpolitik. Der entscheidende Punkt liegt jedoch in der Investitionsbereitschaft der Unternehmen, die nicht nur vom Zinsniveau, sondern auch von den Absatzerwartungen abhängt. Deflation kann vermieden werden, wenn die Kriterien für eine Zukunftsfähigkeit vorhanden sind. Dazu gehören eine junge Bevölkerung mit Konsumwünschen sowie ein Ausbau der Infrastruktur und kein Abbau aufgrund des demografischen Wandels. Zudem sollten politische Unsicherheiten (z. B. tarifäre und nicht tarifäre Handelshemmnisse) minimiert werden, damit das Konsum- und Investitionsniveau erhöht wird. Das Klima in der Volkswirtschaft sollte positiv und zukunftsorientiert sein.

Kurzfristig kann der Staat auch durch zusätzliche Staatsausgaben und/oder durch die Steuerpolitik die Nachfrage erhöhen, um über Multiplikatoreffekte die Einkommen und die Preise zu erhöhen. Durch die Tarifabschlüsse können die Löhne und Gehälter zunehmen, sodass bei moderater Steuerpolitik die Konsumausgaben, die gesamtwirtschaftliche Nachfrage sowie die Preise steigen.

Lösung zu Aufgabe 18:

Fester Wechselkurs:

Vorteile	Nachteile
▸ keine Währungsrisiken ▸ Planungs- und Kalkulationssicherheit ▸ Kurssicherungskosten entfallen	▸ Zentralbanken kaufen Devisen für Interventionszwecke. Bei Abwertung der Fremdwährung verlieren die Devisenbestände an Wert. Die Zentralbank hat evtl. ein Anlageproblem mit den Devisen. ▸ Zentralbank verkauft Devisen bei schwacher Inlandswährung für Interventionszwecke. Maßnahmen gelingen evtl. nicht, weil Devisenreserven erschöpft sind. Eine Abwendung vom internationalen Handel mit → **Protektionismus** resultiert, weil hohe Importpreise durch Aufwertung der Inlandswährung nicht gebremst werden können. ▸ Freies Spiel von Angebot und Nachfrage wird nicht berücksichtigt, sodass die „Marktkräfte" unterdrückt werden.

Lösung zu Aufgabe 19:

a) Gründe für den schwachen Euro können im Euro und/oder im US-Dollar liegen. Das Eurosystem hat verschiedene Probleme (z. B. Griechenlandkrise, hohe Schuldenstände, geringe Mobilität auf dem Arbeitsmarkt in Europa). Das Vertrauen in den Euro sinkt durch die politische Unentschlossenheit. Die Zinssätze in den USA steigen, sodass vermehrt Kapitalimporte in die USA erfolgen, was zu einer Aufwertung des US-Dollars (und einer Abwertung des Euros) führt.

Geplante Steuersenkungsprogramme in den USA können Wachstumserwartungen erhöhen, sodass Kapitalimporte erfolgen, um an den Steigerungen der Aktienkurse zu partizipieren. Aufgrund der Erwartungen wertet der US-Dollar auf und der Euro ab.

b) Zwei Folgen des schwachen Euros für deutsche Sparer und Verbraucher:
- ▸ Eine Abwertung des Euros kann zu höheren Importpreisen und somit zu inflationären Tendenzen führen, wenn die höheren Importpreise an die Endverbraucher weitergegeben werden (bei gleichen Gewinnen). Somit könnten bei unterstellten konstanten Einkommen die Konsumausgaben und/oder die Ersparnisse zurückgehen.
- ▸ Der schwache Euro kann aber auch zu höheren Exporten führen, sodass die Exportüberschüsse zunehmen und die Einkommen steigen.

LÖSUNGEN

Welche Entwicklung sich tendenziell durchsetzt und einen → **Handelsbilanzüberschuss** oder ein -defizit bewirkt, hängt von den Nachfrageelastizitäten ab. Das bedeutet, dass aufgrund einer Preisveränderung (z. B. Import- oder Exportpreise) entsprechende Mengenreaktionen (Import- und Exportmenge) erfolgen.

c) Durch eine Erhöhung des Leitzinssatzes könnte die Europäische Zentralbank Kapitalimporte induzieren. Dadurch würde die Nachfrage nach Euros steigen und den Euro aufwerten. Eine zweite Möglichkeit bestünde darin, dass die Europäische Zentralbank aus ihren Devisenbeständen US-Dollar verkauft. Diese Maßnahme würde ebenfalls zu einer Aufwertung des Euros führen. Bei derartigen Interventionsmaßnahmen besteht die Restriktion darin, wie hoch die Devisenbestände (hier in US-Dollar) sind. Die Maßnahme könnte „verpuffen", wenn nicht ausreichend US-Dollars vorhanden sind. Das Vertrauen in die EZB würde nachhaltig geschädigt werden und der Euro würde mittelfristig noch schwächer werden.

Lösung zu Aufgabe 20:

Wenn die Exportgütermengen steigen, besteht die Gefahr, dass ein Überangebot auf dem Weltmarkt entsteht und die Exportpreise sinken. Dann würden sich bei angenommenen konstanten Importpreisen und -mengen die Terms of Trade verschlechtern. Das Entwicklungsland könnte real (mengenmäßig) weniger Güter für die Exporterlöse importieren.

Lösung zu Aufgabe 21:

Erwerbspersonen 1.500 = Erwerbstätige + registrierte Arbeitslose 500
Erwerbstätige = 1.000

$$\text{Arbeitsproduktivität je Erwerbstätigem} = \frac{\text{reales Bruttoinlandsprodukt}}{\text{Erwerbstätige}}$$

$$= \frac{1.000.000 \text{ Einheiten}}{1.000 \text{ Erwerbstätige}} = 1.000 \text{ Einheiten je Erwerbstätigem}$$

$$\text{Lohnstückkosten} = \frac{\text{Lohnkosten Arbeitnehmer}}{\text{Arbeitsproduktivität je Erwerbstätigem}}$$

$$= \frac{600 \text{ Einheiten}}{1.000 \text{ Einheiten}} = 0,6$$

Auf ein Stück Ware entfallen 60 % Lohnkosten.

LÖSUNGEN

3. Beschreiben der Marktformen und Preisbildungen sowie Berücksichtigung des Verbraucherverhaltens

Lösung zu Aufgabe 1:

a) Marktgleichgewicht:

$p^A = p^N$ $20 + 3x = 100 - 5x$ $8x = 80$ $x = 10$

Marktgleichgewicht bei $p_0 = 50$ und $x_0 = 10$

b) Preis $p = 80$ wird in beide Funktionen eingesetzt:

$80 = 20 + 3 \cdot x$ $80 = 100 - 5 \cdot x$

$x^A = 20$ $x^N = 4$

Es liegt ein Angebotsüberhang ($x^A - x^N = 20 - 4 = 16$) vor. Durch den Angebotsüberhang sinkt der Preis, sodass die Anbieter die Angebotsmenge reduzieren. Aufgrund des sinkenden Preises erhöht sich die Nachfrage. Beide Prozesse sind Voraussetzung für das „Einpendeln" im Marktgleichgewicht.

Lösung zu Aufgabe 2:

In einem engen Oligopol herrscht ein Reaktionsverhalten. Bei einer Preissenkung eines Anbieters werden die anderen Anbieter ebenfalls die Preise für Milchprodukte senken, sodass keine Marktanteilszuwächse erfolgen. Das Problem könnte jedoch darin bestehen, dass bei der Handels GmbH der reduzierte Preis die Kosten nicht mehr deckt. Dies erfordert entsprechende Verhandlungen (variable Kosten reduzieren, indem Einkaufspreise gesenkt werden) sowie eine Effizienzsteigerung, um fixe Kosten zu optimieren (z. B. Verwaltungskosten durch Reengineering). Wenn die Stückkosten ebenso wie die Preise gesenkt werden, dann entstehen der Handels-GmbH keine Verluste. Wenn jedoch ein Oligopolist Probleme bei der Kostenreduktion hat, könnte dies Auswirkungen auf die Gewinne haben.

Lösung zu Aufgabe 3:

Füller und Patrone sind Komplementärgüter.
Ursache: Preis für Patronen steigt, Nachfrage nach Patronen sinkt.
Wirkung: Nachfrage nach Füller sinkt (bei konst. Preis), Linksverschiebung (N_0 nach N_1).

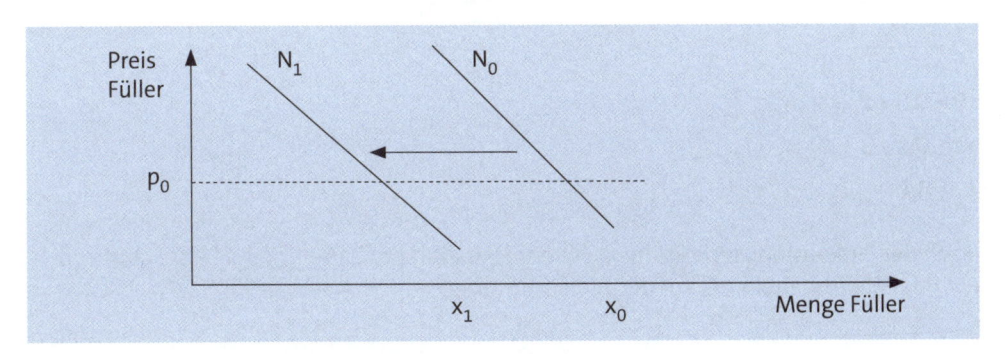

LÖSUNGEN

Lösung zu Aufgabe 4:

> direkte Preiselastizität der Nachfrage =
>
> $\dfrac{\text{prozentuale Nachfragemengenänderung (Wirkung)}}{\text{prozentuale Preisänderung (Ursache)}}$

$$-2 = \dfrac{\dfrac{x_1 - x_0}{x_0}}{+0{,}1}$$

$-2 \cdot 0{,}1 \cdot x_0 + x_0 = x_1$

$-2 \cdot 0{,}1 \cdot 200.000 + 200.000 = x_1$

$x_1 = 160.000$ (Absatzmenge nach Preiserhöhung)

Die Absatzmenge ist durch die Preiserhöhung um 40.000 Stück gesunken. Das entspricht einer prozentualen Mengenänderung von -20 %.

Lösung zu Aufgabe 5:

> direkte Preiselastizität des Angebots =
>
> $\dfrac{\text{prozentuale Mengenänderung des Angebots}}{\text{prozentuale Preisänderung}}$

$+ 3 \cdot 0{,}1 = 0{,}3$

Der Anbieter erhöht die Menge um 30 %, wenn der Preis um 10 % steigt.

Lösung zu Aufgabe 6:

> Einkommenselastizität = $\dfrac{\text{prozentuale Nachfragemengenänderung}}{\text{prozentuale Einkommenserhöhung}}$

$$+2 = \dfrac{\dfrac{x_1 - x_0}{x_0}}{+0{,}2}$$

$+2 \cdot 0{,}2 \cdot x_0 + x_0 = x_1$

$+2 \cdot 0{,}2 \cdot 3 + 3 = x_1$

$x_1 = 4{,}2$

Nach der Einkommenserhöhung kauft der Haushalt pro Zeiteinheit 4 Paar Schuhe, d. h. ein Paar Schuhe mehr als vor der Preiserhöhung.

LÖSUNGEN

Lösung zu Aufgabe 7:

$$\text{Kreuzpreiselastizität} = \frac{\text{prozentuale Nachfragemengenänderung bei Gut Y}}{\text{prozentuale Preisänderung bei Gut X}}$$

-3 • 0,1 = -0,3

Wenn der Benzinpreis um 10 % steigt, dann sinkt die Nachfrage nach Pkw um 30 %.

Lösung zu Aufgabe 8:

Liberalisierte Märkte stellen den Konsumenten mehr Wahlfreiheiten zur Verfügung, weil sie sich nicht vom technischen Fortschritt eines Anbieters abhängig machen. Dadurch erhöht sich auch der Freiheitsgrad der Konsumenten. Angebotsmonopolisten schöpfen Extraprofite ab, weil der Monopolpreis über dem Preis des (vollkommenen) Wettbewerbs liegt. In liberalisierten Märkten sinkt der Preis, sodass die Kaufkraft des Einkommens der Konsumenten zunimmt. Zudem wird dem Markt mehr Volumen zur Verfügung gestellt als beim Monopol.

Lösung zu Aufgabe 9:

Eine Existenzbedrohung für große Teile der Bevölkerung eines Entwicklungslandes kann im Lebensmittelmarkt erfolgen, weil auf den Schwarzmärkten höhere Preise geboten werden können. Dadurch kann sich das Angebot von den legalen zu den illegalen (schwarzen) Märkten verlagern. Somit wird das Angebot an Lebensmitteln für den großen Teil der Bevölkerung knapper, was die Existenzbedrohung erhöht.

Lösungsmöglichkeiten sind häufig Importe durch Hilfslieferungen aus anderen Ländern oder von internationalen Organisationen, damit das Angebot an Lebensmitteln steigt. Grundsätzlich sollte die Selbstorganisationskraft der Volkswirtschaft gesteigert werden, dass die Inländer mehr Lebensmittel produzieren können. Eine Reduktion der Nachfrage ist nicht möglich, da ein Großteil der Bevölkerung am Existenzminimum lebt.

Lösung zu Aufgabe 10:

Die Vorteile des Wettbewerbs liegen darin, dass die Nachfrager mehr Wahlmöglichkeiten haben. Zudem besteht ein Anreiz zur effizienten Produktion sowie zur Erhöhung des technischen Fortschritts. Das Wettbewerbsrecht (GWB) bildet den Rahmen, damit sich keine Kartelle bilden, welche den Wettbewerb, z. B. durch Preisabsprachen, zum Schaden der Verbraucher behindern. Zudem soll das Gesetz gegen den unlauteren Wettbewerb die Mitbewerber vor unlauteren Handlungen schützen.

4. Berücksichtigen der Konjunktur- und Wirtschaftspolitik

Lösung zu Aufgabe 1:

a)

$$\text{Staatsausgabenmultiplikator} = \frac{1}{s}$$

$$= \frac{1}{0{,}12}$$

Zusätzliches Bruttoinlandsprodukt $= \frac{1}{0{,}12} \cdot 100 \text{ Mrd. €} = 833{,}33 \text{ Mrd. €}$

b) Angebotsorientierte Wirtschaftspolitiker vertreten die Meinung, dass Konjunkturprogramme „Strohfeuer" sind. Tatsächlich kann es eine gewisse Zeit dauern (z. B. wegen Planungszeiten für Infrastruktur), bis die zusätzlichen Staatsausgaben wirken. Die zusätzlichen Staatsausgaben stellen Impulse dar (nachfrageorientierte Wirtschaftspolitik). Das zusätzlich erzeugte Bruttoinlandsprodukt kann geringer ausfallen, wenn die Sparquote hoch ist oder im Zeitverlauf steigt. Die privaten Haushalte können ihr Einkommen konsumieren oder sparen. Das Sparen stellt den „Bremseffekt" beim Staatsausgabenmultiplikator dar.

In der Vergangenheit wurde in Deutschland häufiger das Instrument der zusätzlichen Staatsausgaben eingesetzt, um den Multiplikatoreffekt nachhaltig zur Rezessionsbekämpfung zu nutzen. Da die meisten Konjunkturprogramme überwiegend via Staatsverschuldung finanziert wurden, entstand im Laufe der Jahre ein hoher Schuldenstand. Aufgrund mehrerer Konjunkturprogramme kann es aber durch den time-lag zu einer Überhitzung in Boomphasen kommen.

Lösung zu Aufgabe 2:

- **Unterkonsumptionstheorie:** In einer Aufschwungphase steigen die Preise. Wenn die Tarifpartner sich nicht auf einen entsprechenden Lohnabschluss einigen können, dass die realen Löhne steigen, wird die Konsumnachfrage der privaten Haushalte sinken. Dadurch sinken die Absatzerwartungen bei den Unternehmen, und es wird nicht mehr investiert. Somit sinkt die gesamtwirtschaftliche Nachfrage und ein Abschwung kann eingeleitet werden.

- **Überinvestitionstheorie:** In einer Aufschwungphase wurden Investitionen getätigt und Produktionskapazitäten erweitert. Die Stimmung in der Volkswirtschaft ist negativ geprägt, sodass die Nachfrage nach Konsumgütern zurückgeht. Es wurde in den Vorperioden ein großes Angebot geschaffen, sodass ein Angebotsüberhang entsteht. Die Unternehmen werden in den nächsten Perioden nicht mehr investieren. Damit ist die gesamtwirtschaftliche Nachfrage rückläufig.

Lösung zu Aufgabe 3:

Die deutschen Exportüberschüsse werden häufig kritisch betrachtet, weil makroökonomische Ungleichgewichte entstehen. Deutschland schöpft durch die hohen Exportwerte ein hohes Bruttoinlandsprodukt, während die Länder, welche deutsche Waren importieren, häufig Kredite zur Bezahlung der deutschen Waren benötigen. Der Rest der Welt ist in manchen Branchen vom deutschen Know-how abhängig. Zudem wird die weltweite Geldmenge durch die hohen Exportwerte erhöht, was im Laufe der letzten Dekaden zu sinkenden Zinssätzen führte, die wiederum für Kredite zu Spekulationszwecken verwendet werden. Dadurch konnten Blasen auf den Finanzmärkten entstehen.

Lösung zu Aufgabe 4:

Wenn die Lohnstückkosten steigen, dann können die Lohnkosten für die Arbeitnehmer stärker gestiegen sein als die Arbeitsproduktivität. Die Folgen sind:

- Wenn die (Lohn)-Kosten stärker steigen als die Arbeitsproduktivität, dann kommt es darauf an, ob die Unternehmen die gestiegenen Kosten an den Endverbraucher überwälzen können.

> Stückkosten + Gewinn = Stückpreis

- Die Gewinne der Unternehmen sinken, wenn der Stückpreis aufgrund eines intensiven Wettbewerbs konstant bleibt.
- Wenn die Preise aufgrund der gestiegenen (Lohn)-Kosten steigen, dann kann die Preissteigerungsrate zunehmen und es entsteht Inflation. Der Vorteil der höheren Löhne wird durch Kaufkraftverluste im Laufe der Zeit ausgeglichen.
- Die Wettbewerbsfähigkeit gegenüber ausländischen Konkurrenten sinkt, wenn die inländischen Lohnstückkosten steigen.

Lösung zu Aufgabe 5:

Die nachfrageorientierte Wirtschaftspolitik sollte bei erkennbarem Nachfragerückgang der drei Nachfragekomponenten Konsum, Investition und Export durch zusätzliche Nachfrage des Staates eingesetzt werden. Im Idealfall wird „antizyklisch" eine Rezession frühzeitig erkannt, sodass durch die Staatseingriffe das Einkommensniveau gesichert wird.

Die angebotsorientierte Wirtschaftspolitik sollte dann eingesetzt werden, wenn z. B. in der Vergangenheit zu viele Staatseingriffe in die Wirtschaft stattfanden und dadurch kein zusätzliches Wachstum mehr impulsiert werden kann. Zudem ermöglicht die Denkweise „mehr Markt, weniger Staat" zusätzliche Eigeninitiative sowie Unternehmensgründungen. Das Ziel besteht darin, über diesen Weg mehr Arbeitsplätze und Wirtschaftswachstum zu generieren.

LÖSUNGEN

Lösung zu Aufgabe 6:

Durch die Senkung des Leitzinssatzes auf 0 % beabsichtigt die Zentralbank, dass die Geschäftsbanken zu niedrigen Zinssätzen Kredite an Unternehmen für Investitionen ausgeben. Dadurch soll die gesamtwirtschaftliche Nachfrage angekurbelt werden. Die Höhe der Zinssätze an Unternehmen hängt jedoch von der Bonität des Kreditnehmers als auch von der zu erwartenden Absatzsituation des Kreditnehmers ab, sodass häufig Risikoaufschläge zum Basiszinssatz hinzugerechnet werden. Die Erwartung über die zukünftige wirtschaftliche Entwicklung ist maßgeblich, ob Unternehmen investieren. Der Leitzinssatz ist nur ein Aspekt.

Die Sparer erhalten geringe Habenzinssätze auf ihre Spareinlagen. Durch den Rückzug des Sozialstaates in Deutschland hinsichtlich der Altersversorgung sollten sich die privaten Haushalte durch Eigeninitiative selbst absichern. Jedoch sind die Verzinsungen durch Anlageprodukte zur Alterssicherung so gering, dass eine Entscheidung in der Situation einer Nullzins-Politik genau geprüft werden sollte. Aufgrund der niedrigen Zinssätze werden vermehrt Aktien und Immobilien nachgefragt, sodass Kurs- und Preissteigerungen die Folge sind.

Durch den negativen Zinssatz bei der Einlagenfazilität verlangen Geschäftsbanken negative Zinsen für die Sichteinlagen ihrer Kunden und/oder erhöhen die Kontoführungsgebühren. Die Wirkung kann in einem vermehrten Konsum liegen, weil das Sparen wegen der zusätzlichen Kosten vermieden wird.

Wenn trotz niedriger Zinssätze kaum Investitionen generiert werden, dann entsteht ein Vertrauensverlust in die Wirtschaft, sodass Stagnation die Folge sein kann.

Lösung zu Aufgabe 7:

Mindestreservesatz wird erhöht. Die Geschäftsbanken müssen bei der Zentralbank als Reserve einen höheren Anteil der Sichteinlagen hinterlegen. Dadurch sinkt die Überschussreserve der Geschäftsbanken. Es können weniger Kredite für Investitionen an Unternehmer ausgegeben werden. Wenn weniger investiert wird, dann sinkt die gesamtwirtschaftliche Nachfrage. Das Wachstum des Bruttoinlandsprodukts reduziert sich. Eine Erhöhung des Mindestreservesatzes beabsichtigt eine Reduktion der wirtschaftlichen Aktivitäten.

LÖSUNGEN

Lösung zu Aufgabe 8:

$$\text{maximale Buchgeldschöpfung} = \frac{1}{\text{Mindestreservesatz}} \cdot \text{erste Sichteinlage bei Bank A}$$

$= \frac{1}{0{,}02} \cdot 500 = 25.000$ Mio. €

Wenn der Mindestreservesatz auf 1 % gesenkt wird, dann beträgt die max. Buchgeldschöpfung 50.000 Mio. €. Dadurch verdoppelt sich die Buchgeldschöpfung in der Volkswirtschaft und es können mehr Kredite für Investitionen vergeben werden, um die Nachfrage der Volkswirtschaft anzukurbeln.

Lösung zu Aufgabe 9:

Nach der Finanzkrise versuchten viele Staaten den Rückgang der gesamtwirtschaftlichen Nachfrage mit staatlichen Konjunkturprogrammen zu kompensieren. Die zusätzlichen staatlichen Ausgaben wurden meist über zusätzliche Schulden finanziert. In den Jahren nach der Finanzkrise wuchsen die Schuldenstände vieler Länder. Daher wurde der Versuch unternommen, mit Kennzahlen die Staatsschulden abzubilden, um Aktivitäten zur Senkung der Schuldenstände messbar zu machen. Darüber hinaus wurden Kennzahlen zur Staatsverschuldung bereits in den Maastricht-Kriterien integriert. Die Grenzwerte zu den Staatsschulden-Kennzahlen sollten ein Impuls sein, dass die wirtschaftliche Aktivität mit geringerem Staatseinfluss vollzogen werden kann. Dies entspricht dem Leitbild der angebotsorientierten Wirtschaftspolitik.

5. Beschreiben der Ziele und Institutionen der Europäischen Union und der internationalen Wirtschaftsorganisationen

Lösung zu Aufgabe 1:

Die Verwaltung der EU kostet Geld, jedoch kann der Nutzen größer als die Kosten beurteilt werden. Der Nutzen liegt im Frieden sowie in der Freiheit. Die Lehre aus den beiden Weltkriegen liegt darin, dass die Kosten von Kriegen durch die Zerstörung von Sach- und Humankapital hoch sind. Die Vermeidung von Kriegen erspart diese Kosten. Darüber hinaus ist die Freiheit in der EU, insbesondere durch den Binnenmarkt, die Basis für den Wohlstand. Ca. 60 % der deutschen Exporte werden an EU-Länder geliefert. Ohne diese hohen Exporte wäre das deutsche Bruttoinlandsprodukt nicht so hoch.

Lösung zu Aufgabe 2:

Die Konvergenzkriterien sollen dazu beitragen, dass eine Stabilität im Euro-Raum gewährleistet ist. Der Kernaspekt liegt darin, dass die EU-Länder zum Euro-Beitritt zwar die Kriterien erfüllten, jedoch über die Zeit dann die Kriterien verletzt wurden. Insbesondere die mangelnde Haushaltsdisziplin führte aufgrund der Finanzkrise zu teilweise zunehmenden Schuldenständen.

Die Einhaltung der Konvergenzkriterien erzeugt auf den Finanzmärkten Vertrauen. Wenn die Kriterien (z. B. Schuldenstandsquote) nicht eingehalten werden, dann sinkt das Vertrauen in den Euro. Möglicherweise kann eine Abwertung des Euros kurzfristig erwünscht sein, um die Exporte zu steigern, jedoch ist ein abgewerteter Euro auch ein Symbol für eine mangelnde Wirtschaftskraft sowie für eine fehlende Fähigkeit der Euro-Teilnehmerländern, Krisen zu meistern und die Konvergenzkriterien im Sinne der Stabilität zu erfüllen. Um das Vertrauen in den Euro zu gewährleisten, sollten die Kennzahlen, z. B. zu den Schulden, eingehalten werden.

Lösung zu Aufgabe 3:

Nachteile des Euros:

- Die Euro-Teilnehmerländer können nicht mehr individuell abwerten und ihre Wirtschaft dadurch impulsieren.
- In einigen Ländern wären Leitzinserhöhungen angebracht. Jedoch sind die Schuldenstände in verschiedenen Ländern so hoch, dass die Leitzinsen nicht erhöht werden können. In Deutschland leiden die Sparer unter dem Niedrigzinsniveau. Zudem ist die Altersversorgung gefährdet. Deutschland hat bisher die Rolle als „Lokomotive" hinsichtlich der Nachfrage eingenommen. Auswirkungen auf den Konsum sowie auf zukünftige Investitionen könnten die Folge sein.

Lösung zu Aufgabe 4:

Vorteile des Binnenmarktes:

- Durch den Wegfall der tarifären und nichttarifären Handelshemmnisse können durch den Freihandel höhere Einkommen geschöpft werden.
- Im Rahmen des Binnenmarktes können die Unternehmen größere Produktionsmengen herstellen, sodass Kostendegressionen möglich sind.
- Durch den Wettbewerb sinken die Preise für den Endverbraucher.

Lösung zu Aufgabe 5:

- Gegen den Stabilitäts- und Wachstumspakt spricht die mangelnde Möglichkeit, durch zusätzliche Staatsausgaben die Konjunktur anzukurbeln. Durch die Beschränkungen können keine größeren keynesianischen Ausgabenprogramme realisiert werden. Die Politik hat sich somit selbst beschränkt.
- Das Defizitverfahren bestraft Länder, die gegen die Schuldenkriterien (z. B. 3 %-Regel und 60 %-Regel) verstoßen. Wenn ein Land sich in einer wirtschaftlichen kritischen Situation befindet, kann eine zusätzliche Strafe die Lage nicht verbessern. Vermutlich verschlechtert sich die ökonomische Situation.

6. Berücksichtigen der Bestimmungsfaktoren für Standort- und Rechtsformwahl jeweils unter Einbeziehung von Globalisierungsaspekten

Lösung zu Aufgabe 1:
Standort Deutschland:

Vorteile	Nachteile
▸ stabile politische Verhältnisse	▸ komplexe Steuergesetze, Bürokratie
▸ duales Ausbildungssystem	▸ hohe Lohnkosten

Lösung zu Aufgabe 2:
Globalisierung:

Vorteile	Nachteile
▸ Einkommenszuwächse in vielen Länder durch internationalen Handel	▸ Durch Vernetzung können sich Krisen schneller und stärker auswirken.
▸ Verständnis für andere Kulturen nimmt zu.	▸ Zunahme Produktpiraterie

Lösung zu Aufgabe 3:
- ▸ kein Notar notwendig (im Gegensatz zu Kapitalgesellschaften)
- ▸ Gewinne müssen nicht an andere Gesellschafter abgeführt werden.
- ▸ freie Gestaltungsmöglichkeiten; keine Dritten bestimmen mit
- ▸ kein Mindestkapital
- ▸ als Kleingewerbetreibender, oft nebenberuflich, möglich.

Lösung zu Aufgabe 4:
- ▸ mehr Flexibilität bei Transaktionen sowie bei Expansionen in der EU; einheitliche Steuerung der europäischen Tochterunternehmen durch die SE im Rahmen einer Holding
- ▸ SE-Unternehmen zeigen eine internationale Neigung und erhöhen somit das positive Image des Unternehmens.

Lösung zu Aufgabe 5:
Stille Beteiligung:
- ▸ stiller Kapitalgeber als Alternative zum Bankkredit; damit wird eine zusätzliche Kapitalbeschaffung möglich.
- ▸ vertragliche Gestaltung mit stillem Gesellschafter, sodass sich bilanzielle und steuerliche Möglichkeiten ergeben.

LÖSUNGEN

7. Berücksichtigen sozioökonomischer Aspekte der Unternehmensführung und des zielorientierten Wertschöpfungsprozesses im Unternehmen

Lösung zu Aufgabe 1:

Das Bild vom „Unternehmen als sozialem Organismus" dient dazu, die Vernetzung innerhalb des Unternehmens sowie die Wechselwirkungen mit den äußeren Einflussfaktoren (Stakeholder, Risiken) darzustellen. Ein Vorteil besteht darin, dass die Kommunikation innerhalb des Unternehmens gefördert wird (z. B. Workshops, Intranet). Das Bild vom „sozialen Organismus" beinhaltet auch ein „ganzheitliches Denken".

Somit sollten die Mitarbeiter nicht in engen Arbeitsfeldern denken, sondern auch die Zusammenhänge sehen. Das Denken in Zusammenhängen ist maßgeblich für die Frühwarnung. Wenn die Mitarbeiter aktiv das Unternehmen mitgestalten können, dann steigt die Motivation und sie beobachten nicht nur die internen Vernetzungen, sondern führen auch ein Monitoring der externen Einflussfaktoren durch. Das bedeutet, dass das Risikomanagement gestärkt und dadurch die unternehmerische Existenz gesichert wird.

Lösung zu Aufgabe 2:

Vorteile	Nachteile
▶ Corporate Identity fördert die Zielorientierung der Mitarbeiter, weil z. B. ein Slogan die Identifikation erhöht. Mit der Bereitschaft der Mitarbeiter, an den Zielen mitzuwirken, lässt sich das Unternehmen „besser" koordinieren.	▶ Einheitliche Verhaltensweisen können dem individuellen Rhythmus des Mitarbeiters widersprechen, sodass eine innere Kündigung erfolgt.
▶ Wenn die Führungskräfte einheitliche Prinzipien verwenden, dann können weltweit diese Standards für die Mitarbeiter verwendet werden. Das bedeutet, dass ein Mitarbeiter aus Asien in Deutschland der gleichen Führungskultur begegnet wie z. B. im Tochterunternehmen in Asien. Das erhöht die Leistung, weil keine Umstellungen auf andere Führungsstile notwendig sind.	▶ Bei Skandalen und Krisen können die Designs des Unternehmens aufgrund der breiten Streuung negative Assoziationen bewirken, sodass Krisen verstärkt werden können.

LÖSUNGEN

Lösung zu Aufgabe 3:

Ziele dienen zur Orientierung der Mitarbeiter. Ziele leiten sich meist aus der Vision und strategischen und operativen Planung ab. Das Unternehmen lässt sich mit Zielen führen. Die Ziele können für Geschäftsbereiche, aber auch für Mitarbeitergespräche und für deren Jahresziele verwendet werden. Durch die Ziele hat das Unternehmen die Mitarbeiter „an der Leine". Die Mitarbeiter erfüllen die Zielvorgaben (passive Rolle der Mitarbeiter).

Eine Unternehmensführung ohne Zielsystem hat den Vorteil, dass die Mitarbeiter nicht in ein „Räderwerk" von Zielen eingebunden sind. Sie erfüllen ihre Aufgaben nach ihrer Intuition. Dadurch erhöht sich die Motivation, neue Ideen können entstehen und die Mitarbeiter agieren aus eigenem Antrieb (aktive Rolle der Mitarbeiter). Die Mitarbeiter stellen möglicherweise ihre eigenen Ziele auf.

Welcher Ansatz der „bessere" ist, hängt vom wirtschaftlichen Erfolg und der Mitarbeiterzufriedenheit ab.

Lösung zu Aufgabe 4:

In einer komplexen und dynamischen Wirtschaft können zwei Mitarbeiter nicht alle Einflussfaktoren beobachten. Daher ist ein dezentraler Ansatz notwendig, dass die Mitarbeiter des Unternehmens sich wie „Unternehmer im Unternehmen (Intrapreneurship)" verhalten.

Dies erfordert eine aktive Rolle als Mitarbeiter, die hinsichtlich eines Risikobewusstseins geschult werden sollten. Eine Voraussetzung hierfür liegt in einer ausgeprägten Personalentwicklung sowie in einer Unternehmenskultur, die auf einen kooperativen Führungsstil ausgerichtet ist. Wenn 40.000 Mitarbeiter die Unternehmensumwelt beobachten (Monitoring), dann werden wesentlich mehr Einflussfaktoren identifiziert als bei nur zwei Mitarbeitern in einer Stabsstelle.

Lösung zu Aufgabe 5:

- Es kann eine SWOT-Analyse durchgeführt werden.

Stärken	Schwächen
► Erfahrung auf dem Markt für Schokolade ► Produktionsanlagen vorhanden	► hoher Preis ► keine Biolieferanten; müssten erst recherchiert werden
Chancen	Risiken
► neue Kunden aufgrund Bio-Ausrichtung ► Marktanteilserhöhung	► Kunden schätzen Bio-Schokolade, aber kaum Nachfrage ► etablierte Bio-Schokoladen-Anbieter bereits auf dem Markt

LÖSUNGEN

- Konkurrenzanalyse
  Mit einer Konkurrenzanalyse können die Anbieter von Bio-Schokolade untersucht werden.

Kriterien	Gewichtung	Das eigene Unternehmen ist „besser ... schlechter" als die Konkurrenz:									
		besser									schlechter
		10	9	8	7	6	5	4	3	2	1
Preis Qualität Marketing	0,3 0,4 0,3	 x	 x 					x 			
		Maximum: 10 Minimum: 1										
		Bewertung des Unternehmens: 0,3 • 3 + 0,4 • 8 + 0,3 • 9 = 6,8										

Der Schokoladen-Produzent nimmt mit 6,8 von 10 Punkten gegenüber der Konkurrenz eine „relativ gute" Marktposition ein. Lediglich der Preis sollte attraktiver sein. Das Controlling könnte die Ursachen für den höheren Preis erforschen.

8. Klausurentraining – kurz und kompakt

Lösung zu Aufgabe 1:

Vorteil	Nachteil
▸ Die von dem Protektionismus betroffenen Länder werden sich andere Handelspartner suchen und mit ihnen Freihandelsabkommen abschließen. ▸ Durch neue Handelspartner können Innovationen generiert und neue Märkte erschlossen werden.	▸ Aufgrund des Protektionismus des mächtigen Landes sinken die Exporte. Somit reduziert sich das Bruttoinlandsprodukt in den betroffenen Ländern, weil weniger Produktion für den Export in das „mächtige" Land stattfindet. ▸ Durch die reduzierten Handelsbeziehungen zu dem „mächtigen" Land können sich die Beziehungen verschlechtern, was Rückkoppelungen auf die Weltwirtschaft hat, sodass die Globalisierung keinen „offenen Charakter" mehr erfährt. Trotz neuer Handelspartner könnte das Weltsozialprodukt rückläufig sein und damit viele Volkswirtschaften betreffen.

Lösung zu Aufgabe 2:

Der „Deckel" für den Mietpreis wird durch den Höchstpreis (unter dem Marktgleichgewichtspreis) realisiert. Vor- und Nachteile des Höchstpreises sind:

Vorteile	Nachteile
▸ Mieten steigen nicht weiter; die Mieter erfahren keine weiteren Kaufkraftverluste. ▸ Inflationsgefahr wird durch steigende Mieten gebannt.	▸ Wenn die Mietpreise steigen, ist häufig ein Nachfragedruck vorhanden, sodass die Anschaffungskosten für Immobilien zunehmen. Investoren bekommen durch den Höchstpreis eine geringere Rendite, weil der Ertrag (Mietzins) nicht weiter steigt, jedoch die Anschaffungskosten sich erhöhen. ▸ Es bilden sich „schwarze Märkte", sodass Mietwohnungen oft gar nicht mehr ausgeschrieben werden und viele Wohnungen durch Beziehungen und „unter der Hand" vermietet werden. Dadurch verknappt sich das offizielle Mietangebot weiter.

Lösung zu Aufgabe 3:

Für	Wider
▶ Das große EU-Mitgliedsland muss keine Verordnungen und Richtlinien mehr akzeptieren. Die nationale Unabhängigkeit wird gestärkt. ▶ Durch den EU-Austritt müssen keine Beiträge mehr an die EU gezahlt werden.	▶ Durch den EU-Austritt gehen die Privilegien des Freihandels im Binnenmarkt verloren, wenn kein separates Freihandelsabkommen vereinbart wird. Jedoch dauern Verhandlungen zum Freihandel mehrere Jahre. Somit gehen dem Austrittskandidaten positive ökonomische Effekte verloren. ▶ Für die restlichen EU-Länder erschweren sich die Handelsbeziehungen zum ehemaligen großen Mitgliedsland, weil tarifäre und nichttarifäre Handelsschranken aufgebaut werden.

Lösung zu Aufgabe 4:

OHG	UG (haftungsbeschränkt)
▶ Vorteil: geringe Gründungskosten ▶ Nachteil: Haftung mit Geschäfts- und Privatvermögen der Gesellschafter	▶ Vorteil: Gründung mit 1 € möglich ▶ Nachteil: Die Firmierung weist auf ein geringes Haftungskapital hin, sodass evtl. mangelnde Professionalität unterstellt wird.

Lösung zu Aufgabe 5:

Aufgrund zunehmender Unsicherheit durch weltpolitische Veränderungen, die auch Auswirkungen auf die weltweiten Wirtschaften haben, ist die Szenarioanalyse ein geeignetes Instrument. Mit der Szenarioanalyse können verschiedene Entwicklungspfade des Absatzes mit Wahrscheinlichkeiten gewichtet werden. Damit können pro Pfad Risiken berücksichtigt werden. Je nach Risikoeintritt können Schlüsse auf die betriebliche Wertschöpfung gezogen werden. Dazu gehören z. B. die Beschaffungspolitik, die Lagerhaltung, die Finanzierung, die Produktionsorganisation und die Gestaltung des Marketings.

Lösung zu Aufgabe 6:

▶ Ein Argument gegen flexible Arbeitsmärkte bezieht sich auf die Einkommenssituation der privaten Haushalte. Trotz Beschäftigung reicht das Einkommen, insbesondere in Großstädten, häufig nicht aus, um den Lebensunterhalt zu bestreiten. Mancher privater Haushalt bewegt sich an der Armutsgrenze.

▶ Private Haushalte mit niedrigem Einkommensniveau benötigen mehrere Jobs, um den Lebensunterhalt zu bestreiten.

LÖSUNGEN

- Es sind durch die Flexibilisierung viele Teilzeitarbeitsplätze entstanden. Dies kann die Work-Life-Balance fördern, jedoch setzt sich das geringe Einkommensniveau im Alter fort, sodass die Rente zur Existenzsicherung nicht ausreichen wird.
- Die Einkommensverteilung hat sich durch die Flexibilisierung der Arbeitsmärkte weiter gespreizt. Der Anteil der unteren Einkommensgruppen hat ebenso zugenommen wie der Anteil der höheren Einkommensbezieher. Das „mittlere" Einkommenssegment ist im Laufe der Jahre geringer geworden.

Lösung zu Aufgabe 7:

- Demografischer Wandel: Der relative Anteil älterer Personen steigt in den nächsten Jahren an, wenn die geburtenstarken Jahrgänge in das Rentenalter kommen. Die arbeitende Generation kann im Rahmen des Umlageverfahrens in Zukunft nicht mehr in dem Maße wie in der Vergangenheit die Rentenhöhe für die Rentner generieren. Der Beitragssatz der Rentenversicherung müsste so stark steigen, dass das verfügbare Einkommen der arbeitenden Generation deutlich sinken würde.
- Durch zunehmende Rationalisierung fehlen Beiträge in den Sozialversicherungen. Arbeitnehmer werden durch Maschinen ersetzt. Dadurch entstehen Lücken, z. B. in der Kranken- und Pflegeversicherung. Zudem nimmt die Zahl der Pflegebedürftigen zu.

Lösung zu Aufgabe 8:

Wenn die Zinssätze in den USA steigen und im Euroraum niedrig bleiben, dann entsteht eine Zinsdifferenz, die zu Kapitalexporten in die USA führt. Kapitalexporte bewirken eine Abwertung des Euros. Dadurch verbessern sich die Exportchancen der deutschen Unternehmen, weil die deutschen Produkte günstiger angeboten werden können. Allerdings steigen durch die Abwertung auch die Importpreise, was zu inflationären Tendenzen führen könnte. Sollte nachhaltig eine Inflation im Euro-Raum entstehen, dann müsste die EZB den Leitzinssatz erhöhen. Dies hätte jedoch Folgen für die höher verschuldeten Euro-Länder, weil deren Kapitaldienst zunimmt.

Lösung zu Aufgabe 9:

a) Unternehmen bilden Kartelle, um den Wettbewerb in dem jeweiligen Markt auszuschalten oder zu begrenzen. Wenn die Nachfrageelastizität in einem Markt kleiner 1 ist, dann haben die Nachfrager wenig Wahlmöglichkeiten und sind von dem Gut abhängig. Dieser Aspekt wird von einem Kartell ausgenutzt, indem Preisabsprachen vereinbart werden. Dadurch erhöhen die Unternehmen ihre Gewinne.

b) Preiskartelle sind verboten. Jedoch gibt es Ausnahmen. Dazu zählen z. B. Normenkartelle, weil durch die Standardisierung ein allgemeiner Nutzen entsteht. Mittelstandskartelle sind unter bestimmten Bedingungen auch zulässig.

LÖSUNGEN

Lösung zu Aufgabe 10:

a) Eine anormale Nachfrage im Fall des Sondermaschinenbaus lässt sich dadurch erklären, dass das Unternehmen einen einzigartigen Stand der Technik und hohe Qualität bei den Maschinen bietet. Die Kunden sind bereit, einen höheren Preis zu bezahlen, wenn ein zusätzlicher Nutzen (z. B. geringe Reparaturanfälligkeit) entsteht.

b) $\dfrac{\text{prozentuale Mengenänderung}}{0{,}1} = +2$

prozentuale Mengenänderung $= +2 \cdot 0{,}1 = 0{,}2$

Aufgrund der 10 %igen Preiserhöhung steigt die Menge der nachgefragten Maschinen um 20 %.

Lösung zu Aufgabe 11:

Private Haushalte erhalten soziale Transfers zur Unterstützung des Lebensunterhalts durch den Staat. Wenn die Höhe des sozialen Transfers das verfügbare Einkommen eines Beschäftigten erreicht, kommt der Diskussionspunkt auf, ob der Empfänger der sozialen Transfers seine Arbeitskraft auf dem Arbeitsmarkt noch anbieten sollte. Es wird weniger Arbeitsangebot aufgrund des Staatseingriffs bereitgestellt, jedoch bleibt die Frage, ob dadurch der Marktmechanismus beeinträchtigt wird. Durch die Gewährung des sozialen Transfers begrenzt der Staat die Lohnhöhe auf dem Arbeitsmarkt nicht. Es findet auch keine Mengenrestriktion in dem Maße statt, die den Markt nachhaltig beeinflussen würde. Somit ist eine Marktkonformität gegeben.

Lösung zu Aufgabe 12:

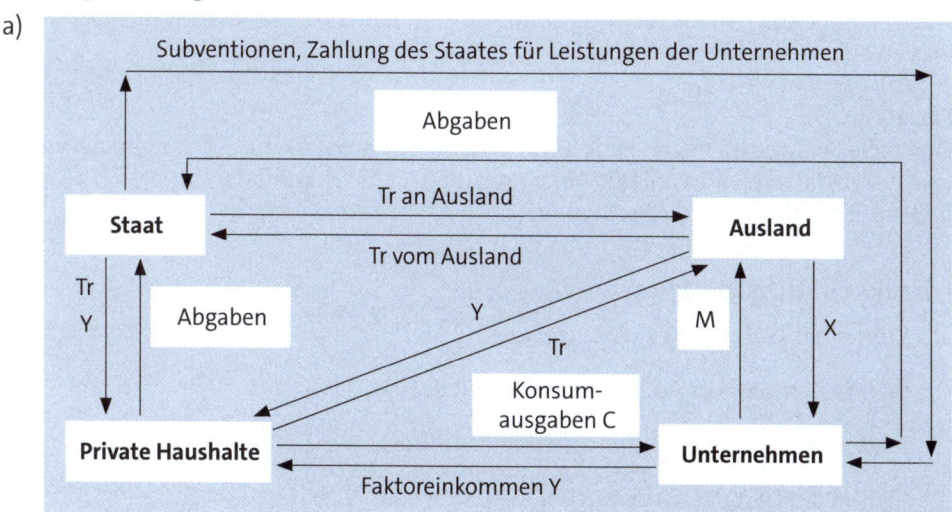

a)

b) Der Bankensektor (Vermögensänderungspol) nimmt das Sparen der privaten Haushalte und der Unternehmen auf. Wenn die privaten Haushalte nicht sparen, dann verwenden sie das Faktoreinkommen Y für den Konsum. Es gilt: Y = C. Die Unternehmen benötigen keine Kredite von den Geschäftsbanken und finanzieren ihre Nettoinvestitionen über die erzeugten Gewinne. Das Wachstum der Wirtschaft kann durch wettbewerbsfähige Produkte generiert werden, sodass die Exporte und/oder die Konsumausgaben (wenn Y zunimmt) steigen. Der Staat könnte sich durch Ausgabe von Wertpapieren an die privaten Haushalte und Unternehmen verschulden, um durch die Erhöhung der Staatsausgaben die Konjunktur zu beleben.

Lösung zu Aufgabe 13:

Der vollkommene Markt beinhaltet mehrere Annahmen (Polypol, vollständige Markttransparenz, homogene Güter, unendlich schnelle Anpassungsgeschwindigkeit, keine Präferenzen). Der Nutzen eines derartigen Modells liegt **darin**, dass damit für einen vollständigen Wettbewerb ein Referenzmodell geschaffen wurde. Abweichungen vom „reinen" Modell des homo oeconomicus, die durch Beobachtungen in der Wirtschaftspraxis auftreten, fördern das Verständnis von Wirtschaft und generieren Erklärungen für wirtschaftliche Zusammenhänge.

Lösung zu Aufgabe 14:

Fall 1993:
Durch die deutsche Wiedervereinigung stieg die gesamtwirtschaftliche Nachfrage an. Im Jahr 1991 war ein Boomjahr, sodass die Unternehmen weiter investierten. Es kam zu Überinvestitionen, die dann in der Folgezeit eingeschränkt wurden, weil die Nachfrage nicht deutlich mehr zunahm. Somit sank im Jahr 1993 die Investitionsnachfrage, was zu einem Abschwung führte.

Fall 2009:
Durch die Finanzkrise gegen Ende 2008 ging der Export stark zurück. Zudem nahm die Investitionstätigkeit ab, weil kein Vertrauen mehr in die Zukunft der Wirtschaft vorhanden war. Dies führte zum Abschwung.

Lösung zu Aufgabe 15:

a) Wert eines Gutes: 100 €, Wechselkurs $1\,\frac{\$}{€}$

Preis in den USA vor Aufwertung des Euros: 100 $

Jetzt Wechselkurs $1{,}5\,\frac{\$}{€}$ (Aufwertung des Euros):

Preis in der USA nach Aufwertung des Euros: 150 $

Wenn der amerikanische Importeur mit einer normalen Nachfrage reagiert, wird er weniger Menge importieren.

b) Die Qualität der deutschen Produkte sowie das „Made in Germany" stellen Argumente dar, warum die deutschen Exporte ansteigen, obwohl der Euro aufwertet. Zudem besteht in mehreren Märkten ein Monopol bzw. enges Oligopol aufgrund des technischen Fortschritts.

Lösung zu Aufgabe 16:

- Der Konsum kann durch steuerliche Maßnahmen impulsiert werden (z. B. Steuerreform).
- Der Staat kann die Staatsausgaben erhöhen.

Durch beide Maßnahmen wird die gesamtwirtschaftliche Nachfrage gesteigert. Darüber hinaus sollten die Wirtschaftspolitiker Optimismus verbreiten und die „Negativspirale" nicht verstärken.

Lösung zu Aufgabe 17:

Vorteile der EU:

- Durch den Binnenmarkt ist ein Freihandel in der EU möglich. Dadurch besteht die Möglichkeit, dass der Wohlstand durch steigende Einkommen in der EU zunimmt.
- Es herrscht Frieden zwischen den EU-Ländern. Nach den Ereignissen der beiden Weltkriege ist Frieden ein hohes Gut.

Lösung zu Aufgabe 18:

- Aufgrund der Schuldenbegrenzung durch Kennzahlen (z. B. Maastricht-Kriterien) sowie in Deutschland durch das Grundgesetz Art. 109 sind für die staatlichen Ausgaben Grenzen gesetzt, sodass der Staat als Impulsator für die gesamtwirtschaftliche Nachfrage zum Teil ausfällt.
- Das Sparen des Staates kann dazu führen, dass Investitionen für Schulen, Kindergärten, soziale Einrichtungen sowie Infrastruktur (z. B. Reparatur von Brücken und Straßen) unterbleiben.

Lösung zu Aufgabe 19:

Im Rahmen des Prozesscontrollings werden die Prozesse geplant sowie einem Soll-Ist-Vergleich unterzogen. Über die Abweichungen wird ein Report verfasst und entsprechende Maßnahmen bei Abweichungen eingeleitet, um den Sollzustand zu erreichen.

Instrumente:

- Bei der Automobil AG könnten Kennzahlen eingeführt werden. Damit könnte ein Soll-Zustand für die Prozesse erstellt sowie eine Soll-Ist-Abweichung dokumentiert werden.
- Eine zweite Möglichkeit besteht darin, die Prozesse neu zu organisieren (Reengineering). Auch hier müsste erst ein Soll-Zustand definiert werden, wie der optimale Pro-

zessablauf aussehen könnte. Durch Gegenüberstellung (Soll-Ist-Vergleich) der bisherigen mit der neuen Prozesslandschaft können Abweichungen festgestellt werden (z. B. kürzere Durchlaufzeit). Grundsätzlich kann aus den Abweichungen gelernt werden, wenn der Controller die Ursache der Abweichung untersucht.

Lösung zu Aufgabe 20:

Im Rahmen der nachfrageorientierten Wirtschaftspolitik tätigt der Staat zusätzliche Ausgaben, z. B. für Infrastruktur. Aufgrund eines Multiplikatoreffektes kann sich das Einkommen durch die Infrastrukturinvestition erhöhen. Das Argument des „Strohfeuer-Effektes" hängt damit zusammen, dass die Wirkungen einer zusätzlichen Staatsausgabe erst nach einem längeren Zeitraum eintreten. Zudem sind die Effekte schwer messbar. Die Wirtschaftsforschung belegte jedoch, dass die Einkommen sich durch derartige staatliche Maßnahmen erhöhen.

Lösung zu Aufgabe 21:

Privates Eigentum trägt zum Wohlstand in Marktwirtschaften bei, weil die Unternehmen den Gewinn maximieren und nach Abzug von Steuern einen Teil als „Unternehmereinkommen (= Gewinn)" einbehalten können. Dadurch ist der Anreiz gegeben, möglichst effizient die Ressourcen einzusetzen sowie Marktchancen durch Innovationen zu nutzen.

Die Freiheit spielt ebenfalls eine große Rolle, da Verträge und Preise frei verhandelt werden können. Politisch determinierte Preise würden die Informationsfunktion der Preise unterdrücken. Der Preis ist ein Knappheitsindikator in einer Marktwirtschaft. Die Ressourcen werden in die Bereiche mit den höchsten Gewinnaussichten gelenkt. Dadurch steigen auch die Einkommen, die zu weiterem Konsum und zusätzlichen Investitionen führen können. Somit steigt im Laufe der Zeit der Wohlstand an.

Lösung zu Aufgabe 22:

Pro-Argument: Durch einen höheren Abschluss steigt die Chance auf ein höheres Einkommen. Dadurch können Nachteile ausgeglichen werden, wenn kein Familienvermögen gegeben ist.

Contra-Argument: Wenn viele Individuen einen höheren Bildungsabschluss anstreben, dann erhöht sich das Angebot auf dem Arbeitsmarkt und die Gehälter können sinken. Es liegt dann zwar ein höherer Bildungsabschluss vor, jedoch muss sich nicht unbedingt die Einkommenssituation verbessern.

Lösung zu Aufgabe 23:

Das nominale Bruttoinlandsprodukt beinhaltet die Preise der Berichtsperiode, während beim realen Bruttoinlandsprodukt die Preise durch „Deflationierung" eliminiert werden. Dadurch sind einzelne Perioden besser vergleichbar, weil die Preise „verzerren" können und die eigentliche Wirtschaftsleistung (quasi die Mengenleistung) überdeckt wird.

Lösung zu Aufgabe 24:

Pro-Argument: Wenn der Euro gegenüber dem US-Dollar aufwertet, dann sinken bei „normaler" Nachfragereaktion die amerikanischen Importe, weil deutsche Waren teurer geworden sind.

Contra-Argument: Die Aufwertung des Euros führt zu keiner Reduktion der Exporte, weil die deutschen Waren hinsichtlich Know-how und Qualität eine herausragende Stellung einnehmen, sodass diese Waren auch bei höheren Importpreisen gekauft werden.

Lösung zu Aufgabe 25:

Durch die gesamtwirtschaftliche Nachfrageschwäche nimmt die Arbeitslosigkeit zu. Somit sinken weiter die Einkommen und der Konsum. Bei sinkenden Preisen steigt das reale Einkommen. Allerdings ist der reale Einkommenseffekt gering, weil sich die gesamtwirtschaftliche Entwicklung in einem Abwärtstrend befindet.

Lösung zu Aufgabe 26:

Eine sinkende Investitionsquote bedeutet für eine Volkswirtschaft, dass die gesamtwirtschaftliche Nachfrage abnimmt, wenn die anderen Nachfragekomponenten (Konsum, Staat, Export) gleichbleiben. Es werden möglicherweise der Stand der Technik und die öffentliche Infrastruktur vernachlässigt. Eine reduzierte Investitionsquote kann auf zurückhaltende Zukunftserwartungen hinweisen, die durch den demografischen Wandel verursacht werden.

Lösung zu Aufgabe 27:

Die angebotsorientierte Wirtschaftspolitik beinhaltet als zentrales Element die Liberalisierung („freie Spiel von Angebot und Nachfrage") der Märkte. Der Kapitalmarkt war einer der ersten weltweit liberalisierten Märkte. Sinkende Zinssätze ab dem Jahr 2000 förderten die Fremdfinanzierung von Finanzgeschäften, indem der „Leverage Effekt" ausgenutzt wurde. Zudem vernetzte sich die Finanzwirtschaft durch die angebotsorientierte Wirtschaftspolitik sowie durch die Globalisierungstendenzen zunehmend. Unter diesen Rahmenbedingungen wurde eine ausgeprägte Gewinnmaximierung praktiziert.

Das „freie Spiel von Angebot und Nachfrage" wurde mit steigenden Finanzvolumina, jedoch ohne ausreichende Sicherheiten, vollzogen. Die meisten Staaten der Welt griffen nicht in diesen Aufwärtsprozess ein, da Einkommen erzielt wurden (z. B. Finanzmarkt London). Die Freiheit auf dem Finanzmarkt hatte eine hohe Priorität in vielen Ländern. Erst durch Insolvenzen verschiedener Finanzinstitute wurde die Finanzkrise 2008/09 eingeleitet. Damit wurden die Freiheiten auf den Finanzmärkten durch Staatseingriffe partiell reguliert.

LÖSUNGEN

Lösung zu Aufgabe 28:

Bei Personengesellschaften haften die Gesellschafter mit dem Privat- und Geschäftsvermögen, während bei Kapitalgesellschaften die Haftung auf die Kapitaleinlage beschränkt ist.

Lösung zu Aufgabe 29:

Planen bedeutet die „geistige Vorwegnahme zukünftigen Handelns". Dabei sind die strategische und operative Planung möglich. Bei der strategischen Planung werden längere Zeiträume (je nach Branche) sowie tendenziell qualitative Aspekte berücksichtigt. Die operative Planung umfasst quantitative Sachverhalte sowie Zeiträume innerhalb eines Jahres.

Es wird ein Soll-Ist-Vergleich durchgeführt (Kontrolle). Über mögliche Abweichung verfasst der Controller einen Report (Information) und schlägt Steuerungsmaßnahmen (to control = steuern) vor, damit der Soll-Zustand erreicht wird.

Lösung zu Aufgabe 30:

Die EZB vergibt im Rahmen der Tenderverfahren Kredite an die Geschäftsbanken gegen Sicherheiten (Wertpapiere), während die FED Wertpapiere kauft.

Lösung zu Aufgabe 31:

Der IWF stellt eine interventionistische Organisation dar. Die nachfrageorientierte Wirtschaftspolitik, die von *Keynes* mitbegründet wurde, beinhaltet eine Intervention des Staates in einer Volkswirtschaft. *Keynes* wirkte bei der Gründung und Gestaltung des IWF mit, sodass sein interventionistischer Ansatz in der Weltwirtschaft angewandt wird. Der IWF greift auf makroökonomischer Ebene ein, wenn ein Land in ökonomische Schwierigkeiten gerät.

Lösung zu Aufgabe 32:

Durch den Angebotsüberhang sinkt der Preis des Gutes (Bewegung von rechts nach links auf der Angebotskurve). Durch die Preisreduktion erhöht sich die Nachfrage (Bewegung von links nach rechts auf der Nachfragekurve). Der Preis sinkt, bis ein Marktgleichgewicht erreicht ist.

Lösung zu Aufgabe 33:

Im Rahmen einer produktivitätsorientierten Lohnpolitik gilt:

Gehalt = Arbeitsproduktivität (*)

Wenn das Gehalt größer als die Arbeitsproduktivität ist, dann erzielt der Unternehmer einen Verlust mit dem jeweiligen Mitarbeiter. Bei Einhaltung der Gleichung (*) entsteht keine kosteninduzierte Inflation. Gehälter über der Arbeitsproduktivität können dazu führen, dass die Unternehmen die Kosten an den Endverbraucher „überwälzen". Die Inflationsrate wird an den Endverbraucherpreisen gemessen.

Lösung zu Aufgabe 34:

Der Verbraucherpreisindex unterliegt folgenden Kritikpunkten:

- In den letzten Jahren nehmen die Preisschwankungen z. B. bei den Tankstellen oder im Internet deutlich zu. Die Preiserfasser der Statistischen Ämter haben das Problem, welcher Tagespreis für die Ermittlung der Preisveränderungsrate verwendet wird.
- Die individuell empfundene Inflationsrate stimmt häufig nicht mit der amtlich veröffentlichen Preissteigerungsrate überein. Daher besteht ein Misstrauen gegenüber den publizierten Zahlen. Das führt dazu, dass die Wirtschaftsakteure die Kaufkraft lediglich approximativ (näherungsweise) ermitteln können.
- Die Berechnung der Preissteigerungsrate unterliegt verschiedenen Modellen, die je nach Revision und entsprechenden Modellen variieren können. Aufgrund der Komplexität kann eine exakte Preissteigerungsrate nicht ermittelt werden.

Lösung zu Aufgabe 35:

Eine geringere Sparquote kann folgende Gründe haben:

- niedrige Habenzinssätze: Die Sparer erhalten so geringe Zinssätze, dass sie mehr konsumieren.
- Angst vor Inflation: Die Konsumenten reduzieren die Spareinlagen und kaufen Immobilien oder sanieren ihre Häuser.
- geringe verfügbare Einkommen: Wenn die Einkommen so gering sind, dass gerade noch die Existenz gesichert werden kann, dann sinkt auch die Sparquote.

Lösung zu Aufgabe 36:

Die **primäre** Einkommensverteilung stellt die Verteilung der Einkommen gemäß dem Arbeitseinsatz, der Arbeitsproduktivität sowie aufgrund der Situation auf dem Arbeitsmarkt dar. Der Staat erhält Steuern als Einnahmen. Je nach politischer Neigung werden die Einnahmen im Rahmen von Transferleistungen, z. B. Wohngeld, ohne weitere individuelle Leistung verteilt (**sekundäre** Einkommensverteilung).

Lösung zu Aufgabe 37:

Kennzahlen zur Staatsverschuldung dienen der Orientierung. Länder mit geringer Staatsverschuldung wird eine höhere Effizienz ihrer Wirtschaft zugeordnet. Das bedeutet, dass der Staat mit weniger Mitteln in die Wirtschaft eingreifen muss und sich die Wirtschaft auch ohne Staat selbst organisiert und Werte schöpft.

Lösung zu Aufgabe 38:

Konsumenten kaufen bei steigenden Preisen, weil sie sich von anderen Individuen abgrenzen. Die „anormale" Nachfrage basiert auf einem „Snob-Effekt" (Veblen-Effekt) und setzt ein überdurchschnittliches Einkommen und/oder hohe Präferenzen für das entsprechende Gut voraus. Eine andere Erklärung besteht darin, dass die Konsumenten über ein so geringes Einkommen verfügen, dass sie sich keine anderen Güter leisten können. Wenn die Preise für die nur noch in Frage kommenden Güter steigen, wird bei steigenden Preisen nachgefragt (Giffen-Effekt).

Lösung zu Aufgabe 39:

- **duale Berufsausbildung:** Die Kombination von Schule und Ausbildung im Betrieb bewirkt Synergieeffekte, sodass ein Teil der Qualität „made in Germany" ableitbar ist.
- **geringe Streikneigung:** Verantwortungsvolle Zusammenarbeit der Arbeitgeber- und Arbeitnehmerverbände

Lösung zu Aufgabe 40:

- Ein „price taker" ist ein Mengenanpasser im Rahmen des Modells der vollkommenen Konkurrenz (insbesondere Polypol). Aufgrund der großen Zahl an Anbietern kann der einzelne Anbieter den Preis nicht beeinflussen. Der polypolistische Anbieter maximiert seinen Umsatz, indem er die Menge anpasst, weil der Preis konstant ist.

GLOSSAR

Abgaben
Abgaben beinhalten Steuern, Zölle, Gebühren (z. B. Verwaltungsgebühr bei Gemeinde für z. B. Geburtsurkunde), Beiträge (z. B. Straßenanliegerbeiträge) und Sozialabgaben (Krankenversicherung, Rentenversicherung, Arbeitslosenversicherung, Pflege- und Unfallversicherung)

Abwertung des Euros
Der Wechselkurs ist nach der Mengennotierung definiert als US-Dollar/Euro.

Exportwert der Waren **vor** der Abwertung des Euros: 100 Euro • 1,00 US-Dollar/Euro = 100 US-Dollar

Exportwert **nach** der Abwertung des Euros: 100 Euro • 0,90 US-Dollar/Euro = 90 US-Dollar

Bei einer Abwertung des Euros sinkt der Wechselkurs. Warenexporte werden durch die Abwertung billiger im Ausland. Somit kann die Exportnachfrage impulsiert werden.

Import von Waren mit Wert von 100 US-Dollar:

Importwert **vor** der Abwertung des Euros: 100 US-Dollar/1,00 US-Dollar pro Euro = 100 Euro

Importwert **nach** der Abwertung des Euros: 100 US-Dollar/0,9 US-Dollar pro Euro = 111,11 Euro

Durch eine Abwertung des Euros werden Warenimporte teurer. Siehe auch → ***Aufwertung des Euros.***

Akzelerator
Ein Akzelerator ist ein „Beschleuniger", der durch den Kapitalkoeffizienten (= Kapitalstock/Volkseinkommen) ausgedrückt wird.

Nach der Formel

$$I = k \, \Delta y$$

wird die Veränderung des Kapitalstocks über die Zeit (Nettoinvestition) aufgrund einer Einkommensveränderung ermittelt.

Allokation
Verknüpfung von Produktionsfaktoren, z. B. Arbeit und Kapital

Angebot
Das Angebot an → ***Gütern*** dient dazu, die Bedürfnisse der → ***Nachfrager*** zu befriedigen oder den → ***Bedarf*** zu decken.

Angebotselastizität
Zeigt den Ursache- und Wirkungszusammenhang zwischen Preis eines Gutes und der angebotenen Menge eines Gutes auf. Wenn der Preis eines Gutes um z. B. 10 % steigt, gibt die Angebotselastizität an, wie sich die angebotene Menge verändert (ob sie sinkt, steigt oder gleichbleibt).

Angebotsmonopol
Ein Anbieter und viele Nachfrager auf einem Markt.

Siehe auch → ***Monopol.***

Arbeitslosigkeit

a) registrierte Arbeitslose durch Meldung bei der Bundesagentur für Arbeit

b) stille Reserve, die dem Arbeitsmarkt zur Verfügung steht, jedoch nicht offiziell gemeldet ist (z. B. Mütter während der Erziehungszeiten, die jedoch keinen Arbeitsamtskurs besuchen können).

Die Arbeitslosenquote stellt das Verhältnis zwischen registrierten Arbeitslosen und den Erwerbspersonen dar.

GLOSSAR

Ein internationaler Vergleich der Arbeitslosigkeit in verschiedenen Ländern ist schwierig, weil in jedem Land unterschiedliche Definitionen von Arbeitslosigkeit vorhanden sind.

Arbeitsproduktivität
Betriebswirtschaftlich: Umsatz/Beschäftigte

Volkswirtschaftlich: (Reales) Bruttoinlandsprodukt/Erwerbstätige oder je Erwerbstätigenstunde

Arbitrage und Spekulation
Arbitrage: Ausnutzung von Kurs-, Preis- oder Zinsdifferenzen zu einem bestimmten Zeitpunkt an verschiedenen Orten

Spekulation: Ausnutzung Kurs-, Preis- oder Zinsdifferenzen über die Zeit, auch an verschiedenen Orten

Aufgaben der Betriebs- und Volkswirtschaftslehre

▶ **Aufgaben der Volkswirtschaftslehre:**
- Beschreibung wirtschaftlicher Vorgänge (deskriptiv), z. B. grafische Darstellung der Entwicklung des Bruttoinlandsprodukts über die Zeit
- Erklärung des Zusammenhangs von ökonomischen Variablen, z. B. Inflationsrate und Arbeitslosenquote
- Prognose: Szenerien über die wirtschaftliche Entwicklung des nächsten Jahres; z. B. steigt oder fällt das Bruttoinlandsprodukt
- wirtschaftliche Beratung für Politiker.

Die Volkswirtschaftslehre befasst sich überwiegend mit aggregierten Größen und versucht den ökonomischen Gesamtzusammenhang abzubilden und zu erklären.

▶ **Betriebswirtschaftslehre (BWL):**
Die BWL untersucht die Einzelwirtschaft, insbesondere den einzelnen Betrieb oder das Unternehmen, sowie die Beziehung zu anderen Wirtschaftseinheiten. Typische Themen sind Marketing, Rechnungswesen etc.

Aufwertung des Euros
Bei einer Aufwertung des Euros werden deutsche Waren im Ausland teurer. Bei normaler Export-Nachfrageelastizität sinkt der Absatz ins Ausland. Importe werden billiger (Annahme: normale Nachfrageelastizität).

Siehe auch → *Abwertung des Euros.*

Auslastungsgrad
Anteil des realen Bruttoinlandsprodukts am → *Produktionspotenzial*. Ein Auslastungsgrad von 96,5 % wird in einer Volkswirtschaft als optimale (Voll-)Auslastung betrachtet.

Außenbeitrag
Exporte abzüglich Importe

Außenwirtschaftliches Gleichgewicht
Die Exporte sollten den Importen entsprechen. Deutschland hat seit vielen Jahren einen Exportüberschuss, der einer Kritik unterliegt.

Balanced Scorecard
Controllinginstrument mit vier Perspektiven: Finanzen, Prozesse, Lernen/Mitarbeiter sowie Kunden- und Lieferantenbeziehung

In jeder Perspektive werden Kennzahlen erhoben und mit einem Soll-Ist-Vergleich versehen. Die Kennzahlen bilden wichtige Hebelgrößen des Unternehmens ab. Die

GLOSSAR

Balanced Scorecard ist Kennzahlen- aber auch Kommunikationsinstrument, weil die verschiedenen Funktionsbereiche vernetzt werden.

Bedarf
ist abhängig vom → *Angebot* an Gütern, Erfahrungen anderer Personen (z. B. Bezugspersonen: Eltern, Chef etc.) und eigenen Erfahrungen.

Bedürfnis
Mangelzustand; subjektiv (Bedürfnis nach Schokolade); objektiv (Bedürfnis nach Wasser). Es gibt Existenzbedürfnisse (z. B. Nahrung) und Luxusbedürfnisse (dritter Urlaub in einem Jahr).

Betrieb
Technisch-organisatorische Einheit, z. B. Zweigwerk

Binnenmarkt
Basiert auf den vier Grundfreiheiten „freier Warenverkehr, freier Personenverkehr, freier Kapitalverkehr, freier Dienstleistungsverkehr". Die Grundidee des Binnenmarktes ist der Freihandel ohne tarifäre (Zölle) und nicht tarifäre (z. B. Bürokratie) Handelshemmnisse.

Boston-Consulting-Group-Matrix(BCG-Matrix)
Ein Markt wird anhand der beiden Variablen „Marktwachstum" und „relativer Marktanteil" gruppiert. Es werden vier Felder eingesetzt: Question marks, Stars, Cash cows und Poor dogs.

Bottom-up
Von unten nach oben; die Kosten von unteren Organisationsebenen werden aggregiert und auf der obersten Ebene zusammengefasst; Gegenteil: top-down. Die oberste Organisationsebene teilt Budgets den untergeordneten Organisationsebenen zu.

Briefkurs, Geldkurs
Briefkurs ist der Verkaufskurs der Geschäftsbanken für Euro. Ein Unternehmer bringt 10 Dollar zu seiner Bank und möchte diese in Euros umtauschen. Die Geschäftsbank verkauft zum Briefkurs die Euros an den Unternehmer.

Der Geldkurs stellt den Ankaufskurs der Geschäftsbanken für Euros dar. Der Briefkurs ist größer als der Geldkurs.

Bruttoinlandsprodukt zu Marktpreisen
Wert (Menge • Preise) der erstellten Güter in einer Volkswirtschaft.

Bruttowertschöpfung
Begriff der Volkswirtschaftlichen Gesamtrechnung. Bei einem sektoralen Produktionskonto Unternehmen werden die Güterverkäufe an Unternehmen, private Haushalte, Staat und Ausland, die Bestandsveränderungen an eigenen Erzeugnissen sowie selbsterstellte Anlagen addiert und die Vorleistungskäufe (Verbrauch an Roh-, Hilfs- und Betriebsstoffen, Vorprodukte) abgezogen. Das Ergebnis ist die Bruttowertschöpfung.

Controlling
Die Aufgaben des Controllings sind: Planung (Soll), Kontrolle (Soll-Ist-Vergleich), Information (Reporting), Steuern (Maßnahmen, Projekte).

To control bedeutet „steuern".

Corporate Social Responsibility
Betrifft die nachhaltige Unternehmensentwicklung unter Berücksichtigung der Um-

GLOSSAR

welt und Ethik. Es geht um eine ganzheitliche Unternehmensführung, welche die Fairness gegenüber den internen und externen → **Stakeholdern** beinhaltet.

Cournotscher Punkt
Im Rahmen der Modelltheorie zum Angebotsmonopol zeigt der Cournotsche Punkt, zu welchem Monopolpreis und zu welcher gewinnmaximalen Menge der Angebotsmonopolist auf dem Markt agiert.

Crowding-out-Effekt
Im Rahmen einer antizyklischen Fiskalpolitik tritt der Staat als Nachfrager auf dem Kapitalmarkt auf. Durch die zusätzliche Nachfrage steigen die Zinssätze auf dem Kapitalmarkt. Da die private Investitionsnachfrage der Unternehmen auch vom Zinssatz abhängig ist, wird diese „zurückgedrängt" (crowding-out).

Deflation
Geldmenge ist kleiner als Gütermenge. Bei einer Deflation besteht die Gefahr, dass ein Nachfragerückgang zu einer Rezession oder Depression führt.

Deflationierung
Vom nominalen Bruttoinlandsprodukt wird die Steigerungsrate der Verbraucherpreise abgezogen, um das reale Bruttoinlandsprodukt zu erhalten.

Devisen
Devisen sind Buchgeld in fremder Währung.

Dualitätsprinzip
Betrachtung eines Sachverhalts aus zwei Perspektiven. Beispiel: Löhne

Löhne sind für die Unternehmen Kosten und für die privaten Haushalte Einkommen.

Einkommensverteilung, primär, sekundär
Die **primäre** Einkommensverteilung wird über den Arbeitsmarkt realisiert. Die unselbstständig Beschäftigten bieten Arbeit an und erhalten für ihre Leistungen den marktorientierten Lohn oder das Gehalt. Im Rahmen der **sekundären** Einkommensverteilung erhalten die bedürftigen privaten Haushalte staatliche Transfers (z. B. Wohngeld). Die Finanzierung erfolgt über den Staatshaushalt und nicht über den Markt.

Einlagefazilität
Geschäftsbanken können bei der Zentralbank zu einem bestimmten Zinssatz Geld bis zu einem Geschäftstag anlegen. Die Einlagefazilität bildet die Untergrenze des Marktes für Tagesgeldzinssätze.[1]

Elastizität
Siehe → **Angebotselastizität** und → **Nachfrageelastizität**.

Entstehungsrechnung
In der Volkswirtschaftlichen Gesamtrechnung werden die → **Bruttowertschöpfungen** aller Wirtschaftsbereiche (Landwirtschaft, Baugewerbe usw.) sowie die → **Gütersteuern** addiert und die → **Gütersubventionen** abgezogen. Das Ergebnis ist das Bruttoinlandsprodukt zu Marktpreisen.

Europäische Zentralbank (EZB)
Die EZB hat ihren Sitz in Frankfurt am Main. Der EZB-Rat ist oberstes Beschlussorgan (6 Mitglieder des EZB-Direktoriums, Präsidenten der Länder des Euro-Währungsgebietes). Der EZB-Rat bestimmt die Geldpolitik des → **Eurosystems**.

---

[1] Vgl. *Deutsche Bundesbank*, Glossar, https://www.bundesbank.de.

GLOSSAR

Europäische System der Zentralbanken: EZB, nationale Zentralbanken aller EU-Mitgliedsstaaten[1]

Eurosystem
Besteht aus der Europäischen Zentralbank (EZB) und den nationalen Notenbanken der EU-Länder, die den Euro einführten. Das Eurosystem ist unabhängig von Weisungen der Politik und soll die Preisniveaustabilität gewährleisten.

Externe Effekte
Entstehen durch Beziehung außerhalb (extern) des Marktes. Negative externe Effekte sind beispielsweise Schadstoff-Emissionen eines Produzenten, der die landwirtschaftliche Produktion eines Bauern beeinträchtigt, sodass die Umsätze zurückgehen. Produzent und Bauer haben keinen Vertrag geschlossen. Es gibt auch positive externe Effekte, wenn ein Passant sich am schönen Garten eines Hauses erfreut. Hauseigentümer und Passant haben keinen Vertrag wegen dem Garten geschlossen.

Faktoreinkommen
Einkommen des Produktionsfaktors. Arbeit ist der Lohn oder das Gehalt. Beim Faktor Kapital besteht das Einkommen aus den Zinsen und beim Boden aus der Rente.

Fazilität
Möglichkeit der Geldanlage oder Kreditaufnahme; siehe auch → *Einlagefazilität*, → *Spitzenrefinanzierungsfazilität*.

Finanzintermediär
Finanzintermediäre sind insbesondere Geschäftsbanken (auch Versicherungen). Sie sammeln Geldkapital (Einlagen der privaten Haushalte und Unternehmen) und vergeben Kredite für Investitionen. Sie vermitteln (intermediär) zwischen Geldgebern und Kreditnehmern.

Freihandel
Internationaler Austausch von Waren und Dienstleistungen ohne Zölle (tarifäre Handelshemmnisse) und Handelsbeschränkungen (nicht tarifäre Handelshemmnisse, z. B. Bürokratie).

Geldmenge
Geldbestand der **Nichtbanken**. Es gibt die Geldmengenaggregate M 1, M 2 und M 3. Die Beobachtung der Entwicklung der Geldmenge ist im Rahmen der → *Quantitätsgleichung* wichtig, damit die Aufgabe der EZB erfüllt werden kann, Preisniveaustabilität zu gewährleisten. Die Geldmenge ist von der → *Zentralbankgeldmenge* zu unterscheiden.[2]

Geldpolitik
Geldpolitische Instrumente der EZB sind → *Offenmarktgeschäfte*, → *Einlagefazilitäten*, → *Spitzenrefinanzierungsfazilitäten* und → *Mindestreserven*.

Geldschöpfung
Zentralbank schafft → *Zentralbankgeld* durch eine Kreditgewährung an eine Geschäftsbank oder durch den Ankauf von Vermögenswerten. Den Geschäftsbanken wird Zentralbankgeld gutgeschrieben.

Geschäftsbanken können kein Zentralbankgeld schaffen, sondern nur Buchgeld, indem eine Geschäftsbank einer Nichtbank einen Kredit gewährt und der Nichtbank der Kredit als Sichteinlage gutgeschrieben wird.

Gesamtwirtschaftliche Nachfrage
Die rechte Seite der Gleichung stellt die gesamtwirtschaftliche Nachfrage dar. Y als

---

[1] Vgl. *Deutsche Bundesbank*, Glossar, https://www.bundesbank.de.

[2] Vgl. *Deutsche Bundesbank*, Glossar, https://www.bundesbank.de.

GLOSSAR

Bruttoinlandsprodukt kann als gesamtwirtschaftliches Angebot interpretiert werden.

$$Y = C + I + G + (X - M)$$

C = Konsum
I = Investitionen
G = Staatsausgaben
X = Export
M = Import
(X-M) = Außenbeitrag
Y = Bruttoinlandsprodukt

Giffen-Gut
Bei steigendem Preis fragen die Individuen mehr Waren oder Dienstleistungen nach. Das ist eine anormale Nachfragereaktion.

Gini-Koeffizient
Maß für die ungleiche Einkommens- und Vermögensverteilung in einer Volkswirtschaft. Der Wertebereich des Gini-Koeffizienten ist zwischen 0 und 1. Je mehr sich der Gini-Koeffizient dem Wert 1 nähert, desto ungleicher ist die Verteilung in einer Volkswirtschaft.

Grenzkosten
Zusätzliche Kosten bei einer zusätzliche produzierten Mengeneinheit

Grenznutzen
Zusätzlicher Nutzen bei einer zusätzlichen konsumierten Mengeneinheit

Grenzsteuersatz
Zusätzliche Steuer (z. B. Einkommenssteuer) bei einer zusätzlichen Einkommenseinheit.

Güter
Güter dienen der Bedürfnisbefriedigung. Güter können wie folgt aufgeteilt werden:

▶ **Sachgüter:** (Konsumgut, Produktionsgut)

- **Konsumgut:**
z. B. Schokolade (Verbrauchsgut)
z. B. Möbel (Gebrauchsgut)

- **Produktionsgut:**
z. B. Verbrauch an Betriebsstoffen (z. B. Benzin; Verbrauchsgut)
z. B. Produktionsanlage (Investitionsgut).

Mit Investitionsgütern können während der betrieblichen Nutzungsdauer Erträge generiert werden. Ein Bestand bleibt erhalten. Die Wertminderung wird durch die Abschreibung dokumentiert. Betriebliche Verbrauchsgüter werden einmalig in das Produkt integriert oder dienen deren Herstellung. Es bleibt kein Bestand nach dem Werteverzehr übrig.

▶ **Dienstleistungen:** Unterscheiden sich von Sachgütern. Dienstleistungen sind immateriell, nicht lagerfähig und unterliegen dem „uno actu"-Prinzip (Produktion und Konsum fallen zum gleichen Zeitpunkt zusammen). Beispiel: Friseur; beim Schneiden (Produktion) der Haare konsumiert der Kunde gleichzeitig.

▶ **Rechte:** Patente, Lizenzen, Urheberrechte.

Man unterscheidet auch private von öffentlichen Gütern:

▶ **Private Güter:** Wettbewerbsprinzip

Wenn A den Apfel isst, dann ist er für B nicht mehr da.

▶ **Öffentliches Gut:** Nichtrivalität des Konsums; eine Radiosendung kann von mehreren Nutzern gleichzeitig gehört werden.

Nichtausschließbarkeit: Konsumenten des öffentlichen Gutes können nicht von deren Nutzung (z. B. Landesverteidigung) ausgeschlossen werden.

GLOSSAR

Gütersteuer
Dazu gehören die mengen- und wertabhängigen Steuern, wie z. B. nicht abzugsfähige Umsatzsteuer, Zölle, Energiesteuer, Stromsteuer, Tabaksteuer, Versicherungssteuer.[1]

Handelsbilanzüberschuss
Eine Volkswirtschaft exportiert mehr Waren als sie importiert.

Handelshemmnisse
Tarifäre Handelshemmnisse: Zölle

Nicht tarifäre Handelshemmnisse: Mengenkontingente beim Export und Import, Sicherheitsvorschriften, Normen, Bürokratie

Hauptrefinanzierungsgeschäft
Die EZB stellt den Geschäftsbanken gegen Hinterlegung von Sicherheiten Zentralbankgeld durch ein Offenmarktgeschäft mit wöchentlicher Laufzeit zur Verfügung. Das Hauptrefinanzierungsgeschäft ist das wichtigste geldpolitische Instrument der EZB. Damit werden die Zinssätze und die Liquidität am Geldmarkt gesteuert.[2]

Höchstpreis
Preisniveau liegt **unter** dem Marktpreis. Dadurch entsteht ein Nachfrageüberhang, z. B. durch Mietpreisdeckelung auf dem Wohnungsmarkt.

Homo oeconomicus
Mensch, der rein rational denkt und handelt.

Inflation
Geldmenge ist größer als Gütermenge. Die Kaufkraft sinkt durch Inflation. Für das gleiche Einkommen können durch Inflation weniger Güter gekauft werden.

Inlandskonzept
Wert der im Inland von In- und Ausländern produzierten Gütern

Inländerkonzept
Wert der von Inländern (= ständiger Wohnsitz im Inland) im In- und Ausland geschöpften Einkommen

Investition
Durch Investitionen können weitere Erträge erzeugt werden.

Kapitalstock
Stellt die Summe der Nettoinvestitionen (zusätzliche Investitionen) dar.

Kaufkraft
Welche Gütermenge kann mit einer Geldeinheit gekauft werden. Steigen die Preise bei z. B. konstantem Nominaleinkommen, dann kann der Konsument weniger Güter kaufen. Das Realeinkommen (Nominaleinkommen abzüglich Preissteigerungsrate) ist für die Kaufkraft maßgeblich.

Knappheit
Knappheit kann bei Ressourcen (Öl, Holz, Stahl usw.) entstehen. Auf dem Arbeitsmarkt können Fachkräfte (z. B. Berufskraftfahrer, Pflegekräfte) fehlen. Die Produzenten erzeugen nur eine bestimmte Menge an Gütern. Aufgrund der Knappheit ist die Nachfrage größer als das Angebot. Der Knappheitsindikator ist der Preis.

Konsumausgaben des Staates und der privaten Haushalte
Die **Konsumausgaben des Staates** beinhalten die Produktion von öffentlichen Gütern (Kollektivgütern), z. B. Infrastruktur, Schulen, soziale Sicherung, Landesverteidigung. Die Höhe der Konsumausgaben des Staa-

---

[1] *Statistisches Bundesamt*, Volkswirtschaftliche Gesamtrechnungen 2019, S. 23.
[2] Vgl. *Deutsche Bundesbank*, Glossar, https://www.bundesbank.de.

tes ist abhängig von den Einnahmen (Steuern, Staatsverschuldung).

Die **Konsumausgaben der privaten Haushalte** sind abhängig vom verfügbaren Einkommen, vom Vermögen sowie den Erwartungen des lebenslangen Einkommens.

Kreuzpreiselastizität
Wenn der Preis (Ursache) von Gut A steigt, dann verändert sich die Menge (Wirkung) von Gut B. Die Ursache- und Wirkungsbeziehung betrifft zwei unterschiedliche Güter.

Leistungsbilanz
Teil der Zahlungsbilanz. Leistungsbilanz besteht aus den Teilbilanzen Warenhandel, Dienstleistung, Primäreinkommen und Sekundäreinkommen.

Leitzinssatz
Die EZB legt Zinssätze (Hauptrefinanzierungsfazilität, Einlagefazilität, Spitzenrefinanzierungsfazilität) fest. Mit diesem geldpolitischen Instrumentarium wird der Geldmarkt gesteuert und das Zinsniveau beeinflusst, um Preisniveaustabilität zu gewährleisten.

Magisches Viereck
Die Ziele des magischen Vierecks sind: Hoher Beschäftigungsstand, Preisniveaustabilität, außenwirtschaftliches Gleichgewicht, stetiges und angemessenes Wirtschaftswachstum. Manche Ziele sind konfliktär, z. B. hoher Beschäftigungsstand und Preisniveaustabilität.

Markt
Ort, an dem sich Angebot und Nachfrage treffen. Es gibt verschiedene Märkte, z. B. Arbeitsmarkt, Geldmarkt, Gütermarkt usw.

Marktwirtschaft
Die **freie** Marktwirtschaft präferiert das freie Spiel von Angebot und Nachfrage. Das individuelle Eigentum, die dezentrale Planung sowie die Abwicklung der wirtschaftlichen Aktivitäten über Verträge sind wesentliche Merkmale der freien Marktwirtschaft. Der Staat spielt beim Idealtypus der freien Marktwirtschaft eine zurückgezogene Rolle und soll sich nur um die innere und äußere Sicherheit kümmern.

Die **soziale** Marktwirtschaft besteht aus Elementen der freien Marktwirtschaft, erlaubt jedoch einen Eingriff des Staates, um die sozialen Härten der freien Marktwirtschaft auszugleichen. Daher betreibt der Staat z. B. Verteilungspolitik und Sozialpolitik.

Mengentender
Die EZB bestimmt den Zinssatz und die abzugebende Zentralbankgeldmenge an die Geschäftsbanken. Sollten die Nachfrage nach Zentralbankgeld der Geschäftsbanken größer sein als das Angebot der EZB, dann erhalten die Banken nur eine Teilmenge ihrer Nachfrage (Repartierung). Seit der Finanzkrise setzt die EZB den Mengentender ein.

Siehe auch → **Tender**.

Mindestpreis
Der Mindestpreis ist **über** dem Marktgleichgewichtspreis. Dadurch entsteht ein Angebotsüberhang.

Mindestreserve
Die Geschäftsbanken müssen bei der EZB derzeit 1 % bestimmter Kundeneinlagen auf einem Konto positionieren. Mit der Mindestreserve hat die EZB ein geldpolitisches Instrument, um den Geld- und Kapitalmarkt zu beeinflussen.[1]

---

[1] Vgl. *Deutsche Bundesbank*, Glossar, https://www.bundesbank.de.

GLOSSAR

Monopol
Ein → **Angebotsmonopol** liegt vor, wenn nur ein Anbieter am Markt ist. Es gibt meist nur noch Quasi-Monopole. Das sind Monopole auf Zeit, die durch andere Wettbewerber z. B. durch Innovationen abgelöst werden. Ein Nachfrage-Monopol liegt vor, wenn z. B. der Staat als alleiniger Nachfrager Uniformen für die Polizei nachfragt.

Multiplikator
Der Multiplikator ist in der einfachsten Form der Kehrwert der Sparquote (1/s). Wenn ein Staat zusätzliche Staatsausgaben tätigt, dann erhöht sich das Bruttoinlandsprodukt. Beispiel: s = 0,1; zusätzliche Staatsausgaben = 100 Mrd. €. Das Bruttoinlandsprodukt erhöht sich um 1/0,1 · 100 Mrd. € = 1.000 Mrd. €. Der Multiplikatoreffekt kann jedoch mehrere Jahre benötigen, damit er wirkt, weil der Staat z. B. für den Bau von Brücken, Schulen usw. lange Planungs- und Bauphasen hat.

Nachfrage
Normale Nachfrage: Preis steigt, nachgefragte Menge sinkt und umgekehrt

Anormale Nachfrage: Preis steigt, nachgefragte Menge steigt und umgekehrt

Entscheidung für ein Gut nach persönlichen Präferenzen und bei welchem Gut der höchste empfundene Nutzen gewahrt wird. Die Entscheidung wird nachfragewirksam, wenn ein Kaufort und ein Kaufzeitpunkt mit der Abgabe einer Willenserklärung erfolgt. Der Käufer muss über die Zeit und/oder das Budget verfügen, die Nachfrage zu realisieren.

Die Nachfrage ist über die → **Bedürfnisse** und den → **Bedarf** ableitbar.

Nachfrageelastizität
Ursache-Wirkungszusammenhang zwischen Preis und Menge. Wenn der Preis eines Gutes z. B. um 10 % steigt, um wie viel Prozent verändert sich die nachgefragte Menge (steigt, sinkt, bleibt gleich).

Nettoinvestition
Zusätzliche Investitionen, die zum Wachstum in einer Volkswirtschaft beitragen

Offenmarktgeschäft
Die EZB kann den Geschäftsbanken Liquidität in Form von Zentralbankgeld zur Verfügung stellen oder entziehen. Ein Instrument ist das → **Hauptrefinanzierungsgeschäft**.[1]

Oligopol
- **Angebotsoligopol:** Wenige Anbieter, viele Nachfrage
- **Nachfrageoligopol:** Wenige Nachfrager, viele Anbieter
- Oligopole unterliegen einem gegenseitigen Reaktionsverhalten.

Opportunitätskosten
Kosten des entgangenen Nutzens oder Ertrags der zweitbesten Möglichkeit

Outsourcing
Die Quelle (source; engl.) der Wertschöpfung wird aus (out) dem Unternehmen verlagert (z. B. um Kosten zu senken).

Planung
Planung ist die „geistige Vorwegnahme zukünftigen Handelns".

Strategische Planung: Effektivität („Doing the right things"), Planungszeitraum: ab ca. 5 Jahre, tendenziell qualitative Kriterien

Operative Planung: Effizienz („Doing the things right"), Planungszeitraum: bis 1 Jahr; quantitative Kriterien

---

[1] Vgl. *Deutsche Bundesbank*, Glossar, https://www.bundesbank.de.

GLOSSAR

Polypol
Viele Anbieter und viele Nachfrager

Preis und dessen Funktion
Der Preis hat eine Knappheits- und Informationsfunktion. Wenn ein Gut knapp wird, dann steigt bei gleichem Angebot der Preis. Der Preis informiert die Teilnehmer über das Verhältnis von Angebot und Nachfrage auf einem Markt.

Preisuntergrenze
Kurzfristig: Stückpreis = variable Stückkosten

Langfristig: Stückpreis = variable Stückkosten + fixe Kosten pro Stück

Price taker
Im Rahmen des vollkommenen → **Wettbewerbs** (viele Anbieter, viele Nachfrager) kann der Anbieter aufgrund der großen Zahl von Konkurrenten den Preis auf dem jeweiligen Markt nicht beeinflussen. Er muss den Preis „(hin-)nehmen". Der Anbieter kann nur als Mengenanpasser agieren. Das bedeutet, dass er den Umsatz steigern kann, wenn er bei gegebenem Preis die Menge erhöht.

Private Haushalte
Siehe weitere → **Wirtschaftssubjekte**.

Das verfügbare Einkommen können die privaten Haushalte sparen und/oder konsumieren. Bei privaten Haushalten wird die Annahme unterstellt, dass sie den Nutzen maximieren.

Produktionsfaktoren
Volkswirtschaftslehre: Boden, Arbeit, Kapital

Betriebswirtschaftslehre: Elementarfaktoren (Arbeit, Betriebsmittel, Werkstoffe), dispositive Faktoren (Planung, Organisation, Kontrolle)[1]

Produktionspotenzial
Das Produktionspotenzial ist eine Modellgröße und zeigt die theoretische Produktionskapazität einer Volkswirtschaft in Abhängigkeit der Produktionsfaktoren Arbeit und Kapital.

Produktlebenszyklus
Modell für die idealtypische Ausbreitung eines neuen Produktes im jeweiligen Markt. Es können vier Phasen der Umsatzentwicklung über die Zeit unterschieden werden. Einführung, Wachstum, Sättigung und Degeneration.

Protektionismus
Der → **Freihandel** wird durch tarifäre und nicht tarifäre Handelshemmnisse eingeschränkt.

Prozess
Ein (betriebswirtschaftlicher) Prozess hat einen Input (Arbeit, Kapital), eine Leistungserstellung (Kombination Arbeit und Kapital) und einen Output (Ergebnis des Prozesses). Die Produktion stellt einen primären Prozess dar, während sekundäre Prozesse z. B. die IT, Logistik, Personalverwaltung sind.

Quantitätsgleichung

> Geldmenge M 3 • Umlaufgeschwindigkeit = reales Bruttoinlandsprodukt • Preisniveau

Die linke Seite der Quantitätsgleichung zeigt die Finanzierung und die rechte die Realisierung durch den Konsum, Investitionen etc. Die Zentralbank stellt i. d. R. mehr Finanzierungsmöglichkeiten bereit, damit

---

[1] Vgl. *Wöhe*, 1975, S. 61.

GLOSSAR

die Geschäftsbanken Kredite vergeben können, um über Investitionen Wirtschaftswachstum zu erzeugen.

Rationalprinzip
Maximumprinzip: Bei gegebener Faktorausstattung (Arbeit und Kapital) soll ein maximaler Erfolg erzielt werden.

Minimumprinzip: Ein bestimmter Erfolg soll mit minimalen Kosten erreicht werden. Daher werden Arbeitskräfte aufgrund hoher Lohnkosten durch Roboter ersetzt (Rationalisierung).

Rendite
Bei Staatsanleihen: Rendite = Ertrag/Kurs

Bei Sachinvestitionen (z. B. Immobilien oder Maschinen in Unternehmen): Rendite = Gewinn : Kapitaleinsatz

Repogeschäft
„Repo" ist eine Abkürzung für „Repurchase Agreement". Darunter versteht man den Kauf von Wertpapieren. Es wird gleichzeitig ein Rückkauf zu einem späteren Zeitpunkt vereinbart. Repogeschäfte schließt die Zentralbank mit den Geschäftsbanken ab, um die Liquidität bei den Geschäftsbanken durch die Offenmarktpolitik zu erhöhen oder zu senken (vgl. Deutsche Bundesbank, Glossar).

Rezession
Eine Rezession liegt vor, wenn das Bruttoinlandsprodukt in „*mindestens zwei aufeinander folgenden Quartalen*" rückläufig ist.[1]

Schuldenbremse
Nach Art. 109 Grundgesetz darf die jährliche Nettokreditaufnahme des Bundes 0,35 % des Bruttoinlandsprodukts nicht überschreiten. In Krisensituationen, z. B. Corona-Pandemie, sind Ausnahmen möglich.

Sorten
Bargeld (Banknoten, Münzen) in fremder Währung

Spitzenrefinanzierungsfazilität
Mit diesem geldpolitischen Instrument können Geschäftsbanken Liquidität in Form von Zentralbankgeld von der EZB bis zum nächsten Geschäftstag gegen Sicherheiten erhalten. Die Spitzenrefinanzierungsfazilität stellt die Obergrenze für den Tagesgeldsatz auf dem Geldmarkt dar.

Staatsausgaben
Staatsausgaben können bei Katastrophen und Krisen notwendig sein. Sie können auch zur Stabilisierung der Wirtschaft (Investitionen: Infrastruktur) oder für soziale Zwecke (konsumtiver Teil der Staatsausgaben) verwendet werden.

Stagflation
Stellt eine Kombination zwischen Stagnation der Produktion und Inflation dar. Die Inflation kann durch Erhöhung der Zinssätze gebremst werden. Durch Zinssatzerhöhungen wird die Stagnation der Produktion fortgeführt oder verschärft.

Stakeholder
Stakeholder haben Interesse am Unternehmen oder Projekt. Externe Stakeholder können z. B. Umweltschutzgruppen, Bürgerinitiativen etc. sein. Interne Stakeholder: Betriebsrat, Mitarbeiter

Standortfaktoren
Harte: Lohnhöhe, Steuern, Zahl der Konsumenten

Weiche: Freizeit, Wohnsituation für Mitarbeiter, Image des Standortes

---

[1] Vgl. *Deutsche Bundesbank*, Glossar, https://www.bundesbank.de.

GLOSSAR

Steuern
Steuern sind Zwangsabgaben ohne Gegenleistung.

Direkte Steuern: Einkommenssteuer, Körperschaftssteuer, Abgeltungsteuer für Kapitalerträge

Indirekte Steuern: Mineralölsteuer, Stromsteuer, Tabaksteuer, Umsatzsteuer

Die direkte Steuer wird vom Steuerträger direkt an das Finanzamt abgeführt, während bei der indirekten Steuer z. B. der Endverbraucher die Steuer über den Verkaufspreis bezahlt, in dem die Steuer enthalten ist. Die Steuer wird vom verkaufenden Unternehmen an das Finanzamt abgeführt und somit besteht nur ein indirektes Verhältnis zwischen Finanzamt und Endverbraucher.

Strukturpolitik
Regionalpolitik: Der Staat fördert Regionen mit geringer wirtschaftlicher Aktivität.

Sektorale Strukturpolitik: Es werden Branchen (z. B. Kohle, Stahl) mit Subventionen durch den Staat versorgt, die nicht mehr wettbewerbsfähig sind.

Infrastrukturpolitik: Der Staat baut Bildungseinrichtungen, Straßen, Brücken und z. B. IT-Netze, um auch ländliche Regionen mit Internet zu versorgen.

SWOT-Analyse
In die Zellen kann der Unternehmer die entsprechenden Inhalte eintragen.

S = Strength (Stärken)	W = Weakness (Schwächen)
O = Opportunities (Chancen)	T = Threat (Risiken)

System
Ein System besteht aus verschiedenen Elementen, die miteinander vernetzt sind. Ein Unternehmen ist ein System, da die Funktionsbereiche (Beschaffung, Forschung und Entwicklung, Produktion, Verwaltung, Vertrieb, IT, Logistik usw.) verknüpft sind. Die Verbindung zwischen den Funktionsbereichen erfolgt über Informationen und Kommunikation.

Ein Projektteam kann auch ein System sein. Der Interbankenmarkt stellt auch ein System dar, da sich die Banken gegenseitig Kredite geben und somit eine Verknüpfung erfolgt.

Tender
Mit einem Tender (Ausschreibungsverfahren) stellt die EZB den Geschäftsbanken Liquidität durch Zentralbankgeld zur Verfügung oder kann den Geschäftsbanken Zentralbankgeld entziehen. Der Standardtender (Abwicklung innerhalb 3 Tagen) wird z. B. für → **Hauptrefinanzierungsgeschäfte** eingesetzt, während Schnelltender (Abwicklung innerhalb von Stunden) für Feinsteuerungsoperationen verwendet werden.[1] Zudem gibt es → **Mengentender** und → **Zinstender**.

Terms of Trade
Verhältnis von Exportpreis-Index zu Importpreis-Index. Durch die Terms of Trade werden die Wohlfahrtsveränderungen durch den Außenhandel gemessen. Wenn die Importpreise (z. B. für Öl, Kupfer usw.) steigen und die Exportpreise konstant bleiben, dann kann das Land für die gleiche Exportmenge weniger Güter importieren. Das reale Austauschverhältnis zwischen Export- und Importmenge verschlechtert sich und somit sinkt die Wohlfahrt des Landes.

---

[1] Vgl. *Deutsche Bundesbank*, Glossar, ttps://www.bundesbank.de.

GLOSSAR

Time-lag
Zeitverzögerung. Wenn Staatsausgaben geplant werden, um antizyklische Wirtschaftspolitik zu betreiben, dann vergehen aus Planungsgründen häufig mehrere Jahre, bis z. B. Brücken, Straßen usw. gebaut werden.

Tobin-Tax
Vorschlag von Nobelpreisträger *Tobin*, um die Spekulationen und die stark ansteigenden Finanzmarkttransaktionen, insbesondere Devisengeschäfte, durch Steuern zu reduzieren. Zumindest sollten die Staaten an den Finanzmarktgeschäften Einnahmen erzielen.

Top-down
Von oben nach unten. Die Geschäftsleitung gibt den organisatorisch untergeordneten Ebenen, z. B. Budgets, direkt vor.

Transfereinkommen
Im Rahmen der sekundären Einkommensverteilung kann der Staat durch politische Entscheidungen Kindergeld, Wohngeld usw. leisten.

Umlaufgeschwindigkeit
Gemäß der Quantitätsgleichung stellt die Umlaufgeschwindigkeit das Verhältnis zwischen nominalem Bruttoinlandsprodukt und einem Geldmengenaggregat (z. B. M 3) dar. *„Die Umlaufgeschwindigkeit des Geldes gibt an, wie oft eine Geldeinheit pro Periode durchschnittlich zur Bezahlung von Gütern eingesetzt wird."*[1]

Umweltpolitik
Ein Staat kann Umweltpolitik durch Preispolitik (z. B. Ökosteuer, CO_2-Steuer), Mengenpolitik (CO_2-Zertifikate), Gesetzgebung (z. B. Umweltgesetze) und Verbote (z. B. Dieselfahrverbot) und Aufklärung über die Umweltschäden betreiben.

Unternehmen
Unternehmen stellen eine wirtschaftlich-rechtliche Einheit dar. Das Ziel eines Unternehmens besteht darin, den Gewinn zu maximieren.

Veblen-Gut
Der Nachfrager kauft bei höherem Preis. *Veblen* beobachtete diese anormale Nachfrage bei höheren Einkommensschichten.

Verbraucherpreisindex
Der Verbraucherpreisindex stellt ein wichtiges Maß für die Messung der Inflationsrate von Waren und Dienstleistungen für Verbraucher dar, und ist für die Zentralbank, Forschungsinstitute, Tarifvertragsparteien usw. relevant. Aufgrund der Entwicklung des Verbraucherpreisindex kann auf die Kaufkraft geschlossen werden. Der Verbraucherpreisindex zeigt nur eine Teilmenge der Preisentwicklung, da die Immobilienpreise, Kursentwicklungen von Aktien sowie sonstige Wertentwicklungen von Geldanlagen nicht integriert sind. Zudem stellt der Verbraucherpreisindex einen „gewogenen Durchschnittswert" dar. Manche Verbraucher empfinden die „subjektive" Inflationsrate meist höher als die offiziell ausgewiesene Preissteigerungsrate. Jeder Verbraucher konsumiert ein anderes Güterbündel, sodass die Verbraucher sich ihre individuelle Inflationsrate berechnen müssten.

Im Euro-Raum wird der HVPI (harmonisierter Verbraucherpreisindex) zur Steuerung der Geldmenge verwendet.

Verteilungspolitik
In einer Volkswirtschaft kann Verteilungspolitik z. B. durch die Steuerpolitik (z. B. Vermögenssteuer, Steuertarif), Transfer-

---

[1] *Deutsche Bundesbank*, Glossar, https://www.bundesbank.de.

GLOSSAR

zahlungen oder die Bildungspolitik zu realisieren.

Verwendungsrechnung
Die Verwendung des Bruttoinlandsprodukts kann durch Konsumausgaben (private Konsumausgaben, Konsumausgaben des Staates), Bruttoinvestitionen (Bruttoanlageinvestitionen, Vorratsveränderungen) und durch den Außenbeitrag (Exporte – Importe) erfolgen.

Wachstum
Das Wachstum einer Volkswirtschaft kann mit der Veränderung des realen Bruttoinlandsprodukts abgebildet werden. Mit Wirtschaftswachstum werden zwar Arbeitsplätze gesichert oder ab einer „Beschäftigungsschwelle" von ca. 2,5 bis 3 % zusätzliche Arbeitsplätze geschaffen, jedoch ist auch ein zunehmender Verbrauch von Ressourcen und Umweltbelastungen verbunden.

Wechselkurs
Der Wechselkurs, der das Austauschverhältnis zwischen zwei Währungen abbildet, wird in Mengennotierung wie folgt notiert: z. B. 1,2123 US-Dollar/Euro

Der freie Wechselkurs wird nach Angebot und Nachfrage bestimmt.

Wechselkursmechanismus II
Wenn ein EU-Land am Europäischen Währungssystem teilnehmen will, dann muss es zwei Jahre am Wechselkursmechanismus II teilgenommen haben. Die Wechselkurse der Euro-Beitrittskandidaten-Länder müssen sich in einer Bandbreite (+/- 15 % bzw. Dänemark +/- 2,25 %) bewegen. Bei Wechselkursen außerhalb der Bandbreiten sind Devisenmarktinterventionen der relevanten Zentralbanken erforderlich.

Wettbewerb
Der Wettbewerb ist ein Kernmerkmal der freien Marktwirtschaft. Die Nachfrager haben die Auswahl, durch Konkurrenzdruck können die Preise sinken sowie die Qualität sich erhöhen.

Wettbewerbspolitik
Der Staat versucht durch Gesetzgebung, z. B. Gesetz gegen Wettbewerbsbeschränkung, Gesetz gegen den unlauteren Wettbewerb, den Wettbewerb aufrecht zu erhalten. Dabei sollen Monopole, Kartelle usw., welche den Wettbewerb eliminieren oder beschränken, vermieden werden.

Wirtschaftsordnung
Ein Staat kann aufgrund seiner Kultur, Geschichte oder der ökonomischen Verhältnisse einen Ordnungsrahmen festlegen, der sich durch Gesetze, Steuer- und Zollpolitik ausprägen kann. Die Wirtschaftsordnung stellt die Realisierung des → *Wirtschaftssystems* dar.

Wirtschaftspolitik
Im Rahmen der Wirtschaftspolitik kann der Staat oder der Markt die Wirtschaft impulsieren. Bei der nachfrageorientierten Wirtschaftspolitik (nach *Keynes*) greift der Staat in die Wirtschaft ein, um Nachfragerückgänge, z. B. des privaten Konsums (Corona-Pandemie), durch zusätzliche Staatsausgaben auszugleichen. Der Grundsatz der nachfrageorientierten Wirtschaftspolitik lautet: Mehr Staat, weniger Markt.

Die angebotsorientierte Wirtschaftspolitik sieht weniger Staat und mehr Markt (freie Spiel von Angebot und Nachfrage) vor.

Wirtschaftssubjekte
- **Private Haushalte:** Das verfügbare Einkommen der privaten Haushalte kann

GLOSSAR

gespart und/oder konsumiert werden. Es wird Nutzenmaximierung unterstellt.

- **Unternehmen:** Investieren und beabsichtigen den Gewinn zu maximieren.
- **Staat:** Einnahmen aus Steuern und Staatsverschuldung; Ausgaben für Gehälter der Beamten und Angestellten sowie für Infrastruktur; der Staatshaushalt sollte im Idealfall ausgeglichen sein.
- **Ausland:** Export- und Importbeziehungen; im Idealfall gilt: Exporte = Importe.

Wirtschaftssystem

Ein Wirtschaftssystem stellt einen idealtypischen Ansatz dar. Dabei sind folgende ausgewählte Aspekte relevant: Was wird in der Volkswirtschaft produziert, wer lenkt die Produktionsfaktoren (Staat und/oder Markt) und wer entscheidet über die Einkommensverteilung (Staat und/oder Markt). Ein Wirtschaftssystem bildet die Werte und grundsätzlichen Vorstellungen der politischen Akteure ab (mehr oder weniger Staat, siehe auch angebots- und nachfrageorientierte → **Wirtschaftspolitik**).

Zahlungsbilanz

Die Zahlungsbilanz ist keine Bilanz im betriebswirtschaftlichen Sinn. Sie setzt sich aus der Leistungsbilanz, der Vermögensänderungsbilanz, der Kapitalbilanz und dem Saldo der statistisch nicht aufgliederbaren Transaktionen zusammen.[1]

Zentralbankgeld

Die Europäische Zentralbank schafft Bargeld und Sichteinlagen, die z. B. Geschäftsbanken bei der Zentralbank positionieren. Die Sichteinlagen sind u. a. notwendig, um die Mindestreservepflicht der Geschäftsbanken zu erfüllen. Das Zentralbankgeld wird auch als „Geldbasis, Basisgeld" oder „Geldmenge M 0" bezeichnet. Über das Zentralbankgeld stellt die Europäische Zentralbank den Geschäftsbanken Liquidität bereit oder kann den Geschäftsbanken Liquidität entziehen.[2]

Zentralverwaltungswirtschaft

Die Planung und Steuerung der Leistungserstellung in der Volkswirtschaft erfolgen zentral durch den Staat. Es gibt „volkseigene Betriebe" (VEB) und in der idealtypischen Form kein Privateigentum. Die Preise werden durch den Staat vorgegeben.

Ziele

Grundsätzlich kann zwischen volkswirtschaftlichen und betriebswirtschaftlichen Zielen unterschieden werden.

Volkswirtschaftliche Ziele: siehe → **Magisches Viereck**.

Betriebswirtschaftliche Ziele: Sie dienen zur Orientierung für die Führungskräfte und Mitarbeiter, zur Messbarkeit und zur Kontrolle. Es gibt verschiedene Zielarten (technisch, wirtschaftlich, sozial, quantitativ, qualitativ). Zwischen den Zielen können Konflikte, Harmonien und Indifferenzen vorhanden sein.

Zinstender

Im Rahmen von Offenmarktgeschäften können die Geschäftsbanken über eine Versteigerung der EZB einen Zinssatz für die gewünschte Zentralbankgeldmenge anbieten. Die Zentralbank legt das abzugebende Volumen an Zentralbankgeldmenge fest. Die höchsten Gebote erhalten den Zuschlag. Seit der Finanzkrise hat die Zentralbank auf den Mengentender umgestellt.

---

[1] Vgl. *Deutsche Bundesbank*, Glossar, https://www.bundesbank.de.

[2] Vgl. *Deutsche Bundesbank*, Glossar, https://www.bundesbank.de.

LITERATURVERZEICHNIS

Abberger/Nierhaus, Das ifo Geschäftsklima und Wendepunkte der deutschen Konjunktur, ifo Schnelldienst 3/2007, 60. Jahrgang, S. 26 - 29, https://www.cesifo-group.de/link/ifosd_2007_3_3.pdf, Abrufdatum 10.10.2017

Altmann, J., Volkswirtschaftslehre, 7. Auflage, Stuttgart 2009

Bank of England, Inflation and the 2 % target, www.bankofengland.co.uk/monetary-policy/inflation, Abrufdatum 14.09.2021

Beck'sche Textausgaben, Aktuelle Wirtschaftsgesetze 2017, München 2017

Bourier, G., Beschreibende Statistik, 7. Auflage, Wiesbaden 2008

Bremer, P., Lohnstückkosten in Baden-Württemberg und Deutschland, Entwicklungen während und nach der Wirtschafts- und Finanzkrise 2008/09, Statistisches Monatsheft Baden-Württemberg, 05/2016, S. 11 - 17, http://www.statistik-bw.de/Service/Veroeff/Monatshefte/20160503, Abrufdatum 11.10.2017

Brinkmann, V., Sozialpolitik, http://www.fh-kiel.de/fileadmin/data/sug/Sozialpolitik.pdf, Abrufdatum 07.09.2017

Brümmerhoff, D., Volkswirtschaftliche Gesamtrechnung, 6. Auflage, München 2000

Bundeskartellamt, Das Bundeskartellamt in Bonn, 2011, http://www.bundeskartellamt.de/SharedDocs/Publikation/DE/Broschueren/Informationsbrosch%C3%BCre%20-%20Das%20Bundeskartellamt%20in%20Bonn.pdf?_blob=publicationFile&v=10, Abrufdatum 05.10.2017

Bundeskartellamt, Novelle des Gesetzes gegen Wettbewerbsbeschränkungen, https://www.bundeskartellamt.de/SharedDocs/Meldung/DE/Pressemitteilungen/2021/19_01_2021_GWB-Novelle.html", Abrufdatum 02.02.2021

Bundesministerium der Finanzen, Entwicklung der Staatsquote, 20.01.2016, http://www.bundesfinanzministerium.de/Content/DE/Standardartikel//Themen/Oeffentliche_Finanzen/Wirtschafts_und_Finanzdaten/Oeffentlicher_Gesamthaushalt/entwicklung-der-staatsquote.html, Abrufdatum 04.09.2017

Bundesministerium der Finanzen, Fragen und Antworten zum Europäischen Stabilitätsmechanismus, https://www.bundesfinanzministerium.de/Content/DE/FAQ/2012-08-16-esm-faq.html#doc23002bodyText1, Abrufdatum 01.06.2021

Bundesministerium der Finanzen, Monatsbericht Mai 2021, https://www.bundesfinanzministerium.de/Monatsberichte/2021/05/Inhalte/Kapitel-6-Statistiken/6-1-08-bundeshaushalt.html, Abrufdatum 23.05.2021

Bundesministerium der Finanzen, Reform Europäischer Stabilitätsmechanismus (ESM), https://www.bundesfinanzministerium.de/Content/DE/Standardartikel/Themen/Europa/2021-01-27-esm-aenderungsuebereinkommen.html, Abrufdatum 01.06.2021

Bundesministerium der Finanzen, Stabilitätsmechanismus, http://www.bundesfinanzministerium.de/Web/DE/Themen/Europa/Stabilisierung_des_Euroraums/Stabilitaetsmechanismen/EU_Stabilitaetsmechanismus_ESM/eu_stabilitaetsmechanismus_esm.html, Abrufdatum 17.03.2017

Bundesministerium der Finanzen, Stabilitäts- und Wachstumspakt, http://www.bundesfinanzministerium.de/Content/DE/FAQ/2011-08-16-stabilitaets-und-wachstumspakt-faq.html, Abrufdatum 04.09.2017

Bundesministerium für Wirtschaft und Energie, Stichwort Gemeinschaftsaufgabe „Verbesserung der regionalen Wirtschaftsstruktur", https://www.bmwi.de/Redaktion/DE/Artikel/Wirtschaft/gemeinschaftsaufgabe-evaluierung.html, Abrufdatum 22.01.2017

LITERATURVERZEICHNIS

Bundesministerium für Wirtschaft und Energie, Ziele, Aufgaben und Prinzipien, https://www.bmwi.de/Redaktion/DE/Artikel/Aussenwirtschaft/wto-ziele-aufgaben-prinzipien.html, Abrufdatum 02.06.2021

Clement/Terlau, u. a., Angewandte Makroökonomie, 5. Auflage, München 2013

Deutsche Bundesbank, Devisenkursstatistik, Stand vom 02.01.2017; https://www.bundesbank.de/Redaktion/DE/Downloads/Statistiken/Aussenwirtschaft/Devisen_Euro_Referenzkurs/stat_eurorefj.pdf?_blob=publicationFile, Abrufdatum 05.10.2017

Deutsche Bundesbank, Die Deutsche Bundesbank – Notenbank für Deutschland, November 2016, https://www.bundesbank.de/Redaktion/DE/Downloads/Veroeffentlichungen/Bundesbank/die_deutsche_bundesbank.pdf?_blob=publicationFile, Abrufdatum 05.10.2017

Deutsche Bundesbank, Glossar, https://www.bundesbank.de/action/de/723820/bbksearch?firstLetter=G, Abrufdatum 18.05.2021

Deutsche Bundesbank, Monatsbericht Januar 2017, https://www.bundesbank.de/Redaktion/DE/Downloads/Veroeffentlichungen/Monatsberichte/2017/2017_01_monatsbericht.pdf?_blob=publicationFile, Abrufdatum 29.09.2017

Deutsche Bundesbank, Monatsbericht Juni 2014, https://www.bundesbank.de/Redaktion/DE/Downloads/Veroeffentlichungen/Monatsberichte/2014/2014_06_monatsbericht.pdf?_blob=publicationFile, Abrufdatum 29.09.2017

Deutsche Bundesbank, Monatsbericht März 2021, https://www.bundesbank.de/de/publikationen/berichte/monatsberichte, Abrufdatum 06.10.2021

Deutsche Bundesbank, Wechselkursstatistik, [für die Jahre 2002 und 2005], Statistische Fachreihe, 02.01.2017, https://www.bundesbank.de/de/statistiken/wechselkurse

Deutsche Bundesbank, Wechselkursstatistik, [für die Jahre 2010 bis 2020], Statistische Fachreihe, 15.01.2021, https://www.bundesbank.de/de/statistiken/wechselkurse

Deutsche Bundesbank, Wechselkursmechanismus II, https://www.bundesbank.de/Redaktion/DE/Glossareintraege/W/wechselkursmechanismus_2.html, Abrufdatum 20.03.2017

Deutsche Bundesbank, Zahlen & Fakten rund ums Bargeld, März 2020

Deutscher Bundestag, Aussprache zur Reform des Europäischen Stabilitätsmechanismus, 20.05.2021, https://www.bundestag.de/dokumente/textarchiv/2021/kw20-de-europaeischer-stabilitaetsmechanismus-840214, Abrufdatum 01.06.2021

Deutscher Bundestag, Homepage, https://www.bundestag.de, Abrufdatum 21.05.2021

Deutscher Bundestag, Wissenschaftliche Dienste, Aufgaben der Deutschen Bundesbank und der Bundesanstalt für Finanzdienstleistungsaufsicht im internationalen Vergleich, 2011, https://fragdenstaat.de/files/foi/48194/wd-4-043-11-pdf-data.pdf, Abrufdatum 05.10.2017

Deutscher Bundestag, Wissenschaftliche Dienste, Das Federal Reserve System – Entstehungsgeschichte, Grundlagen, 2008, https://www.bundestag.de/blob/408364/1df598fe4b02f2c4eb15a8df3b303464/wd-4-037-08-pdf-data.pdf, Abrufdatum 05.10.2017

Deutscher Bundestag, Wissenschaftliche Dienste, Geldpolitische Instrumente der EZB, Fed, BoE und BoJ, 2013, https://www.bundestag.de/blob/405484/74ca46e9ee834ea93ced183211e44e72/wd-4-155-13-pdf-data.pdf, Abrufdatum 05.10.2017

Deutsches Institut für Wirtschaftsforschung e. V. (DIW Berlin), Investitionsquote/Investitionslücke, https://www.diw.de/de/diw_01.c.423663.de/presse/diw_glossar/investitionsquote_investitionsluecke.html, Abrufdatum 04.09.2017

DGB, Verteilungsbericht 2021, Ungleichheit in Zeiten von Corona, Berlin 2021

LITERATURVERZEICHNIS

DIHK-Gesellschaft für berufliche Bildung, Prüfungsvorbereitung Formelsammlung, Bonn 2021

EUR-Lex, Bedingungen für die Einführung des Euro (Konvergenzkriterien), http://eur-lex.europa.eu/legal-content/DE/TXT/?uri=URISERV:ec0013, Abrufdatum 04.09.2017

Europäisches Parlament, Glossar – Begriffe aus dem Parlament, http://www.europarl.de/de/europa_und_sie/das_ep/glossar.html, Abrufdatum 04.09.2017

Europäisches Parlament, Informationsbüro Deutschland, Die Europäische Union, http://www.europarl.de/de/europa_und_sie/europa_vorstellung.html, Abrufdatum 04.09.2017

Europäisches Parlament, Kurzdarstellungen über die Europäische Union – 2021, Wettbewerbspolitik, https://www.europarl.europa.eu/factsheets/de/sheet/82/mededingingsbeleid, Abrufdatum 02.06.2021

Europäischer Rat, Reform des Europäischen Stabilitätsmechanismus (ESM), https://www.consilium.europa.eu/de/infographics/reform-of-the-european-stability-mechanism-esm/, Abrufdatum 01.06.2021

Europäische Union, Die Europäische Union erklärt – Wettbewerb, https://europa.eu/europeanunion/topics/competition_de, Abrufdatum 10.10.2017

Eurostat, Leistungsbilanzsaldo – Durchschnitt über 3 Jahre, https://ec.europa.eu/eurostat/databrowser/view/tipsbp10/default/table?lang=de, Abrufdatum 27.08.2021

EZB, Europäische Zentralbank, Erklärung zur geldpolitischen Strategie der EZB, 2021, https://www.ecb.europa.eu/home/search/review/html/ecb.strategyreview_monpol_strategy_statement.de.html, Abrufdatum 14.09.2021

EZB, Europäische Zentralbank, Pressemitteilung, EZB-Rat verabschiedet neue geldpolitische Strategie, 08.07.2021, https://www.ecb.europa.eu/press/pr/date/2021/html/ecb.pr210708~dc78cc4b0d.de.html, Abrufdatum 14.09.2021

EZB, Europäische Zentralbank, Wirtschaftsbericht, Ausgabe 02/2017, https://www.bundesbank.de/Redaktion/DE/Downloads/Veroeffentlichungen/EZB_Wirtschaftsberichte/2017/2017_02_ezb_wb.pdf?_blob=publicationFile, Abrufdatum 05.10.2017

EZB, Europäische Zentralbank, Wirtschaftsbericht März 2021, https://www.bundesbank.de/resource/blob/865232/7cd08d4a09d8a70296cbe4c58eb3ac0c/mL/2021-03-ezb-wb-data.pdf, Abrufdatum 18.05.2021

Federal Reserve Bank, 2020, Statement on Longer-Run Goals and Monetary Policy Strategy, https://www.federalreserve.gov/monetarypolicy/review-of-monetary-policy-strategy-tools-and-communications-statement-on-longer-run-goals-monetary-policy-strategy.htm, Abrufdatum 27.08.2020

Federal Reserve Bank, Reserve Requirements, https://www.federalreserve.gov/monetarypolicy/reservereq.htm, Abrufdatum 03.06.2021

Fontaine, P., Europa in 12 Lektionen, 2014, http://europa.eu/pol/index_de.htm, Abrufdatum 04.09.2017

Grau/Eberhard, Projektanforderungen und Projektziele in: Gessler, Michael (Hrsg.), GPM Deutsche Gesellschaft für Projektmanagement, Kompetenzbasiertes Projektmanagement (PM 3), 3. Auflage, o. O. 2010

Institut der deutschen Wirtschaft, Deutschland in Zahlen 2016, Köln 2016

Institut der deutschen Wirtschaft, Deutschland in Zahlen 2020, Köln 2020

LITERATURVERZEICHNIS

KfW economic research, Geldpolitik der Fed und der EZB: Kaum Gleiches unter Gleichen, Nr. 32, 26.09.2013, https://www.kfw.de/PDF/Download-Center/Konzernthemen/Research/PDF-Dokumente-Fokus-Volkswirtschaft/Fokus-Nr.-32-September-2013.pdf, Abrufdatum 04.09.2017

Norton Rose Fulbright, Weitreichende Änderungen im deutschen Kartellrecht – 10. GWB-Novelle verabschiedet, https://www.nortonrosefulbright.com/de-de/wissen/publications/eab01ae2/weitreichende-anderungen-im-deutschen-kartellrecht, Abrufdatum 02.02.2021

Mankiw, N. G., Makroökonomik, Stuttgart 2003

NWB Gesetzesredaktion, Wichtige Steuergesetze mit Durchführungsverordnung, 70. Auflage, Herne 2021

OECD, Ziel der Organisation für wirtschaftliche Zusammenarbeit und Entwicklung, http://www.oecd.org/berlin/dieoecd/, Abrufdatum 19.03.2017

Piekenbrock/Hennig, Einführung in die Volkswirtschaftslehre und Mikroökonomie, 2. Auflage, Berlin/Heidelberg 2013

Presse- und Informationsamt der Bundesregierung, Binnenmarkt, https://www.bundesregierung.de/Content/DE/Llexikon/EUGlossar/B/2005-11-22-binnenmarkt.html, Abrufdatum 04.09.2017

Ruckriegel/Seitz, Die operative Umsetzung der Geldpolitik: Eurosystem Fed und Bank of England, Wirtschaftsdienst 2006, https://archiv.wirtschaftsdienst.eu/downloads/getfile.php?id=441, Abrufdatum 29.09.2017

Schmolke/Deitermann, u. a., Industrielles Rechnungswesen IKR, 46. Auflage, Braunschweig 2017

Statistisches Bundesamt, Bruttoinlandsprodukt für Deutschland, Begleitmaterial zur Pressekonferenz am 14. Januar 2021, Wiesbaden 2021

Statistisches Bundesamt, Entwicklung der Investitionen in Deutschland, https://service.destatis.de/DE/vgr_dashboard/investitionen.html, Abrufdatum 13.05.2021

Statistisches Bundesamt, Fachserie 18, Reihe 1.4, 2015

Statistisches Bundesamt, Fachserie 18, Reihe 1.5, 2016a

Statistisches Bundesamt, Fachserie 18, Reihe 1.5, 2020

Statistisches Bundesamt, Globalisierungsindikatoren, Stand März 2021, https://www.destatis.de/DE/Themen/Wirtschaft/Globalisierungsindikatoren/Tabellen/01_02_03_44_VGR.html, Stand März 2021, Abrufdatum 17.05.2021

Statistisches Bundesamt, Methoden und Grundlagen, Fachserie 18, 2016b, Wiesbaden 2016

Statistisches Bundesamt, Presse-Hintergrundgespräch „Generalrevision der Volkswirtschaftlichen Gesamtrechnungen 2019" am 27. August 2019 in Frankfurt Statement von Albert Braakmann, Wiesbaden 2019

Statistisches Bundesamt, Rechtliche Einheiten nach zusammengefassten Rechtsformen im Berichtsjahr 2019, Stand 07.12.2020, https://www.destatis.de/DE/Themen/Branchen-Unternehmen/Unternehmen/Unternehmensregister/Tabellen/unternehmen-rechtsformen-wz08.html, Abrufdatum 03.06.2021

Statistisches Bundesamt, Unternehmensregister, Unternehmen nach zusammengefassten Rechtsformen 2014, Stand 29.02.2016c, https://www.destatis.de, Abrufdatum 21.03.2017

Statistisches Bundesamt, Verbraucherpreisindex, https://www.destatis.de/DE/ZahlenFakten/GesamtwirtschaftUmwelt/Preise/Verbraucherpreisindizes/Methoden/verbraucherpreisindex.html, Abrufdatum 01.10.2017

LITERATURVERZEICHNIS

Statistisches Bundesamt, Verbraucherpreisindizes für Deutschland, Fachserie 17, Reihe 7, Januar 2017b, Wiesbaden 2017

Statistisches Bundesamt, Volkswirtschaftliche Gesamtrechnungen 2019, Fachserie 18, Reihe 1.4, Wiesbaden 2020

Statistisches Bundesamt, Volkswirtschaftliche Gesamtrechnungen, Inlandsproduktberechnung, Fachserie 18, Reihe 1.5, Lange Reihen ab 1970, Wiesbaden 2020

Statistisches Bundesamt, Volkswirtschaftliche Gesamtrechnungen, Inlandsprodukt und Nationaleinkommen nach ESVG 2010, Methoden und Grundlagen, Fachserie 18, November 2016d, Wiesbaden 2016

Statistisches Bundesamt, Volkswirtschaftliche Gesamtrechnungen, Wichtige Zusammenhänge im Überblick 2016, Januar 2017c, Wiesbaden 2017

Statistisches Bundesamt, Volkswirtschaftliche Gesamtrechnungen, Wichtige Zusammenhänge im Überblick, Wiesbaden 2021

Stobbe, T., Steuern kompakt 2015, Rechtslage 2015, Sternenfels 2015

Stobbe, T., Steuern kompakt, 14. Auflage, Sternenfels 2015

United Nations Conference on Trade and Development, https://unctad.org/, Abrufdatum 02.06.2021

Weis, H. C., Marketing, 16. Auflage, Herne 2012

Wöhe, G., Einführung in die allgemeine Betriebswirtschaftslehre, 11. Auflage, München 1975

WTO, Agreement on Government Procurement, https://www.wto.org/english/tratop_e/gproc_e/gp_gpa_e.htm, Abrufdatum 03.06.2021

WTO, Annual Report 2016, https://www.wto.org/english/res_e/booksp_e/anrep_e/anrep16_e.pdf, Abrufdatum 01.10.2017

STICHWORTVERZEICHNIS

A

Abgabe	38
Ablauforganisation	175
Abschreibung	36
Abschwung	110
Abwertung	207, 224
-, Euro	233
AG	160
Akzelerator	115, 233
Allokationsfunktion	82
Angebot	92
Angebotselastizität	95
Angebotsfunktion	90, 185
Angebotsmonopol	79, 186
-, beschränktes	79
Angebotsmonopolist	211, 233
Angebotsoligopol	79
Angebotsüberhang	91, 230, 240
Anleihe	
-, Kurs	123
Anleihekaufprogramm	123
Anpassungsgeschwindigkeit	80, 226
Anreizfunktion	81
APP	66, 123
Arbeitnehmer	
-, ausländischer	56
Arbeitnehmerentgelt	50
Arbeitslosenquote	118
Arbeitslosenversicherung	28
Arbeitslosigkeit	21, 23
-, konjunkturelle	119
-, saisonale	119
-, strukturelle	119
Arbeitsmarkt	239 f.
Arbeitsmarktpolitik	
-, aktive	119
-, passive	119
Arbeitsproduktivität	74 f., 89, 133, 202, 205, 208, 230 f.
-, betriebswirtschaftlich	234
-, volkswirtschaftlich	234
Aufbauorganisation	175
Aufschwung	110
Aufschwungphase	187
Aufwertung	59, 208, 226, 229
-, Euro	234
Ausland	38
Auslastungsgrad	70, 120
Auslesefunktion	81
Außenbeitrag	39, 46, 57, 234, 246
Außenbeitragsquote	57
Außenwirtschaftliches Gleichgewicht	29, 119, 234, 240

B

BaFin	130
Balanced Scorecard	176
Bandbreite	62, 246
Bankenrekapitalisierung	145
Banknote	63
Bank of England	127
Bargeld	63, 182, 204, 247
Bargeldumlauf	65
Bedürfnis	86
Beschaffungswesen	
-, öffentliches	150
Beschäftigungsschwelle	246
Beschäftigungsstand	
-, hoher	240
Betriebsverfassungsgesetz	28
Bevölkerungsentwicklung	77
Bildungsabschluss	228
Bildungspolitik	27
Binnenmarkt	147, 189, 216 f., 235
Board of Governors	129
BoE	128
Boom	110
Boston-Consulting-Group-Matrix (BCG-Matrix)	172, 235
Bottom-up	176
Brexit	55
Bruttoanlagevermögen	76
Bruttoinlandsprodukt	47, 50, 76, 78, 181, 203, 241, 243, 245 f.
-, Aussagekraft	54
-, Berechnung	42
-, nominales	47, 196, 228, 236
-, reales	47, 74, 109, 111 f., 184, 236, 246
-, Wohlfahrtsindikator	54
Bruttoinlandsprodukt zu Marktpreisen	48, 181, 202
Bruttoinvestition	36, 46, 202

255

STICHWORTVERZEICHNIS

Bruttonationaleinkommen	48
Bruttonationaleinkommen zu Marktpreisen	202
Bruttowertschöpfung	44, 181, 202, 235 f.
-, reale	74
Buchgeld	63, 237
Buchgeldschöpfung	215
Bundesregierung	30

C

CO_2-Steuer	245
CO_2-Zertifikat	245
Controller	230
Controlling	197, 235
Corona-Pandemie	50 f., 55 ff., 112, 243
Corporate Behaviour	165
Corporate Communications	165
Corporate Design	165
Corporate Identity	164 f., 191, 219
Corporate Social Responsibility	176
Cournotscher Punkt	98
Court of Directors	129
Crowding-out-Effekt	131, 236

D

Deflation	21, 72, 182 f., 195 f.
Deflationierung	228, 236
Demografischer Wandel	224
Depression	110
Devisen	57 f.
Devisenmarkt	58, 61, 144
Dienstleistungsbilanz	56
Direktinvestition	57
Diskontpolitik	128
Dualitätsprinzip	46, 236

E

Effektivität	241
Effizienz	241
Einkommen	
-, nominales	52
-, verfügbares	19, 44, 51 f., 200, 203, 231
Einkommenselastizität	95, 186, 210
Einkommenskonto	43 f.

Einkommensverteilung	22, 50, 224, 247
-, personelle	51
-, primäre	26, 198, 231
-, sekundäre	26, 198, 231, 245
Einlage	
-, mit Kündigungsfrist bis 3 Monate	65
-, mit Laufzeit bis zu 2 Jahren	65
-, täglich fällige	65
Einlagefazilität	128, 236 f., 240
Eintrittswahrscheinlichkeit	170
Einzelunternehmen	158
Einzelunternehmung	190
Elastizität	60, 193
Elementarfaktor	
-, dispositiver	242
Emissionszertifikat	56
Entscheidungsmatrix	171
Entstehungsrechnung	42, 44 f., 236
Entstehungsseite	48
Erbschaft	56
Erwartung	72
ESM	145
ESVG	40
EU-Haushalt	56
Euro	
-, Abwertung	60
Europäische Kommission	140, 146
Europäische Union	137
Europäische Währungsunion	145
Europäische Wettbewerbspolitik	147
Europäische wirtschaftliche Interessenvereinigung	162
Europäische Zentralbank (EZB)	30, 121, 127, 183, 236
Europäischer Binnenmarkt	141
Europäischer Rat	140
Europäischer Stabilitätsmechanismus	145
Europäisches System der Zentralbanken	237
Europäisches Währungssystem	246
Europäisches Parlament	140
Eurosystem	65
EU-Wettbewerbspolitik	147
EU-Wettbewerbsvorschrift	147
Exportquote	57
Exportüberschuss	39, 180, 187, 195, 201, 213
Externe Effekte	21, 24
EZB	123, 128, 239, 244
EZB-Rat	129, 236

F

Faktoreinkommen	35
Fazilität	122, 237
-, ständige	128
FED	128
Federal Reserve	127
Federal Reserve System	129
Feinsteuerungsoperation	128
Finanzderivat	57
Finanzierungskosten	123
Finanzintermediäre	41
Finanzkrise	123, 240
Finanzpolitik	23
Fiskalpolitik	
-, antizyklische	236
Formkaufmann	157
Freihandel	192, 227, 237
Frühindikator	113
Frühwarnung	219
Fürsorgeprinzip	28

G

GAP-Analyse	174
Geld	
-, Binnenwert	63
-, Funktion	64
-, Umlaufgeschwindigkeit	67
Geldart	63
Geldfunktion	63
Geldmarkt	243
Geldmarktfondsanteil	65
Geldmenge	237
-, M 0	247
-, M 1	65
-, M 3	65
Geldmengenaggregat	65, 237, 245
Geldmengenbegriff	65
Geldmengeninflation	71
Geldpolitik	127, 183, 197, 236 f.
Geldschöpfung	121, 237
-, primäre	121
-, sekundäre	124
Geldschöpfungsmultiplikator	125
Generalrevision	40, 50
Gerichtshof der Europäischen Union	140
Geschäftsbank	236, 243 f.
Gesellschaft des Bürgerlichen Rechts	160
Gesetz gegen den unlauteren Wettbewerb	23, 25, 107
Gesetz gegen Wettbewerbsbeschränkung	23, 25, 105, 246
Gesetz vom abnehmenden Grenznutzen	83
Gewinn	20
-, maximaler	88
Gewinnquote	51
Gewinnzone	87
Giffen-Gut	85, 238
Gini-Koeffizient	53, 238
Gleichgewicht	
-, ex post	36
Globalisierung	190
Glück	182, 203
GmbH	160
GmbH & Co. KG	161
Gold	57
Gouverneursrat	146
GPA	150
Grenzerlös	87, 98
Grenzkosten	88, 98, 238
Grenznutzen	84, 238
Grenzsteuersatz	26
Grenzwertprodukt	82
Griechenlandkrise	145
Grundfreiheit	235
Grundgesetz	25
Güter	32, 35, 42
-, homogene	80, 226
-, inferiore	95
-, öffentliche	21, 23, 32
-, private	32
-, superiore	95
Güterbündel	19
Güterexport	59
Gütersteuer	45, 49, 236, 239
Gütersubvention	45, 236

H

Handelsbilanzüberschuss	239
Handelshemmnis	239
-, nicht tarifäres	149, 206, 235, 237, 239, 242
-, tarifäres	149, 206, 235, 237, 239, 242

STICHWORTVERZEICHNIS

Handelsschranke	
-, nichttarifäre	223
-, tarifäre	223
Hauptrefinanzierungsfazilität	240
Hauptrefinanzierungsgeschäft	122, 128, 239
Hauptrefinanzierungssatz	122
Haushalt	
-, privater	20, 35, 199
Haushalte	
-, private	52
Haushaltsdisziplin	123
Haushaltsoptimum	86
Höchstpreis	61, 103, 186, 222, 239
Homo oeconomicus	80, 226, 239
HVPI	245

I

Immobilie	183
Importabgabe	49
Importquote	57
Importzoll	33
Inflation	21, 70, 183, 231, 243
-, angebotsbedingte	70
-, nachfragebedingte	70
Inflationsrate	123
Infrastrukturpolitik	31, 244
Inländerkonzept	239
Inländerprinzip	149
Inlandskonzept	49, 239
Innovationsfähigkeit	77
Input-Output-Rechnung	41
Instrument	
-, qualitatives	171
-, quantitatives	171
Interbankenmarkt	201, 244
Investitionsnachfrage	236
Investitionsquote	77 f., 196, 229
Istkaufmann	157
IWF	150, 197

K

Kannkaufmann	157
Kapazitätsgrenze	20
Kapitalbilanz	57, 204
Kapitalexport	39, 224

Kapitalimport	39, 59, 207
Kapitalintensität	76
Kapitalkoeffizient	76, 233
Kapitalmarkt	236
Kapitalproduktivität	76
Kapitalsammelstelle	35, 39
Kapitalstock	41, 76
Kartell	21, 23, 105, 193, 224, 246
Kaufkraft	133, 239, 245
-, inländische	77
Kennzahl	
-, volkswirtschaftliche	74
Knappheit	19, 179, 200, 239
Knappheitsindikator	228, 239
Kollektivgut	32
Kommanditgesellschaft	158
Kommanditgesellschaft auf Aktien	161
Komplementärgüter	93
Kondratieff-Zyklus	109
Konjunktur	109
Konjunkturindikator	113
Konjunkturphase	110, 187
Konjunkturpolitik	23
Konjunkturschwankung	23
Konjunktursituation	78
Konkurrenz	
-, vollkommene	80
Konkurrenzanalyse	173, 221
Konsumausgabe	52
-, des Staates	46
-, private	46
Konsumquote	51
Konvergenzkriterium	41, 62, 142, 216
Konzession	149
Kooperation	104
Körperschaftsrecht	
-, Modernisierung	157
Kreuzpreiselastizität	96, 211, 240
Krisensituation	78, 243
Kurzarbeitergeld	52

L

Laffer-Kurve	27
Leerzeit	175
Leistungsbilanz	56, 204, 240
Leistungsbilanzüberschuss	55

STICHWORTVERZEICHNIS

Leitzinssatz	122, 188, 193, 208, 214, 224, 240
Lenkungsmechanismus	20
Lohn	
-, nominaler	30
-, realer	30
Lohnpolitik	
-, produktivitätsorientierte	134, 197, 230
Lohnquote	41, 50 f., 181
Lohnstückkosten	74 f., 133 f., 184, 187, 208, 213
Lorenzkurve	52

M

Maastricht-Defizitgrenze	132, 142
Maastricht-Kriterien	227
Magisches Viereck	29, 118, 240
Managementkreislauf	168
Markenrecht	56
Markt	79, 240
-, Eingriff	102
-, unvollkommener	80
-, vollkommener	79, 194, 226
Marktanteil	
-, absoluter	172
-, relativer	172, 235
Marktgleichgewicht	89 ff., 197, 209
Marktkonformität	33, 194
Marktkonträr	33
Markttransparenz	80
Marktungleichgewicht	91
Marktwachstum	235
Marktwirtschaft	22, 240
-, freie	13 f., 18, 240, 246
-, soziale	23, 26, 33 f., 179, 194, 200, 240
Marktzugang	22
Mengenanpasser	97, 232, 242
Mengenindex nach Laspeyres	47
Mengenkontingent	239
Mengennotierung	233, 246
Mengentender	122, 240, 247
Mindestkurs	61
Mindestpreis	103, 240
Mindestreserve	125, 237, 240
Mindestreservesatz	124, 126, 188, 214
Mindestreservesystem	128

Ministerrat	140
Mitbestimmungsgesetz	28
Monetary Policy Committee	129
Monitoring	191
Monopol	21 ff., 98, 246
-, zweiseitiges	79
Multiplikator	114, 241
Multiplikatoreffekt	206, 212
Münze	63

N

Nachfrage	241
-, anormale	85, 193, 225, 241
-, gesamtwirtschaftliche	30
-, normale	85, 241
Nachfrageelastizität	94, 185
Nachfragefunktion	90, 185
Nachfragemonopol	79
-, beschränktes	79
Nachfrageoligopol	79
Nachfragereaktion	
-, anormale	238
Nachfrageüberhang	92, 239
Nettoinlandsprodukt zu Faktorkosten	49
Nettoinvestition	35 ff., 180, 201, 226, 233, 241
Nettowertschöpfung	44
Nichtbank	237
Nichtsättigungsgüter	95
Nominaleinkommen	239
Nutzen	19, 83
Nutzwertanalyse	154 f., 170

O

OECD	150
Offene Handelsgesellschaft	158
Offenmarktgeschäft	122, 128, 237, 239, 241, 247
Ökosteuer	245
Oligopol	22, 99
-, enges	185, 209
-, heterogenes	101
-, homogenes	100
-, weites	100
-, zweiseitiges	79

STICHWORTVERZEICHNIS

Opportunitätskosten	17, 179, 200
Ordnungspolitik	22, 24 f.
Outsourcing	169

P

Paarvergleich	154
Pandemie-Notfallankaufprogramm	123
Partnerschaftsgesellschaft	161
PEPP	66, 123
Pflegeversicherung	28
Planung	241
-, operative	230, 241
-, strategische	241
-, zentrale	179, 199
Polypol	22, 79 f., 83, 97, 226
Präferenz	226
-, persönliche	80
Preis	
-, anderer Güter	93
-, eines Gutes	93
Preis-Absatz-Funktion	
-, doppelt geknickte	97
Preiselastizität der Nachfrage	210
Preisindex nach Laspeyres	68, 182, 205
Preisniveaustabilität	119, 128, 237, 240
Preissteigerungsrate	69
Preisuntergrenze	242
-, kurzfristige	89
-, langfristige	89
Price taker	97, 198, 232, 242
Primäreinkommen	56
Primäreinkommen mit der übrigen Welt	48, 202
Primärmarktkauf	145
Primärrecht	139
Produktionsabgabe	49
Produktionsfaktor	18, 35, 242
Produktionskapazität	16
Produktionskonto	43, 235
Produktionspotenzial	112
Produktionswert	43
Produktionsziel	15
Produktlebenszyklus	171 f., 242
Projektteam	244
Protektionismus	222, 242
Prozess	169, 174, 242
-, primärer	169
-, sekundärer	169, 242
Prozesscontrolling	174 f., 195, 227
Prozesshierarchie	175
Prozess-Owner	175
Prozesspolitik	24, 29
Psychologischer Aspekt	117

Q

Quantitative Easing	123, 129
Quantitätsgleichung	41, 66, 127, 182, 204, 237, 245

R

Rationalprinzip	21
Reaktionsfunktion	99
Realeinkommen	239
Reallohn	202
Recheneinheit	64
Rechnungshof	141
Rechtsform	157
-, Bestimmungsfaktor	156
Reengineering	175
Refinanzierungsgeschäft	122
Regionalpolitik	30, 244
Reinvestition	36
Reiseverkehr	56
Rendite	123, 143, 243
Repartierung	122, 240
Repogeschäft	65
Repogeschäfte	65
Reporting	175
Revision	40
Rezession	187, 243
Richtlinie	
-, europäische	40
Risiko	170
Risikowert	170

S

Sättigungsgüter	95
Schadenshöhe	170
Schenkung	56
Schnelltender	244
Schuldenbremse	132, 243
Schuldenkriterien	217

STICHWORTVERZEICHNIS

Schuldenstandsquote	132, 142, 189, 216
Schuldverschreibung	65
Scoreboard	55
SE	190
Sekundäreinkommen	56
Sekundärmarkt	123
Sekundärmarktkauf	145
Sekundärrecht	139
self-assessment	175
Sensitivitätsanalyse	155
Sicherheit	170
Sichteinlage	247
Six Pack	143
SMART-Regel	166
Societas Europaea	162
Sozialer Frieden	28
Soziale Sicherheit	27, 179
Sozialförderungsprinzip	28
Sozialpolitik	23, 200, 240
Sozialversicherung	27
Sparen	35, 201
-, inländisches	39
Sparer	216
Sparquote	41, 51, 181, 187, 198, 212, 231, 241
Spätindikator	113
Spitzenrefinanzierungsfazilität	122, 128, 237, 240, 243
Staat	37, 130
Staatsausgaben	187
Staatsausgabenmultiplikator	212
Staatsausgabenquote	13
Staatsquote	78
Staatsschulden	188
Staatsschuldenkrise	123
Staatsverschuldung	131, 231
-, Kennzahlen zur	198
Stabilitätspakt	142
Stabilitäts- und Wachstumspakt	143, 189, 217
Stagflation	73, 243
Stagnation	243
Stakeholder	164
Standardtender	244
Standortbewertung	154
Standortfaktor	
-, harter	153, 243
-, weicher	153, 243
Standortwahl	153
Statistisch nicht aufgliederbare Transaktionen (Restposten)	57, 204
Steuer	49, 244
-, direkte	38, 181, 203, 244
-, indirekte	38, 244
Steuersatz	22
Steuerschuldner	38
Steuersystem	26, 77
Steuerträger	38
Steuerzahler	38
Stille Beteiligung	190
Stille Gesellschaft	161
Strukturpolitik	24, 30, 244
-, sektorale	31
Substitutionsgüter	93
Subvention	31, 33, 102, 244
Surplus	35, 201
SWOT-Analyse	173, 220, 244
System	163, 244
Szenarioanalyse	170, 223

T

Tagesgeldsatz	243
Tagesgeldzinssatz	128
Tarifpartner	26, 30, 133, 180
Tarifverhandlung	202
Tender	122, 244
Terms of Trade	62, 184, 208, 244
Theorie der Überinvestition	117
Theorie des Unterkonsums	116
Time-lag	131, 245
Top-down	176
Tranche	146
Transfereinkommen	51, 245
Transferzahlung	38, 245
Troika	146

U

Überinvestitionstheorie	212
Umfeldbedingung	175
Umlaufgeschwindigkeit	66, 245
Umweltgesetz	245
Umweltpolitik	24, 245
UNCTAD	149
Unfallversicherung	28

STICHWORTVERZEICHNIS

Ungleichgewicht	
-, makroökonomisches	213
Unsicherheit	170
Unterkonsumptionstheorie	212
Unternehmen	20, 35, 37
Unternehmenseinkommen	49 f.
Unternehmensführung	163
Unternehmenskommunikation	176
Unternehmenskultur	175
Unternehmergesellschaft (haftungsbeschränkt	161

V

VEB	247
Veblen-Gut	85, 245
Verbraucherpreisindex	30, 52, 67, 197, 231, 245
-, harmonisierter	69
Vermögensänderungsbilanz	56
Vermögensbildung	27
Vermögenseinkommen	49 f.
Versorgungsprinzip	28
Verteilungsfunktion	82
Verteilungspolitik	23, 240, 245
Verteilungsrechnung	42
Vertrauen	64
Verwendungsrechnung	42, 44 ff., 246
Verwendungsseite	48
Volkseinkommen	48, 50
Volkswirtschaft	
-, geschlossene	35
-, offene	37, 180
Volkswirtschaftliche Gesamtrechnung	40, 180, 235
Vorleistungskauf	235

W

Wachstum	109, 246
Wachstumszyklus	111 f.
Wägungsschema	69
Währungsraum	144
Währungsunion	123
Warenhandel	56
Warenkorb	69

Wechselkurs	59, 183, 226, 233, 246
-, fester	207
-, fixer	58
-, freier	58, 246
Wechselkursmechanismus I	144
Wechselkursmechanismus II	144, 246
Weltbank	149 f.
Welthandelsvolumen	55
Wert	68
Wertaufbewahrungsfunktion	64
Wertpapieranlage	57
Wertschöpfungsprozess	
-, Planungsinstrument	169
Wettbewerb	21, 81, 186, 211, 224, 246
-, vollkommener	99, 242
Wettbewerbsintensität	
-, optimale	82
Wettbewerbspolitik	23, 246
Wettbewerbsrecht	186
Wettbewerbstheorie	82
-, dynamische	82
-, statische	80
Wirtschaft	35
Wirtschaftskreislauf	37, 180
Wirtschaftsordnung	15, 21, 246
Wirtschaftspolitik	78, 123, 246
-, angebotsorientierte	135, 197, 213, 229, 246
-, antizyklische	245
-, nachfrageorientierte	135, 213, 228, 230, 246
Wirtschaftsschwankung	109
Wirtschaftssubjekt	41
Wirtschaftssystem	13, 15, 246 f.
Wirtschaftswachstum	109, 119
-, stetiges und angemessenes	240
World Trade Organization	149
WTO	149

Z

Zahlungsbilanz	55 ff., 247
Zahlungsmittel	
-, gesetzliches	64
Zentralbankgeld	66, 122 f., 237, 239 f., 243 f., 247

STICHWORTVERZEICHNIS

Zentralbankgeldmenge	237	Zielbildung	165
Zentralverwaltungswirtschaft	13 ff., 22, 247	Zielharmonie	121
Ziel	247	Zielhierarchie	166
-, betriebswirtschaftliches	247	Zielkonflikt	120
-, volkswirtschaftliches	247	Zinstender	122, 247
Zielart	166	Zyklus	
Zielbeziehung	167	-, klassischer	112

Kompaktwissen zur optimalen Prüfungsvorbereitung

Wissen, was man im Fach Rechnungswesen wissen muss

Dieses Buch richtet sich an angehende Technische Betriebswirte, die sich auf den Prüfungsteil 1 ihrer Abschlussprüfung vorbereiten. Es enthält das Basiswissen des Fachs Rechnungswesen sowie Übungsaufgaben und Lösungen. Tipps zur Prüfungsvorbereitung und ein Glossar ergänzen das Werk. Inhalt und Gliederung orientieren sich streng am DIHK-Rahmenplan und der Prüfungsordnung.

Bei der Prüfungsvorbereitung unterstützt Sie dieses Buch durch:

- ▶ kompakte, klar und verständlich formulierte Infotexte
- ▶ zahlreiche praktische Beispiele
- ▶ 100 Übungsaufgaben mit ausführlichen Lösungen
- ▶ einen Glossar mit der Erläuterung wichtiger Fachbegriffe.

Das kostenlose Online-Buch in mein**kiehl** zur digitalen Nutzung auf PCs und mobilen Endgeräten ermöglicht ein Höchstmaß an Flexibilität bei der Prüfungsvorbereitung.

Kostenloses Online-Buch inklusive

Rechnungswesen für Technische Betriebswirte
Eisenschink
2. Auflage · 2021 · Broschur · 336 Seiten · € 24,-
ISBN 978-3-470-**10232**-0
@ Online-Buch inklusive

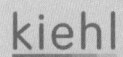

kiehl
Kiehl ist eine Marke des NWB Verlags
Bestellen Sie bitte unter: **www.kiehl.de oder per Fon 02323.141-900**
Unsere Preise verstehen sich inkl. MwSt.

Bestellen Sie dieses Buch versa
kostenfrei unter www.kiehl.de